U0629780

工程管理中的
社会性研究

柴 建 周昊澄 等 著

科学出版社
北 京

内 容 简 介

本书是一本详细探讨工程伦理的书籍,旨在引导工程师和相关从业人员在其职业实践中更加负责任地行事。本书涵盖了工程伦理理论,工程实践中的风险伦理、环境伦理、价值伦理,工程师职业伦理,信息与网络安全伦理,核工程伦理,太空开发工程伦理,以及全球化工程中的伦理等内容,强调了工程实践中面临的伦理挑战,并提供了指导原则和实用建议。

通过深入研究伦理问题,本书旨在培养工程师的道德意识和责任感,帮助工程师们在复杂的工程环境中做出符合伦理标准和社会期望的决策。本书是工程教育和职业发展中弥足珍贵的资源,对于塑造工程师的专业素养和培养社会责任意识至关重要。

图书在版编目(CIP)数据

工程管理中的社会性研究 / 柴建等著. -- 北京:科学出版社,
2025. 3. -- ISBN 978-7-03-079778-0

Ⅰ. F40

中国国家版本馆 CIP 数据核字第 20246S8M04 号

责任编辑:王丹妮 / 责任校对:姜丽策
责任印制:张 伟 / 封面设计:有道设计

科 学 出 版 社 出版
北京东黄城根北街 16 号
邮政编码:100717
http://www.sciencep.com

北京中科印刷有限公司印刷
科学出版社发行 各地新华书店经销
*
2025 年 3 月第 一 版 开本:720×1000 1/16
2025 年 3 月第一次印刷 印张:14
字数:283 000
定价:162.00 元

序　言

在我国的工业化进程飞速发展与工程师职业群体崛起的今天，工程任务在推动人类社会发展的同时，也将工程伦理这一焦点问题带入人们的视线。工程不是一个封闭的、纯技术的活动，而是一项复杂的、不断与外界产生交流的人类社会活动，它涉及自然、科学、技术、人文、社会和精神等众多层面。伴随着大量的工程实施，工程活动所带来的社会效应和影响日益显著，越来越多的工程遭到了社会的批判，并激起了人们对工程伦理理论及其实践的广泛讨论。

工程伦理的范式扩展经历了职业章程、利益协调与社会参与的三重维度。最初，随着现代工程和工程师职业的诞生，伦理标准通常通过口耳相传和师徒传承的方式流传。19 世纪末 20 世纪初，工程师职业的伦理规范开始正式编纂入各类章程中。20 世纪上半叶，工程伦理的关注点集中于职业责任、公共安全与雇主利益的协调。第二次世界大战后，工程伦理的视野扩展到了工程与工程师的社会责任。到了 21 世纪初，社会对工程伦理参与问题的重视达到了前所未有的高度。

当前，工程作为社会发展的重要推动力量，要求工程师不仅需要具备专业的技术知识，更要承担相应的社会责任。他们要有敏锐的伦理意识，遵循伦理规范，以做出合理决策，提升社会福祉。因此，工程伦理问题涵盖了技术、利益、责任以及环境等众多方面，主要探讨的是工程项目及其结果对各层次、各方面可能产生的伦理影响。对于未来致力于工程研究的工科研究生而言，建立正确的工程理念，从全球和全社会的视角理解工程伦理的重要性、研究工程实践中的具体案例，显得尤为重要。

高等工程教育中，工程伦理教育是其重要环节，它对于培养未来高素质的工程技术人才至关重要，这一点已经得到了社会各界的广泛认同。我们应当认识到，工程伦理意识并不是与生俱来的，而是需要通过教育和培训来培养。我们需要通过工程伦理教育来提高工程专业人员的道德水平，提升他们的伦理素养，培养他们的社会责任感。20 世纪 80 年代，美国工程和技术鉴定委员会（Accreditation Board for Engineering and Technology，ABET）就明确指出，工程教育计划都要包含工程伦理教育内容。美国修订的"工程基础"考试也将工程伦理纳入了考察范围。同样，法国、德国、英国、加拿大、澳大利亚等工业较发达国家的各类工程专业组织也都制定了相关的伦理规范。20 世纪 90 年代中期，我国台湾地区工程界和教育界也将工程伦理素养视作工程师必备的专业素养。高等工科院校承担着培养工程师的责任，应该积极推进工程伦理教育的实施，培养学生作为工程师必备的职业道德和工程伦理素养。

在此背景下，杨宏院士领衔群策群力，柴建教授总体设计与指导，刘爱军、马续补、张成元、王方、王佳敏、刘江龙、史会斌、罗太波、王超发、李一鸣、赵洁、杨莹、邓程、白旭超、张雪、周昊澄等专家、老师与同学同济智慧、齐心协力完成本书的撰写工作。本书以工程伦理的相关理念为主线，细致梳理了不同工程领域的伦理问题，并对工程伦理是什么、工程中存在的伦理问题有哪些等进行初步探索。本书共分为 9 章，第 1 章"工程伦理概述"，从工程伦理的产生与发展、研究对象、内涵与特点以及应用领域等方面进行着重阐述；第 2 章"工程实践中的风险伦理"讲述了工程风险的来源与防范、工程风险伦理评估、工程风险伦理责任等内容；第 3 章"工程实践中的环境伦理"从人与自然的道德关系角度深度剖析了工程的环境伦理责任；第 4 章"工程实践中的价值伦理"对工程价值在伦理方面的实践展开讨论；第 5 章"工程师职业伦理"阐述了相关的概念，并对工程师职业伦理发展及现存问题和实践困境的对策进行了探讨；第 6 章"信息与网络安全伦理"强调了网络安全行业从业人员除了遵从国家法律法规以外，还需要重视信息与网络安全伦理的问题；第 7 章"核工程伦理"叙述了核工程发展的伦理原则以及核工程伦理的实现方法；第 8 章"太空开发工程伦理"结合太空开发的历程、现状与趋势，提出了太空开发工程伦理治理的建议；第 9 章"全球化工程中的伦理"，就全球化工程的历史演变、特点与趋势，全球化工程中的文化差异与国际化进程，以及全球化工程中的伦理问题和伦理原则等话题进行探讨。综合而言，本书多维度、多领域地剖析了工程伦理问题，将工程伦理这一抽象概念具体化、领域化，并借助深入浅出的案例帮助读者更好理解。

工程伦理的探讨已经成为工程界和哲学界广泛关注的话题。本书通过对工程伦理的相关阐述，可在一定程度上培养工程科技人才的社会责任感，提高其伦理意识，增强其遵循伦理规范的自觉性，提升其应对工程伦理问题的能力，让工程更好地造福社会、造福人类。

最后，再次感谢参与本书撰写的专家、老师所做的杰出工作，同时期待相关领域的专家和学者积极探索、改革创新，不断为培养高层次工程科技人才做出新的贡献！

2024 年 4 月 20 日

目　　录

第1章　工程伦理概述

1.1　工程伦理的产生与发展

工程活动是人类社会一项最基本的社会实践活动，其中涉及人与人、人与自然以及人与社会之间的复杂互动。自20世纪中叶起，随着科技迅猛发展，我国正在进行着规模巨大的工程建设。工程实践活动一方面满足了人们对物质的需求，另一方面也引发大量的伪劣工程、工程事故、工程与社会和文化不和谐现象，促使学术界将目光投放在工程伦理的研究上。同时，国外工程伦理的成熟经验也在一定程度上促进了我国工程伦理的相关研究，关于工程伦理的探讨已经成为工程界和哲学界广泛关注的话题。工程伦理作为一门学科，虽然形成于20世纪70年代，但其发展历程可以追溯至古代社会。了解工程伦理的产生与发展过程，有助于理解工程伦理的内涵、工程伦理问题的特点及工程伦理的应用。

1.1.1　工程伦理的历史演进

1. 工程伦理的发展历史

工程伦理的发展历经三个阶段，如图1-1所示。

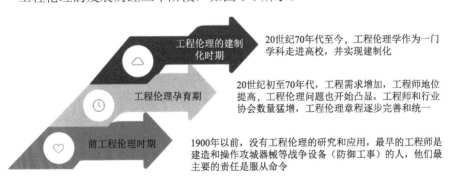

图1-1　工程伦理发展的三个阶段

1）前工程伦理时期

1900 年以前，没有工程伦理的研究与应用，最早的工程师是建造和操作攻城器械等战争设备（防御工事）的人，他们最主要的责任是服从命令。在中国古代，工程师叫"百工"，在当时只是一种职业而已，比如工匠、木匠、石匠、铁匠等，他们主要负责具体实施建城郭、建都邑、立社稷宗庙、造宫室车服器械等任务，主要从事金、石、竹、漆、土、木和纺织等行业。早在西周时期的《尚书·康诰》中就记载有"百工"一词，指从事各种手工业的工奴。"工程师"一词在西方出现于中世纪晚期，用来称呼诸如攻城锤、石弩和其他军械的制造者和操作者。也就是说，最早被称为工程师的人是军人或工兵。第一批工程教育机构由政府创建，为军事服务，比如 1818 年，英国土木工程师协会（Institution of Civil Engineers，ICE）创立，这是第一个官方承认的职业工程师组织，在差不多的时期，美国、法国、德国等纷纷成立类似组织，这标志着工程师职业正式出现。

2）工程伦理孕育期

20 世纪初至 70 年代，工程需求增加，工程师地位提高，工程伦理问题也开始凸显，工程师和行业协会数量猛增，工程伦理章程逐步完善和统一。如美国工业工程师学会（America Institute of Industrial Engineers，AIIE）在 1918 年重新定义"工程"概念时，将伦理观念的实践看作是一个工程师在解决问题时必须考虑的因素。从 1922 年始，加拿大七所工程学院萌生把戒指设计成被扭曲的钢条形状，象征魁北克大桥坍塌的残骸，用以提醒毕业生要汲取桥梁坍塌事故上血的教训，这就是闻名工程界的"工程师之戒"。20 世纪 60 年代，计算机学者唐·帕克收集计算机专业人员利用高科技犯罪和从事不道德行为的案例，为国际计算机学会（Association for Computing Machinery，ACM）起草计算机工程师职业伦理规范。美国的电气电子工程师学会（Institute of Electrical and Electronics Engineers，IEEE）也把工程伦理写入其章程中。

3）工程伦理的建制化时期

20 世纪 70 年代至今，工程伦理的研究日益受到世界各国的关注，而且工程伦理学作为一门学科走进高校，并实现建制化。例如，20 世纪 70 年代，美国将工程伦理学作为一门独立的课程纳入美国高等院校教育体系，麻省理工学院、伦斯勒理工学院等工程院校，将工程伦理学设为必修课和选修课。80 年代，美国工程和技术鉴定委员会的 EC2000 工程标准将工程伦理纳入工程院校教育活动的评价标准。对于工程师自身而言，须通过由美国工程和技术鉴定委员会认证的工科院校的课程并获得学位后，才有资格获得工程师注册资格。到了 90 年代，美国位列前十的工程院校以不同的方式将工程伦理教育融入本科教育体系中。日本模仿美国模式建立日本工程教育认证委员会（Japan Accreditation Board of Engineering Education，JABEE），来探索研究工程伦理与本国传统文化相融合的方式，进而形成与本国国情相符的工程伦理规范。进入 21 世纪，工程伦理教育实践得到了积极的探索，形成了丰富的研究成果，并积攒了成熟的教育实践经验。

2. 工程师协会和章程的发展与完善

工程师协会作为一种由科学技术工作者和有关单位自愿组成的跨行业、跨部门的学术性、非营利性的团体组织，在百年未有之大变局这一关键时期，承载着实现中国梦的使命担当，需根据国家战略和行业发展需要，汇集专家智慧，采用创新理念，推动我国向现代化、产业化、数字化、绿色化转型，实现高质量发展。促进我国工程师协会发展，完善工程师协会章程，需了解工程师协会和有关章程的发展历程。最早的工程师协会是由工程师约翰·斯米顿（设计斯米顿塔）于 1771 年在英国创立的非正式的土木工程师协会，后更名斯米顿协会。随后，在 1818 年，英国土木工程师协会创立，这是世界上第一个官方承认的职业工程师组织。1852 年，美国土木工程师协会（American Society of Civil Engineers，ASCE）成立。此后，法国、德国等纷纷成立类似组织，标志着工程师职业正式出现。我国最早的工程师职业团体是 1913 年詹天佑等发起成立的中华工程师会，后迁至台湾。

工程师伦理章程与工程师的发展相辅相成，处于不断的发展和完善之中。在现代工程和工程师诞生初期，工程伦理处于酝酿阶段，各个工程师团体并没有将之以文字形式明确下来，伦理准则以口耳相传和师徒相传的形式传播。在 19 世纪下半叶至 20 世纪初，工程师的职业伦理开始有了明文规定，成为推动职业发展和提高职业声望的重要手段。世界上第一个现代意义的工程师职业操作规范是由英国土木工程师协会于 1910 年推出的。在接下来的几年时间里，美国电气电子工程师学会的前身电气工程师协会（1912 年）、美国土木工程师协会（1914 年）制定了伦理规范。到 20 世纪 30 年代，几乎所有的美国工程职业都制定了本职业的伦理规范。而我国起步相对较晚，于 1933 年参照他国经验，借鉴美国土木工程师协会伦理规范制定了工程师信条。

1.1.2　工程伦理核心理念的演进

社会环境、生活方式、价值观念等方面不断发生深刻变化，并且呈现出复杂性、连带性、整体性的特征。这种变化无时无刻不在影响着社会的伦理秩序和道德生活，不断促使工程伦理的核心理念演化前进。从时间维度上来看，工程伦理的演化大致可以分为五个阶段（图 1-2）。

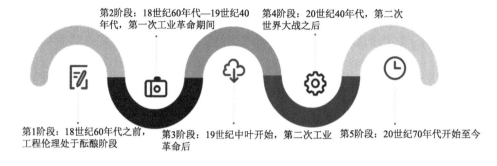

图 1-2　工程伦理演化的五个阶段

　　第 1 阶段：在现代工程和工程师诞生初期，工程伦理处于酝酿阶段，伦理准则以口耳相传和师徒相传的形式传播，其中最重要的观念是对忠诚或服从权威的强调。第 2 阶段：第一次工业革命期间，民用工程大量兴起，工程师的职业伦理开始有了明文规定，工程师的义务主要是忠诚于雇主、职业共同体、顾客和上司。第 3 阶段：工程师的需求急剧增加，工程师在企业里具有举足轻重的作用，地位也在不断提高。工程师要求扩大的"普遍责任"认为：工程师的责任不仅是忠诚于雇主，在企业中实现技术效率，他们还能担负起对企业、国家的管理和领导职能，可以在经济领域、政治领域、文化领域发挥积极有效的作用，甚至对整个人类的文明和进步负有不可推卸的责任。第 4 阶段：第二次世界大战之后，世界经济迅猛发展，新技术层出不穷。而与此同时，工程技术的负面效应却越来越突出和严重：资源短缺、自然景观消失、环境污染、生态平衡被破坏等。工程师们开始对自己在工程活动中扮演的角色产生疑问，他们逐渐意识到工程的重大社会影响和相应的社会责任。20 世纪五六十年代，美国的工程师专业发展委员会（Engineers Council for Professional Development，ECPD）制定的伦理章程突出强调工程师要把公众的安全、健康和福祉放到至高无上的地位。第 5 阶段：20 世纪70 年代，随着经济全球化及环境问题的凸显，工程师伦理规范增加了保护环境、维护生态平衡、提倡可持续发展战略，以及关注全球视野中的工程活动、文化冲突等内容。特别是进入 21 世纪，工程伦理的社会参与问题受到越来越多的重视。新的参与伦理则强调社会公众对工程实践中的有关伦理问题发表意见，工程师不再是工程的独立决策者，而是在参与式民主治理平台或框架中参与对话和调控的贡献者之一。

1.1.3　工程伦理教育的演进

　　工程伦理教育兴起于20 世纪70 年代以后的美国。由于工业化对环境的破坏、核威胁等问题，以及频发的工程事故，人们必须重新审视工程实践对社会造成的影响。如何平衡工程活动与工程伦理问题之间的关系，提升工程师的道德素质和伦理意识，缓解工程师面临的伦理困境迫在眉睫。此外，随着对工程实践中的伦理问题进行系统性研究，工程伦理学作为一个独立的学科得以确立，正以不同的形式在国内外工科教育中逐渐普及，成为工程教育中的重要组成部分。在西方发达国家率先完成工业化的过程中，工程伦理教育历经三个时期（图 1-3）之后，逐步形成了相对完善的教育体系。

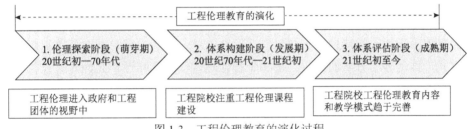

图 1-3　工程伦理教育的演化过程

　　伦理探索阶段（萌芽期）：工程伦理教育萌芽于 20 世纪初，西方各国的工程团体开始制定较为正式的职业伦理规则，内容主要关注工程师在面对客户或雇主利益时单方面的忠诚，对于工程师的权利和责任很少涉及。相对其他西方国家，系统性的工程伦理教育起源于 20 世纪的美国，成熟的理论框架和独立的学科设定为其重要的标志。到了 20 世纪中叶，工程伦理教育开始从工程师伦理拓展到社会责任教育，逐渐朝着建制化发展。相对于美国工程伦理教育注重一般伦理品质的培养，并制定详尽的伦理规范，其他西方发达国家侧重则有所不同。比如，德国的工程伦理教育重点关注工程实践中的技术伦理和工程伦理，注重工程师继续教育的普及与推广。日本的工程伦理教育是基于最初引进美国先进的方法和模式，结合本土具体的文化差异进行调整和改进，形成较为完善的机构机制和教学体系。

　　体系构建阶段（发展期）：伦理问题从古至今一直蕴含于工程实践过程中，相对于工程学教育悠长的历史背景，工程伦理学作为一门独立学科只有几十年的历史。作为系统工程伦理教育的起源地，在 20 世纪 70 年代初，美国已经将工程伦理教育在大学教育体系中进行了推广。到了 70 年代后期，譬如伦斯勒理工学院、麻省理工学院、伊利诺伊理工学院等工程院校开设了并非由哲学家主讲的工程伦理学课程，其中课程种类高达 1000 多种，这标志着工程伦理学作为新的科学领域的开端。此外，工程教育和国家基金的项目资助成为美国工程伦理学得以迅速发展的另一种助力。为推动工程伦理问题的研究和教学素材编撰，在 20 世纪 70 年代后期，美国学者罗伯特·鲍姆承担了美国国家科学基金会（National Science Foundation，NSF）和国家人文基金会（National Endowment for the Humanities，

NEH）资助的"哲学与工程伦理"研究项目，奠定了工程伦理学涉及哲学、工程学、法学、社会科学和管理学的跨学科的基础。1992 年，"在工科学生必修课中融入工程伦理案例研究"和"讲授工程伦理：案例研究法"两项由 NSF 资助的工程伦理教育教学研究项目，又进一步凸显出政府基金对工程伦理研究的支持，这无疑从制度上肯定了工程伦理学研究的价值和意义，同时推动了工程伦理教学和理论研究，带动了社会其他群体对工程伦理的关注。

体系评估阶段（成熟期）：进入 21 世纪，经过不断的探索和创新，美国工程伦理教育形成了教学内容相对系统、教学方式较为先进的发展模式。在教学内容方面，众多工程伦理教育指导机构通过组织相关实践和学术活动来丰富教学内容，比如美国国家工程院通过组织研讨会、教育活动、出版资料、举办伦理视频比赛等方式，推动教学方式的改进，增加工程伦理教学的趣味性。此外，大量关于工程伦理的核心期刊文章和教材著作进一步完善了教学内容，如迈克·M. 马丁与罗兰·辛津格合著的《工程伦理学》（*Ethics in Engineering*），查尔斯·E. 哈里斯等的著作《工程伦理》（*Engineering Ethics*）等，这些著作汇总了美国工程伦理各阶段的思想成果和核心理念。同时，如《科学与工程伦理》《伦理学研究》等核心期刊，汇集了工程伦理的焦点问题和最新发展动态。在教学方式方面，美国工程伦理教学采用不同学科背景的专家组成团队小组的形式参与教学和研究，更具科学性和实效性。一方面，采用合理的课程层级体系，包括独立课程、与非技术课程结合、与技术课程结合的工程伦理教育课程模式，从多维度出发来引导工科学生探讨工程实践中人与自然的道德价值。另一方面，采用工商管理硕士（Master of Business Administration，MBA）的案例教学模式进行工程伦理教学，在课堂上以互动教学为主，让学生切身参与实际案例分析、讨论工程伦理方法的实际运用，以推动工程伦理教学，提升学生识别和解决工程伦理问题的实践能力。此外，教育方式采用情景教学、情景体验和自学三种途径有机结合的方式，以培养实践能力为核心，将工程伦理方法实用教学融入工程实践中。存在问题也较为明显，学生对于技术实用性理解比较深刻，而对于工程伦理的理论性理解相对薄弱。

1.1.4 我国工程伦理范式的发展路径

纵观我国工程伦理范式的发展历史和现状，相较于国外工程伦理系统性的研究，我国的工程伦理研究明显滞后，在曲折中缓慢发展。但经过我国工程伦理学者的共同努力，顺应西方工程师团体的发展趋势，在效仿西方工程伦理范式的过程中，立足于我国不同时期的国情和国际形势探索出符合自己发展特征的独特路径。我国工程伦理范式是特定历史背景下的产物，并在新的国家体制和具体国际形势下发展起来，具有浓厚的国家特色。因此，分析我国工程伦理的发展路径，需要结合不同时期的历史背景来具体研究。根据不同时期的状况，我国工程伦理范式的发展路径可以划分为三个阶段（图1-4）。

图 1-4　我国工程伦理范式的发展路径

1. 孕育与创建期

中华工程师会是中国近代历史上最早成立的工程师共同体，后与在美国成立的中国工程学会合并成为中国工程师学会，发展成为中国近代规模最大、成果斐然的工程师共同体，为中国近代工程科学的发展与技术的进步、增强工程师共同体的凝聚力，做出了不可磨灭的贡献。剖析近代我国工程伦理范式的发展历程，这一时期工程伦理范式具有明显的时代印记：强调工程师职业操守，特别强调对客户、同僚负责，对国家负责，倡导实业救国。

1912—1931 年是我国工程伦理范式的孕育时期。1912 年，詹天佑在广州组织成立的"广东中华工程师会"、颜德庆等在上海创立的"中华工学会"和徐文炯等铁路工程人员在上海组织成立的"路工同人共济会"协商决定组成统一的"中华工程师会"。1915 年 7 月在北京年会上将"中华工程师会"更名为"中华工程师学会"。该学术团体成员主体为土木工程师，虽然没有制定伦理规范，工程伦理意识分散于其宗旨中，但是那时候的工程师已经意识到其职业的重要作用。《中华工程师会简章》规定其宗旨为"发达工程事业，俾得利用厚生，增进社会之幸福"，着重体现出工程师对雇主、同行、职业的责任。1931 年是中国工程伦理规范发展史上的一个重要时间节点，"中华工程师学会"与"中国工程学会"在南京合并为"中国工程师学会"，成为当时国内唯一综合性工程学术团体。随着时间的推移，中国工程师学会逐渐认识到工程师的职业活动对社会的重要影响，加上受专业背景和美国伦理规范的影响，"为恢复我国固有道德"而"参照他国先例"，于1933年首次制定了《中国工程师信守规条》，至此，我国第一个正式的工程伦理规范诞生了。从内容上看，该伦理规范主要针对雇主或客户、同行及职业，伦理规范局限于伦理责任，忽略了道德的作用，使得工程师常陷入道德决策困境。

中国工程师学会成立不久，随着日本的侵华，中华民族面临着前所未有的亡国威胁。抗日战争的全面爆发打断了中国科学技术发展的进程，国内许多学会社团遭受沉重的打击，中国工程师学会也被迫内迁。在国家面临生死存亡的时刻，中国工程师学会决定担负起救亡图存的重任，积极开展会务，参与抗战。1941 年，中国工程师学会将《中国工程师信守规条》更名为《中国工程师信条》，增加了工程师对国家、民族的责任，将工程师的职业操守、工业化使命与爱国精神紧密相连。在这一特殊时期，工程师的社会责任发生变化，从禁止性规范改为应然性规范，拓宽了伦理规范的适用领域，一方面沿袭了工程师对自身职业道德的要求，另一方面将工程师对行业的责任上升到对国家民族的责任，具有浓厚的政治色彩。

2. 重建与停滞期

在中国共产党的领导下，中国人民浴血奋战，推翻了压在身上的三座大山，揭开了中国历史的新篇章。党和政府领导全国人民为恢复和发展工农业生产及各项经济事业付出了巨大努力，并取得一系列成绩，为各个协会的恢复与重建创造了条件。随着"大跃进"和人民公社化运动的开展，工程建设方面特别是钢铁、采矿等工程项目如火如荼地开展。由于受限于当时的宏观背景，工程师的伦理意识和观念淡薄，而且没有形成具体的工程师伦理规范。到了1966—1976年，由于"文化大革命"的爆发，我国各项经济建设处于停滞的时期，各协会的工作也普遍停滞，我国工程伦理规范的发展进入停滞时期。该时期工程伦理范式发展的主要特征：重点关注工程师的行业责任，力图发展工程事业以促进国家兴盛。

中国工程伦理规范的发展路径发生分化是在解放战争时期。由于战事的原因，各协会的工作受到了严重的影响，一些工程师或技术人员选择留在大陆，一部分选择跟随国民党迁往台湾，至此，中国工程伦理范式的发展走向了分化。相对于美国等西方国家逐步完善的工程伦理规范，受限于国内当时的形势，我国的工程伦理范式走向了不同的道路。以时间线为轴，1949年成立的中国科学院，以"创新科技、服务国家、造福人民"为己任，把科技作为个人成败和国家兴亡的关键，职业责任更加注重国家利益。随后，1953年中国土木工程学会在北京重建，1969—1976年，学会工作进入停滞阶段。1958年全国科联和全国科普合并，成立中国科学技术协会（简称"中国科协"），该协会下属学会多达200多个。从某种意义上来说，中国科协工程伦理的演化过程，代表着下一阶段我国工程伦理规范的发展路径。1962年，电子界工作者和单位等自愿组建中国电子学会，成为中国科学技术协会的组成部分，其宗旨是遵守国家相关法律法规和社会道德规范，尊重人才和知识，积极倡导"团结、创新、求实、奉献"的精神，促进电子信息科学技术的发展和普及，等等。同年，作为中国电子学会的专业学会成员的中国计算机学会成立，学会的宗旨是为本领域专业人士的学识和执业提供服务，推动科技进步，引领学术发展等。

1949—1978年，我国工程伦理规范的发展经历了一个很长的空白期。在计划经济时代，工程师强调为国家、集体服务，没有制定工程职业规范，缺少职业化特点。相对于国外建制化的伦理规范，我国大部分工程职业组织尚未制定成文的工程伦理规范，职业伦理规范的发展水平较低，迫切需要加强工程伦理规范体系建设。

3. 恢复与发展期

1978 年党的十一届三中全会恢复解放思想、实事求是的思想路线，决定把党的工作重心转移到经济建设上来，并确立了改革开放的基本方针。届时，各学会工作逐步恢复，广大科技工作者积极投身于社会主义现代化建设当中。这一时期，国家对于工程师的社会责任不断更新，强调工程师行业责任和社会责任，如关注公众责任、关注环境责任、关注社会责任和保障民众福祉等，工程师伦理的价值取向发生转移，向社会责任过渡。接下来以主要的学会和科研机构为线索，来探究这一时期中国工程伦理的发展历程。

关于中国科协。1982 年，中国科协转发了由首都科学家和科技界百名人士号召制定的《首都科技工作者科学道德规范》，明确了科研工作者在国家建设、科学探索等方面应该遵循的工程伦理规范。2007 年，中国科协出台《科技工作者科学道德规范（试行）》，旨在弘扬良好的道德风尚，建立科学道德规范，强调科学学风建设，抵制和摒弃一切的学术不端行为，强调科技工作者科技兴国、为民服务的使命。针对我国科技界遭遇的撤稿事件，2017 年中国科协印发《科技工作者道德行为自律规范》，号召全国各学会、地方科协和高校科协、企业科协组织科技工作者深入学习、广泛宣传，结合实际制定和完善相关规定，加强自律监督，进一步改革完善科技评价体系。

关于中国工程院。1997 年中国工程院通过《中国工程院科学道德建设委员会的职能及工作制度》，用以指导并推动中国工程院院士自身及学部的科研建设和道德建设，捍卫科学尊严和纠正不良学风等。1998 年，《中国工程院院士科学道德行为准则》的出台对规范全体院士的科研行为起到重要作用。2004 年，第 8 届中日韩（东亚）工程院圆桌会议召开，会议特别重视对工程师队伍的道德建设，发出"关于工程道德的倡议"，呼吁工程师"在做出工程决定时，要承担保证社会安全、健康和福利的责任"，并且要"为实现可持续发展，保持和恢复地球的活力做出应有的努力"。2009 年，中国工程院等十部门联合发布《关于加强我国科研诚信建设的意见》，规范科技工作者的科研行为，为自主创新和科技事业发展营造良好的科研环境，以建设创新型国家。2012 年，中国工程院出台《中国工程院院士科学道德守则》，用以规范院士的科研行为。2014 年 12 月 9 日，中国工程院审议通过《中国工程院院士违背科学道德行为处理办法》，这标志着我国的工程伦理规范从描述性规范向事件性规范迈出了重要一步。

关于中国科学院。2007 年，中国科学院向社会发布《关于科学理念的宣言》（简称《宣言》）和《关于加强科研行为规范建设的意见》（简称《意见》）。《宣言》号召广大科技人员承担更大的社会责任，遵守人类社会和生态的基本伦理，珍惜与尊重自然和生命，尊重人的价值和尊严，从社会、伦理和法律的层面规范科学行为，并向公众科普科学知识和理念。《意见》着重学术环境建设，要求全院科技工作者遵守公民道德准则等内容。中国科学院设立了科研道德委员会及院属科研道德机构，以落实《意见》中的要求和规范。2014 年，中国科学院通过《中国科学院院士行为规范》，分别对所属院士的科学道德行为、社会活动行为以及增选工作行为进行规范，工程伦理规范主要包括发展真理、寻找科学价值、反对科研不端、践行学术规范、发扬学术民主、关注社会问题、遵守科技伦理等内容。

　　该时期其他的机构学会对工程伦理问题也制定相关的行为准则，例如，1999年，中国工程协会制定并于 2010 年修订了《中国工程咨询业职业道德行为准则》。2003 年，中国机械工程学会出台《机械工程师职业道德规范》，目的在于加强学术管理，维护学会良好声誉，最后一点是恪守社会责任，保持自然生态文明，造福中华民族和全人类。2002 年 6 月，中国建设工程造价管理协会通过《造价工程师职业道德行为准则》。同年，中国计算机学会制定了五条具体道德规范，即尊重知识产权、尊重事实、公正客观评价作品、公正评审评奖、禁止一稿多投，这五条道德规范侧重工程师学术道德。2009 年，中国设备监理协会颁布《设备监理工程师职业道德行为准则》。2011 年中国化学纤维工业协会出台职业道德准则，主要内容为：遵纪守法，不以权谋私，热爱化纤行业和本职工作，坚持安全为先和质量第一，树立社会责任意识，注重节能减排、综合利用、清洁生产和循环经济，实现企业、行业和社会和谐发展。2014 年，中国勘察设计协会通过了《工程勘察与岩土工程行业从业人员职业道德准则》。

　　这一时期，随着人们对工程技术认识的加深，以及学习借鉴国外系统化的工程伦理规范的发展模式，我国工程伦理意识开始有了清晰的表达，工程伦理规范的内容和形式不断完善。但是工程伦理涉及工程复杂性和社会多样性等多个层面，直接借鉴或移植国外相关规章制度可能会出现"水土不服"的情况，我国工程伦理的探索过程存在不少问题，基于面临的难题，我们可以预见我国工程伦理的发展趋势，如图 1-5。

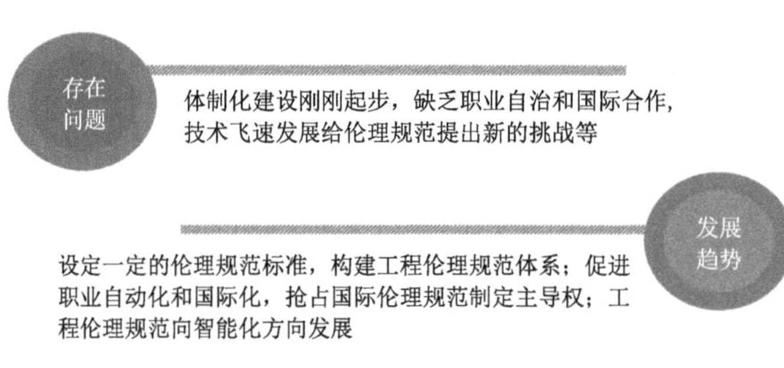

存在问题　体制化建设刚刚起步，缺乏职业自治和国际合作，技术飞速发展给伦理规范提出新的挑战等

发展趋势　设定一定的伦理规范标准，构建工程伦理规范体系；促进职业自动化和国际化，抢占国际伦理规范制定主导权；工程伦理规范向智能化方向发展

图 1-5　我国工程伦理范式存在的问题及发展趋势

1.2　工程伦理的研究对象

1.2.1　工程

1. 工程的起源与发展

恩格斯揭示了人类的起源，即劳动创造了人，劳动就是使用工具和制造工具的造物活动，这本身就是一种工程活动。因此，在这种意义上也可以说工程活动"创造了人"，劳动和以工具的使用制造为特征的工程活动是人猿揖别的标志。作为造物过程的工程活动本身经历了原始工程、古代工程、近代工程、现代工程和当代大工程的发展历程。在石器时代，有利用石头制作工具以满足人类最原始的需求和创造性本能的工程活动；古代工程具有军事艺术的内涵，泛指战争机械的操作、设计和制造；理性思想是近代工程的一大特点，理性思想主张普遍有效、逻辑上确定的和可以验证的理论知识的启蒙主义思想，近代工程不断对科学技术进行肯定，甚至将其视为工程的同义词；现代工程具有过程主义的工程本质观，将工程定义为一种与人工物相关的特殊人类行为过程——制造；随着人类的进步与技术的发展，后来还融入了艺术、独创等工程思维。古埃及的金字塔、古罗马的斗兽场、中国的万里长城、西欧的教堂等折射出了人类工程水平、工程文化、工程思维的演变。

2. 工程的定义

在我国，对"工程"的理解主要是与工匠的土木工程活动有关，"工程"一词最早出现于 1060 年北宋欧阳修的《新唐书·魏知古传》："会造金仙、玉真观，虽盛夏，工程严促"，可以看出，古代"工程"主要是指土木构筑，强调的是施工的过程或结果；西方早期对工程的理解为"战争设施及民用设施等建造活动"的军事工程，其主体依然是工匠；到 1828 年，英国人托马斯·特尔福德提出，工程是驾驭自然界的力量之源以及供给人类使用的便利之术，1852 年，美国土木工程师协会章程中将"工程"定义为"把科学知识和经验知识应用于设计制造或完成对人类有用的建设项目机器和材料的艺术"（鲁贵卿，2014）。

广义的工程是指由一群人为达到某种目的，在一个较长的时间周期内进行的协作活动，其泛指一切项目和计划，例如"希望工程""三峡工程""都江堰工程""211 工程"等。以三峡工程为例，三峡工程全称为长江三峡水利枢纽工程。为了解决长江中下游的洪水威胁问题，花费 18 年的工期，完成了库容为 393 亿立方米的大水库的修建，整个工程包括一座混凝重力式大坝，泄水闸，一座堤后式水电站，一座永久性通航船闸和一架升船机。由此可见三峡工程之庞大与复杂。

狭义的工程是指以满足人类需求为目标指向，应用各种相关的知识和技术手段，调动多种自然与社会资源，通过一群人的相互协作，将某些现有实体（自然的或人造的）汇集并建造为具有预期使用价值的人造产品的过程。狭义的工程是个多义词，从静态的角度来说，一是指以知识体系形态存在的工程科学（如电子信息工程），二是指工程结果——人造物（如火车铁轨）；从动态的角度来说，一是指工程活动，二是指工程结果的运行（如铁轨的使用）（李旭东，2015）。

3. 工程的其他定义

工程活动是人类社会赖以生存和发展的基础，人们对工程的理解也是不断深化的，下面是人们对"工程"的不同理解。

1）工程是利用丰富的自然资源为人类造福的一种艺术

最老的说法是1828年英国土木工程师协会提出的，其认为"工程是利用丰富的自然资源为人类造福的一种艺术"。美国土木工程师协会也接受了这一观点，美国工程和技术鉴定委员会仍然坚持"工程是一种艺术"，但是这个艺术很丰富，是应用科学、数学原理、经验、判断和常识等来造福人类的一种艺术。

2）工程即技术

工程是"应用科学知识使用自然资源最佳的为人类服务的一种专门技术"（中国大百科全书出版社《简明不列颠百科全书》编辑部，1985）。有关工程与技术之间的关系，学术界有四种不同的看法：第一种观点是技术等于工程；第二种观点是技术包含工程；第三种观点是工程包含技术；第四种观点是工程与技术相对独立。事实上，工程与技术之间的关系相对复杂，随着研究的深入，大家更倾向于接受第四种观点。技术是在改造自然的过程中所创造出的一种方法或手段，而工程活动包含一部分的技术因素，可见，虽然工程和技术存在一定的交叉，但是工程和技术仍然属于不同种类的实践活动。

3）工程即科学

根据《辞海》中的定义，工程是"将自然科学的原理应用到实际中去而形成的各学科的总称"。科学是探索、发现自然规律的认识活动，虽与工程有较大的相似度和耦合性，但是科学的研究过程具有较强的探索性以及明显的个体性，而工程的研究有较强的计划性和组织性。此外，科学和工程的研究主体也有不同，科学实践的研究主体主要是科学家，科学家在互动的过程中更多地关注科学共同体内部成员的意见，而工程实践的主体是工程共同体，其中包括了投资者、管理者、设计师、协调者以及执行者等，在工程造物的过程中还需要关注对外界社会、对自然产生的影响。总而言之，这个主张看到了现代科学对工程的巨大作用，但忽视了工程本身的相对独立性和基本事实，把工程和工程学等同起来。

　　工程与技术和科学之间有着密不可分的联系，但必须承认它们之间的本质区别，可以用一个形象的比喻来更加清楚地区分三者之间的不同，科学是营养物质，技术是血液，工程则是肌肉和骨骼。工程活动的进行要遵从自然科学的基本原理，正如肌肉和骨骼的生长离不开营养物质的补充；工程活动的开展也要用到相应的技术方法，如肌肉骨骼的生长需要血液来运输营养物质是同样的道理。

　　4）工程是创造

　　工程活动最根本的目的在于创造人工物品，而这一人工物品一定是以前没有出现过的新物，新物的出现就是一个创造的过程，因此在工程活动中，创造是最明显的一个特征。然而，创造这一特征并非工程所独有，因此，创造不能涵盖工程本身。

　　以上说法均体现了工程的实践性，但是忽视了其组织性和社会性。可见工程的定义应为：人类在集成科学、技术、社会、人文与经验知识的基础上，基于项目管理范式创造物质存在的完整的社会组织活动（李旭东，2015）。

4. 工程的特性

　　1）工程的系统性

　　系统是由相互作用和相互依赖的若干要素（部分、环节）组成的，是具有特定功能的有机整体。工程的基本特征是工程共同体中的许多个体以既分工又合作的形式进行的。为了达到共同的目的，在工程活动的过程中，参与者之间必然有一定的协调与合作，这无不体现了系统的整体性、目的性、相关性等特性。

　　2）工程的社会性

　　工程通常是用来指代具有一定规模的、有组织的生产或建造活动，而不是手工业式的、个体性的行为（孙君恒和许玲，2004）。现代工程的特点决定了工程活动绝不是分散的、单打独斗的个体行为，而必须是社会组织行为。一项工程的建设，需要社会各方面的协同配合，工程的社会性主要体现在以下两个方面。

　　（1）实施工程主体的社会性。

　　实施工程的主体通常是一个有组织、有结构、分层次的群体，需要有分工、协调和充分的内部交流。而在这样的群体内部，又有不同的社会角色，如设计者、设计师、协调者以及各层次的执行者，各司其职。

　　（2）工程对社会的影响。

　　工程，特别是大型工程，往往对社会的经济、政治和文化发展具有直接、显著的影响和作用。

5. 从不同的维度认识工程现象

　　与科学、技术相类似，工程活动也是复杂的社会现象。从单一视角理解工程不仅困难，而且非常局限。接下来，我们从多个维度认识工程现象。

1）哲学维度

主要涉及工程的本质、工程的价值、工程师及其相关人员的责任等问题的反思。

2）技术维度

许多引领设计与建筑潮流的工程，最终的实现往往得益于应用了先进的材料与技术。

3）经济维度

具有重要的经济价值往往是工程意义的重要指标。

4）管理维度

管理维度就是要从实践上解决如何将众多行动者、可利用资金和自然资源等组织起来，使工程的不同环节、相继的时间节点实现高效协调等问题，从理论上探讨和总结管理经验与规律，从方法上探索最佳的管理模式与工具。

5）社会维度

一方面，工程需要众多行动者的集体参与；另一方面，从事工程实践的工程师构成了特殊的社会群体。

6）生态维度

生态维度是近几年来受到高度重视的视角，在于工程实践对自然环境和生态平衡来说有不可还原、不可逆转的重要影响。

7）伦理维度

伦理维度探讨的是如何"正当地行事"，几乎所涉及的各种维度都不可避免地和伦理维度形成交集。

1.2.2　伦理

1. 伦理的概念与内涵

伦理指人与人、人与自然相处的道理与规范，是关于人与人、人与自然内在结构和关系等的原则与概括。道德则是能够调节人与人、人与自然关系的行为规范总和。伦理侧重反映和维护人伦关系、人与自然关系所需遵循的规则，是客观的、他律的；道德则侧重于反映道德活动或道德活动主体自身行为的应当，是主观的、自律的。总之，伦理是道德的基础，而道德则产生于伦理。虽部分学者对"伦理"与"道德"的概念进行了辨析和区分，但伦理和工程伦理学界的主流仍将"伦理"与"道德"视为"相近相通"，并"互相替用"（李旭东，2015；朱贻庭，2018）。目前，在开展工程伦理和工程伦理教育研究时，国内外普遍将"伦理"与"道德"视为近似概念。美国工程伦理奠基人迈克尔·戴维斯也曾指出"伦理"可以被视为"道德"的同义词（Davis，2001，2003）。

2. 不同的伦理立场

1）功利论

与其他伦理学说不同，功利论只考虑一个人的行为对最大快乐值的影响，却不考虑达到该效果的手段与动机，如果能够增加最大快乐值则被定义为善，反之即为恶。功利论包含了四个基本点，分别是功利原则、苦乐原理、后果论和最大幸福原则。在精神层面上，人的行为受快乐与痛苦的支配，因此快乐与痛苦也成为判断行为是与非的基本标准，苦乐原理便诠释了功利主义的幸福观。此外，功利原则也强调后果论，主张行为后果决定行为的对与错，重点关注行为的自然属性后果，即快乐、痛苦等。最大幸福原则是指人们向往快乐和幸福，并寻求快乐的最大化，这种行为与人的精神需求息息相关。

2）道义论

"善良意志"是道义论的重点内容，是一种无条件的善良，即事物的善是本身存在的，不依赖于外在条件。与之相对的是有条件的善，即某种行为或某种物品的价值是依赖于其他条件的，例如，方式或手段的价值取决于所实现目标的价值。实际上，善良意志包括意志本身和动机的善，体现行为的责任意识。责任意识与客观道德法则紧密联系，道德法则是绝对的命令，把道德法则看成绝对命令就是道义论的核心主张。而道德法则是可普遍化的准则，即若一个行为是符合道德的，也就意味着该行为是世界上每个理性行为者的行为法则，每个人均应按照这个法则行动。

3）契约论

契约论指通过规则性的约定，把个人行为的动机和规范看作一种社会协议，排除干扰因素达成理性共识，在此基础上寻求道德原则。契约论在西方伦理学中有着悠久的历史，是一种理想道德。通过契约的签订，双方拥有一定的权利与相应的责任与义务，为了保证契约的完全实现，签订契约必须遵循的自然法则也就孕育而生，此时，该自然法则便是道德哲学，即遵守契约的行为才是道德的。在契约的前提下，霍布斯构建了伦理法则，旨在从自利人的自保出发，放弃一部分权利并考虑他人的存在，通过协议相互作出让步确保各自利益最大化，最终使得双方能够共存。

4）德性论

德性论是自古希腊便有的伦理立场，它以行为者为中心，关注人的道德心理，如欲望、品格、动机、情感等，重点讨论"我应当成为哪一种人"。亚里士多德认为，正是在运用正确的原理对情感的理智把握和处置中，人们才有了伦理德性。因此，离开了人的情感或道德情感，便无从理解德性论。换言之，一个丰富的、活生生的道德主体，才是德性论所关注的。德性是人的品质，是习惯的养成，并能从个人行为中表现出来。例如，有的人性格沉稳、冷静，有的人则脾气暴躁；在危急的情况下，有的人表现出勇敢的品质，有的人则表现出懦弱的品格。对行为进行评判不仅需要根据行为本身，还需要对内在品质与品德进行分析，从而得出善恶好坏的评判。道义论和功利论伦理学以行为为中心，与之不同，德性论是人心理的连续，是从人格、品质的角度看待某个行为。

3. 伦理原则

伦理原则是从伦理角度引导和规范决策行为的操作标准，就工程而言，从不同伦理维度审视工程和相关决策活动是实现和构建合理原则的前提。在个人、社会、自然三方面都体现着工程活动与伦理的联系。以下伦理原则的相互作用、相互协调与相互制约，共同推进工程决策伦理规约的实现。

1）科学性原则

科学性原则指在大量调研与预测的基础上，对主观、客观条件进行系统性的分析，深入剖析工程内在结构及其与人、社会、自然间相互作用的客观规律并进行决策。在工程决策中，该原则的具体运用如下：首先，决策前需要进行大量的前期调研及系统的科学分析；其次，所做决策要符合工程自身特性及其与人、社会、自然的相互作用规律；最后，通过合理的决策程序辅助科学决策的实现。科学性是实现工程决策伦理规约的前提，缺失科学性的工程决策将对人、社会、自然造成伤害，只有在科学性原则实现的基础上，其他伦理原则才能起到相应的作用。

2）人本性原则

人本性原则指从人性、人的本质出发，强调人的地位，肯定人的价值，维护人的尊严与权利，将人的本性作为考察问题的思想体系。人本性原则在诸多方面均有所体现，包括关注人类情感、尊重生命、保护人性。在工程决策中，人本性原则指的是在工程决策过程中，要尊重人的尊严与权利，给人以生命层面的关怀，不能伤害人的情感或生命，努力做到以人的价值为中心，致力于实现工程造福于人类的终极目标。人本性原则的具体应用如下：首先，在进行工程决策时，须以不伤害人类的生命、健康和安全为出发点；其次，工程决策中要关注人的尊严、权利；最后，将人的价值作为工程决策的终极价值标准。

3）责任性原则

责任指个人或集体分内的事务，也指未履行应尽的义务或做好分内的事而需要承担强制性义务或不利后果。责任表现为行为主体对责任的自主认识及行为上的自愿选择（孙君恒和许玲，2004）。在工程决策方面，责任性原则指决策主体为完成工程造福于人和社会的使命，在进行决策活动时应该承担确定最优方案的职责，并且主动承担决策中由自己的决策失误或行为过失造成的不利后果。工程决策中责任性原则的具体应用如下：首先，决策主体必须以助力工程目标实现为最优方案确定的标准；其次，主体对工程决策及工程活动向良性方向发展具有助长义务；最后，当发生工程决策错误时，主体必须承担所有的后果。

4）功利性原则

工程活动是创造物质财富的主要手段，与社会及经济的发展有着十分密切的关系。在工程决策中，功利性原则指所做的选择要能增加人类财富，给人类创造幸福生活，主要从代价与效益两个角度对一项工程进行衡量。例如，若一项工程决策带来的负面影响大于收益，那么该决策就违背了功利性原则。就经济关系角度来看，将功利性作为衡量人类行为的价值标准，能够有效地促进社会和经济的发展，因而，将功利性作为衡量工程决策的伦理标准是合理的。然而，由于追求功利是促使工程负面影响产生的重要因素，很多学者认为功利性原则不应是一项伦理原则。事实上，通过工程创造财富、促进经济快速增长、增加社会财富本身是无过错的，但忽略其他伦理原则，一味地追求经济效益最大化则是错误的。

5）公正性原则

公正性原则是指倾听多方利益相关者特别是弱势群体的意见，并将合理的意见纳入决策方案中，从而使得最终的决策方案被广大的利益相关者所接受。公正性原则要求在工程决策时关注以下几点：首先，工程决策的结果须被决策主体以及利益相关者普遍认同和接受；其次，在决策过程中要听取决策主体以及利益相关者的要求和意见，并在方案最终形成的过程中对其给予重视；最后，工程决策所形成的方案需要符合公认的社会公正准则与规范，并且被工程决策利益相关者特别是工程决策中的弱势群体普遍认可、接纳。

6）生态性原则

生态性原则是指在决策过程中，以达到工程与自然和谐共生为首要目标，在合理利用自然资源的同时，考虑自然与生态环境的承受力。在社会经济的发展中，工程活动给人类带来福祉的同时也会对生态环境造成破坏，伦理的缺失是工程导致生态危机的重要原因，因而伦理重建成为阻止危机加剧或解决生态危机的重要手段。在进行工程决策时是否考虑到生态伦理维度，既关系着工程活动的成与败，也关系到自然生态的失衡与平衡，这就要求工程活动各个阶段的决策都要对环境与生态进行考量，并且确定所制定的决策不会超过生态环境自生、自洁的限度。

4. 解决伦理困境的方法

要解决伦理困境，首先，要从认识论的角度出发充分认识工程的复杂性。正视工程系统的复杂性特点，放弃对线性因果关系观念的追求及试图一味地简化问题，寻求能充分剖析工程系统结构的方法，利用系统分析法综合分析工程系统所包含的复杂要素、复杂结构以及复杂关系，为后续伦理规则的设计奠定基础。

其次，要从方法论视角出发收集并整理现存的伦理规则与制度，在统一指导原则下根据实际情况，制定合适且规范的制度，明确各方责任的同时完善监察评估机制。朱葆伟（2006）曾表示，"工程伦理是一种实践伦理"，因此工程伦理的原则也须通过实践推理总结而得。实践中，一项工程涉及的利益相关者众多，不同社会角色或广大公众等利益集团代表的参与、对话和共识的达成是解决工程伦理问题的核心环节。因此，目前工程伦理已从个人伦理转为了共同体的伦理，伦理主体从单一主体转为多元主体，责任义务从个体责任转变为集体责任。在这种复杂工程网络关系下，亟须通过集体责任制度重构工程伦理和行为规范，解决多元化的工程共同体伦理问题。

最后，要充分发掘美德伦理的作用，在高校工程类课程教学及人才培养的过程中注重对传统伦理的教育，培养一批具有崇高理想、高尚品格的人，使得未来参加工程活动的主体能充分习得工程伦理相关理念，使工程师等相关主体在参与工程活动之前先成为有良心的人、品格高尚的人。例如，进行工程师培养时，仅使其不违背职业规范是远远不够的，还须要求其本身是一个时刻愿意做出"善举"的人。在高尚的价值观指引下，工程主体就会主动突破底线伦理局限，追求卓越理想（董雪林和姜小慧，2018）。

1.2.3　工程实践中的伦理问题

1. 工程实践中伦理困境的类型

工程活动中伦理主体进行道德选择时面临的两难境地便是工程实践中的伦理困境。按照工程活动的组成主体差异可将其划分为个体主体、团体主体，鉴于此，本书将从个体困境、群体困境两个层面对工程伦理困境展开深入探讨。

1）个体困境

内心道德律与个体利益冲突方面，主要体现在工程师、管理者、监理等个体面对经济、名誉、权力等利益与道德的冲突。例如，管理人员利用自身所拥有的权力施压于工程师，让其提供与事实相违背的建议，此时，工程师将面临忠于雇主还是对公众负责的两难境地。角色困境方面，主要指由于工程活动主体拥有双重身份而造成的伦理困境。工程活动中部分工程师还兼任了管理者，既需提供专业知识还要制定管理决策，然而，正确的专业判断和最优的管理决策并不能总保持一致，此时，拥有双重身份的工程师将陷入"义务冲突"，即某一身兼两种或两种以上职业角色的主体，在无法同时满足两组或两组以上职业义务的情况下而产生的冲突。

2）群体困境

群体困境是指各个利益群体在工程活动过程进行利益取舍时所面对的伦理困

境。李伯聪教授按照分工不同将工程活动共同体分为工程师、管理人员、投资者及其他利益相关者（李伯聪等，2010）。王建教授按照价值诉求、知识背景将工程活动主体划分为同质主体和异质主体（王健，2011）。划分标准不同，同一主体可能被划分为不同利益群体，按照利益诉求是否一致进行划分，投资方、承包商、施工方甚至工人均希望早日完工，可将他们划分为同一利益群体，然而，投资方拖欠资金时，承包商和施工方将形成与投资方对立的新利益群体。这种利益群体组成的不确定与不稳定性，成为工程伦理困境的一个根源。

2. 伦理问题分类

1）工程的技术伦理问题

工程活动是一种技术性活动，也是极其复杂的社会系统，既包含了创新、决策、实践、质量检验与监督等技术活动，也涉及生态、经济、文化、政治、管理等诸多非技术性因素。工程技术作为支撑工程建设得以完成的重要一环，工程技术伦理也是需要重点关注的问题。工程技术伦理指工程活动中用于规范员工技术行为的伦理观念、价值理念，重点关注工程的质量与安全，包含了管理标准、技术标准、伦理标准等内容，主要探讨工程建设技术环节出现的道德问题。在技术环节设计过程中，工程设计师主要对雇主和顾客两个主体负有道德责任，对雇主负责须充分利用所学技术创造最大的经济效益和价值；对顾客负责，则须确保产品的质量以保证顾客的基本权益。工程设计师和雇主的关注焦点可能存在冲突，例如，为最大化降低工程成本提高经济效益，雇主可能偏向于使用低价或劣质的原材料，这将有损工程质量、危害工程安全，最终导致公众利益受损或造成环境污染，此时，管理标准、技术标准、伦理标准便会发生冲突。

2）工程的责任伦理问题

责任伦理就是人要对自己所说所做的事情承担相应的后果，工程责任包括了事前责任、决策责任、事后责任和追究性责任。工程师是工程活动的重要主体，工程伦理规范的首要要求是工程师的职业规范。责任伦理是工程伦理的核心部分，责任观念和因果性联系在一起，一个原因可能产生多种结果，一种结果也可能由多种原因共同造成，事物之间的因果关系并不是单一对应的线性链，而是错综复杂的，所以讨论责任也不是一件简单的事。由于工程师掌握了知识或特殊的权力，他们的行为会对他人、对社会、对自然界带来比其他人更大的影响，因此他们应负更多的伦理责任，需要有特殊的行规来约束他们的行为，使其在规划相应的工程项目时能尽可能地规避伦理风险，避免给人类带来不良影响。

3）工程的环境伦理问题

工程技术的迅速发展推动了我国现代化的建设，同时也造成了严重的环境污染，在工程建设过程中关注环境问题成为社会伦理的必然要求。人类对大自然进行改造的过程中包含着社会发展的需求，也展现出不同时代的文化精神和面貌，人类的文明进步和人工创造能力是成正比的，每一项工程设计都是人类智慧和社会文明的结晶。然而，在工程建设过程中会产生大量的废物和副产品，造成环境污染。此外，无节制地对自然资源进行开发与利用，使得自然资源总量急速减少，区域生态节律被打破，导致生态失衡并恶化。自然生态系统被破坏或生态失衡又将反过来危及人类的生存和发展空间，加剧人与自然之间伦理关系的紧张。工程设计的社会伦理精神并不是要破坏旧有文化来实现文化的新生，而是既包括通过工程设计和建设来创造新文化，也包括对旧有文化精髓进行继承和发扬，而这也解释了人类文明和社会文化精髓能够绵延数千年而具有继承性和发展性的原因。

1.3　工程伦理的内涵与特点

自然科学致力于回答"是什么""为什么"的问题，以揭示自然界的真理，工程技术则致力于回答"做什么""怎么做"的问题，以改造自然建设社会。在过去的一百余年间，工程技术给人类的生活带来了极大的改变，从三峡工程、载人航天工程等超级工程到日常生活中的计算机、汽车等，都属于工程技术的范畴，工程技术直接创造着人类社会的物质财富。可以说，我们不仅生活在自然界中，还生活在由工程技术所创造的第二自然中。

科学技术是第一生产力，工程技术是第一生产力的一个最重要因素，在推动人类文明进步中一直起着发动机的作用，给人类生活带来的巨大助力，已经在一定程度上得到了认可。

但同时，工程技术也给人类的传统生活带来了巨大的冲击。核技术、人工智能、基因重组、克隆等新兴工程技术，挑战着人们传统的安全观、隐私观与人性，对传统道德观念产生着巨大的冲击。众所周知的切尔诺贝利核电站事故、帕博尔毒气泄漏事件等都引发了巨大的争议，这也引导着人们对工程伦理的内涵进行思考。

那么，工程伦理学究竟是否成立？现代工程和伦理之间究竟有着怎样的相互作用，工程伦理的内涵究竟是什么？现代技术的迅速发展与扩散、工业文明的普及与推广如何与环境保护、地球资源节约相结合？

1.3.1　工程伦理的内涵

1828 年，特尔福德提出，工程是驾驭自然界的力量之源以及供给人类使用的便利之术（转引自鲁贵卿，2014）。这一工程的定义流传广泛、影响深远，在现阶段的很多工程定义中，我们仍然可以看到这个版本定义的影子，可以看出，这一定义就反映了工程是科学应用的思想。

1. 工程伦理是一门独立的学科

工程是科学应用的思想被称为科学应用观，传统的科学应用观认为工程只有技术先进、落后之分，而无道德好坏之别，工程活动是完全客观的、科学的。德国技术哲学家弗里德里希·德绍尔指出，"工程师的技术创造是通过'内在计算'把人的目的与一个给技术难题设计解决方法的超验的'第四王国'联系起来，工程师个人对自己的技术活动几乎没有任何道德责任可言"（Dessauer，1927）。

但在实际的工程活动中，我们不可能只把工程看作科学的简单应用，正如美国技术史专家莱顿所说，把工程看作简单的科学的应用是简单的意识形态上的构建，经不起历史的检验。其认为，工程仅是科学应用的观点是工程师为了提升自身社会地位而提出的（莱顿，2018）。美国技术哲学家保罗·T. 杜尔宾就曾指出，"这种观点口头上说工程是中性的、无道德上的好坏之分，实际上的想法是认为工程、工程师的工作在道德上全部是善的"（Durbin，1992）。

工程师在进行工程技术活动的过程中，不仅仅需要扎实的科学理论基础作为支撑，也需要工程师将其个人经验与具体工程特性相结合，做出主观判断，发挥工程师的主观能动性。因此，对工程伦理问题的探讨实际上包括了"失败是一切有用的设计中所固有的""工程中内在地存在着风险因素""用户及公众能够接受何种风险""可接受的风险水平是什么""怎样确定可接受的风险水平""谁来确定这个标准"等问题，以上带有伦理性质的社会难题均需要通过对工程伦理的探究来解决。

2. 工程伦理学内涵

在英文中，ethics 具有双重含义："伦理学"（对道德的理论研究）以及"伦理道德"（指导人们行为的道德规范）。因此我们在探讨工程伦理的本质时，也可以从两个层面进行研究。

从 ethics 的第一层含义看，伦理学是研究道德的活动与领域，是理解道德价值、解决道德问题和论证道德判断的活动。engineering ethics 则是用于研究指导工程的道德价值、解决工程中的道德问题以及论证与工程有关的道德判断的活动和学科。具体来说，工程伦理是应当被从事工程的人们同意的经过论证的关于义务、权利和理想的一套道德原则，发现这样的原则并将其应用于具体的情形是工程伦理学的学科中心目标。

从"伦理"一词被用于指一个人或一个团体或社会事关道德所表现出的特定的信念、态度和习惯这个方面看，它是指人们在道德问题上的实际观点。与伦理的这种含义相对应，工程伦理就是当下接受的、各个工程师组织和工程学会所批准的行为准则和道德标准，以及工程师个人的道德理想、品质、观念和行为。

　　除按英文词义分类外，还有一种接受度较高的工程伦理问题分类方式同样是把工程伦理分成两个层面：第一个层面是具体工程问题中的伦理研究，第二个层面是工程中的普适性伦理问题。基因工程对人本质属性的影响、核电站的环境危害、网络工程对人类隐私边界的试探等被探讨较多的问题都属于第一个层面，而第二个层面则包括了工程的公众安全责任、工程师的伦理道德困境等，现阶段理论界对第二个层面的探讨还较少。

　　3. 工程伦理学的研究内容

　　我们可以认为工程师个人的道德观念、道德良心、道德行为以及工程组织的伦理准则（伦理制度化、结构化和外在化表现）都属于工程伦理问题研究的范畴。在工程伦理问题的具体研究过程中，可以首先对上述内容进行描述性研究，探究其现实状况与具体含义，其次通过使用各种基本伦理手段对工程中的道德概念、道德行为、道德标准、道德制度进行分析论证与批判。

　　进一步讲，我们把工程与伦理看成两个独立的系统，工程伦理则研究两个系统间的相互作用。在工程伦理研究的过程中，不能单调地将一成不变的道德规范套在工程活动中，而应该根据具体的工程活动对传统的伦理观念进行适当的调整。因此，研究工程伦理问题，一方面要从伦理到工程，将伦理道德分析贯穿于工程实践当中，另一方面要从工程到伦理，探究工程的发展对伦理道德的影响。

　　值得特别说明的是，工程伦理的研究对象是工程师，但不仅仅是工程师，科学家、工人、政府官员等工程活动中涉及的主体也在工程伦理学的研究范畴中，因此工程伦理学的范畴包括工程师伦理，但又不仅限于工程师伦理。

1.3.2　工程伦理的跨学科交叉

　　工程伦理研究起源于 20 世纪 60 年代，作为一门哲学、伦理学、社会学和自然科学交叉的新兴学科，工程伦理已经成为跨学科协作研究的范例。从上一小节，我们知道工程伦理学的内涵可以从规范意义和描述意义两个方面进行界定。规范意义包含两层含义：一方面，伦理学等同于道德，工程伦理学包括从事工程的人所必须认可的责任与权利，也包括在工程中的理想与个体义务；另一方面，伦理学是研究道德的学问，工程伦理学是研究在工程实践和研究中道德上必需的决策、政策和价值。描述意义也包含两层含义：一方面，指工程伦理学研究个体或团体相信什么并且如何开展行动；另一方面，指社会学家研究伦理学，包括调查民意、观察行为、审查职业协会制定的文件，并且揭示形成工程伦理学的社会动力。从工程伦理学的概念界定来看，规范意义上的工程伦理学强调从伦理角度审视工程，促进工程与伦理的结合；描述意义上的工程伦理学注重工程活动的伦理价值。当然，不论是规范意义还是描述意义，都强调从伦理学角度来探讨工程中的伦理问题。可见，工程伦理的内涵要求工程专业学者和伦理学家合作研究，促进伦理学和工程学的跨学科研究。

　　人们常常把工程伦理学等同于工程师的职业道德。事实上，职业道德是工程伦理学的基本层面，但远不是它的全部，两者关系如图 1-6 所示。从宏观意义上讲，自觉地承担起对人类健康、安全和福利的责任，是工程伦理学的第一主题。美国工程和技术鉴定委员会伦理准则第一条就是要求工程师"利用其知识和技能促进人类福利"，其"基本守则"的第一条又规定：工程师应当将公众的安全、健康和福利置于至高无上的地位。德国工程师协会的《工程伦理的基本原则》又被称为关于工程师特殊责任的文件，其中提到，自然科学家和工程师是决定未来发展的重要力量，对我们日常生活施加积极和消极的影响。日本工程教育协会工程伦理研究委员会在《工程伦理学习和教育目标（2016）》中强调，理解工程技术所涉及的人、社会和自然的问题；理解职业工程师的道德和责任。世界工程组织联合会（World Federation of Engineering Organizations，WFEO）将可持续发展的责任、寻求人类生存中所遇到的各种问题的解决方法作为自己的基本宗旨。2004 年世界工程师大会通过的《上海宣言》把"创造和利用各种方法最大限度地减少资源浪费，降低污染，保护人类健康幸福和生态环境""把工程技术用来消除贫穷、改善人类健康幸福、增进和平的文化"作为责任和承诺，以及工程技术活动的目标。显然，这是一种扩展了的、普遍变化的也更为积极的责任观念。它超出了只把伦理责任看作一种担当责任和过失责任，并立即向少数过失者或责任人追究的狭隘理解。

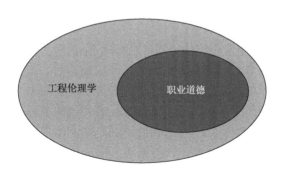

图 1-6　工程伦理学与职业道德关系图

　　工程伦理学自 20 世纪 70 年代在美国产生，便充分运用于跨学科研究和教育教学，20 世纪 80 年代以来产生了多学科的研究团队，并且许多资金也被用来发展工程伦理研究项目。1978—1980 年关于哲学和工程伦理学的美国国家项目由罗伯特·鲍姆领导，由美国国家科学基金会和国家人文基金会支持，18 位工程师和哲学家组成的团队参与了这一项目，其中每个人都探讨了工程中被忽视的伦理问题。20 世纪 80 年代，在各大工程社团资金的资助下，许多学者对于诸如美国电气电子工程师学会、美国机械工程师协会、美国化学工程师协会等工程社团的历史进行了专题研究。同时，哲学家和工程师也联合起来书写了工程中的伦理问题，例如，由哲学家马丁和工程师辛津格所出版的《工程伦理学》，以及由两位工程师哈里斯和雷宾斯及哲学家迈克尔·S. 普里查德出版的《工程伦理》，这些都是合作发展的典范。

著名工程伦理学家戴维斯认为美国工程伦理应该加强研究技术的社会政策与社会境遇等问题，指出应该从组织的文化、政治环境、法律环境、角色等 6 个方面进行探讨，在工程伦理学的教学过程中也应该从历史学、社会学和法律等方面阐述工程决策的境遇。哈里斯也认为在跨学科研究中应该把科学（science）、技术（technology）、社会（society）（简称 STS）和技术哲学融入工程伦理学研究中，更需要关注技术的社会政策和民主商议，从更宏观的角度来研究工程伦理学。

1985 年，美国工程和技术鉴定委员会要求美国的工程院校必须把培养学生"对工程职业和实践的伦理特征的认识"作为接受认证的一个条件。2000 年，美国工程和技术鉴定委员会制定更为具体的方针，当前工程院校正在按照这些方针来操作。美国工程伦理学研究和教学大力推进跨学科研究工作，有力地推动了工程专业类学生对工程的理解和认识，明确了工程专业责任，提高了学生的道德敏感性和工程职业素养。正如美国国家科学院、国家工程院在《2020 年的工程师：新世纪工程学发展的远景》中指出，工程师应该成为受全面教育的人，有全球公民意识的人，在商业和公众事务中有领导能力的人，有伦理道德的人（National Academy of Engineering，2004）。

总之，工程伦理学作为跨学科协作研究的典范，具有工程实践活动的跨学科、跨领域、多层次的特点。因此，我们应当以开放包容的心态，积极汲取并借鉴国外的先进经验与管理精髓，精心构筑一个既根植于我国深厚文化底蕴，又顺应时代发展潮流的协同创新跨学科研究体系。旨在解决我国工程活动领域中那些错综复杂的伦理困境，为寻求公正、合理且前瞻性的解决方案提供宝贵的参考与指引，以使我国在工程伦理的探索之路上，发出更加璀璨夺目的光芒。

1.3.3　工程伦理是一种实践伦理

工程伦理学中的"操作"，是将伦理原则和道德规范与工程实践具体环节相联系的过程。以往的职业伦理学研究路径注重伦理原则和道德规范对工程技术人员思想的影响，但对工程实践的具体操作过程关注不够，而工程伦理的实践有效性恰恰体现在具体的操作过程之中。工程技术人员只有在具体操作中理解并落实相应的伦理要求，才能有效发挥工程伦理的社会作用。工程实践以工程设计为主的研发是其中非常关键的操作环节，是提高工程伦理学操作有效性的必经之路。以其为基础，工程伦理学的操作首先通过对道德规范的互动解释，在工程实践的具体语境下创造性地落实道德规范，从而积极地影响工程实践。其次，重视道德直觉在工程实践中的引导作用。通过工程技术的深层体验与伦理原则的深度沉思，培养工程实践中人们的道德敏感性与道德想象力，从而在新的实践语境下做出灵敏而有效的道德决策，弥补道德规范在实践上的不足。最后，在伦理价值的互动解释基础上，运用"技术中介"作用机制，通过在研发阶段嵌入积极的伦理价值，使人工物在使用语境中发挥"物化道德"的中介作用，进一步扩大工程伦理的社会影响。

扩展阅读："游隐喻"视野下的工程实践与工程伦理实践

尽管工程伦理学的"操作"不同于工程实践的"操作"，但是两者之间存在着紧密联系：工程伦理学的"操作"需要在工程实践的"操作"中予以体现并获得实际效果。因此，理解与实现工程伦理学"操作"，需要将其置于工程实践的整个"操作"过程中加以考察。现代工程技术管理学将整个工程实践的"操作"过程划分为上游、中游与下游三个阶段，大体上对应于李伯聪教授有关工程实践过程的"三阶段"划分：计划阶段、实施阶段与用物和生活阶段。徐长山将整个工程实践过程划分为"四个阶段"：规划阶段、设计阶段、建造阶段与使用阶段。他对设计阶段的概括，既包含了计划阶段的"规划设计"，又包含了实施阶段的"项目设计"。工程伦理学的"操作"主要体现在实施阶段的"项目设计"中。

资料来源：朱勤. 2011. 实践有效性视角下的工程伦理学探析. 大连理工大学博士学位论文.

1. "上游"：计划阶段

从工程哲学的视角来看，计划工作是工程实践的第一阶段。以"计划"为主要特征的"上游"阶段包括工程项目的论证、授权、资助、研发政策制定以及预见性技术评估等内容，也有学者将"决策"包括在计划阶段之内。美国学者乔治·巴布科克（de Babcock，1917）认为，管理决策的制定是在两个或多个合理的备选方案之中做出自觉选择的过程，其目的是相对于不希望有的结果（成本），选出那个能产生最符合期望的结果（收益）的方案。因此，决策是连接计划阶段与实施阶段的关键环节，即在一定的条件约束下，通过对可能后果的预测性评价，从多种可能性方案中选出一种，将其交付实施阶段。

该阶段的工程伦理实践，主要表现在对工程技术后果的预见性伦理评价方面。

其中，后果评价既包括积极后果，也包括消极后果；既包括短期后果，也包括长期后果；既包括直接后果，也包括间接后果。

2. "中游"：实施阶段

在"游隐喻"中，费希尔对"中游"概念的引入具有重要意义，"中游"阶段主要包括研究与开发（research and development，R&D）及其他具体实施过程。"中游"阶段是实施研发议程的过程，其中工程设计与开发占据重要地位。在实施过程中，人通过操作机器对原料（质料）进行加工。在实施过程结束时制造出相应的产品，达到工程活动的"直接目的"，即生产出合乎一定标准和要求的产品。在美国国防部、美国国家航空航天局（National Aeronautics and Space Administration，NASA）以及美国国家专业工程师学会（National Society of Professional Engineers，NSPE）等组织的相关定义基础上，巴布科克（de Babcock，1917）概括了产品研发的几个基本环节：概念化、技术可行性分析、商业验证与生产准备、全面生产、产品支持与处理。

以工程师日常实践活动为核心，该阶段的工程伦理实践主要表现为"工程设计伦理"，然而该主题却被传统工程伦理学忽视。在荷兰学者范·德·普尔（van de Poel，2016）看来，设计过程是伦理问题产生的关键领域，该过程将做出众多极为重要的技术决策。人工物的设计将决定其制造、使用和维护的方式，甚至包括其如何作为废弃物被抛弃的过程。工程设计阶段的伦理实践主要包括：①职业责任，如设计过程中的知情同意、诚实、忠诚等伦理原则与相应规范的实践；②伦理价值的阐释、嵌入与表达；③风险、安全与可持续发展问题；④价值与利益冲突、权衡以及博弈；⑤设计的伦理标准；⑥设计复杂性、理想化与建模方法的伦理反思。此外，还包括工作场所与操作人员自身的安全问题。

3. "下游"：用物和生活阶段

在生产过程结束时，人的目的还没有得到实现，用物和生活阶段是工程实践目的实现的阶段，该阶段以往常被忽视。造物的目的是用物，它是在用物的过程中得到体现的。就一座大坝而言，蓄水、排水、灌溉、发电等功能是在其使用过程中实现的。大坝的使用需要水流以及水势等条件的存在，缺乏这些条件，大坝就会成为一堆由钢筋、水泥等建筑材料混合而成的"无用物"，计划与实施阶段所预设的"节能与可持续发展"等价值就难以实现。在"游隐喻"看来，作为用物和生活阶段的"下游"阶段是对于人工物的"接纳"过程，包括使用者对于产品的接受、改进与排斥等不同态度。

"下游"用物和生活阶段涉及的工程伦理实践，是对人工物社会化过程的伦理反思。

1）人工物使用对于用户道德情感与行为的影响评价

人工物投入使用后，会对使用者的道德情感与行为产生影响，经典案例是公路上的"缓冲路障"：它的使用，促使驾车者减慢速度以保障行车安全，同时阻止超速行驶的行为。它的存在有助于影响驾车者的道德情感（需要意识到自身安全的重要性，同时需要关注附近其他驾驶者及行人的安全），同时也帮助塑造了驾驶者的道德行为（不违反有关驾驶速度的交通规则）。

2）人工物使用的宏观伦理影响评价

人工物在社会中的使用，也会在宏观层面对整个社会产生伦理影响。英国学者娜塔莎·麦卡锡以伦敦城市污水处理系统为例对此加以阐释。在城市污水处理系统产生之前，由于居民饮用水被废水污染，伦敦市遭受过霍乱的威胁。在英国国会的政治家们对污染问题束手无策时，工程师约瑟夫·巴泽尔杰特弄清了废水污染生活用水的源头，通过建立新的污水处理系统拯救了整个城市，人工物的污水处理系统给伦敦市民的生活质量带来了积极影响。不可否认，有些人工物的使用也会给社会整体带来消极影响。

3）"拆物"过程的伦理评价

工程哲学将工程实践过程看成"造物"过程，然而有关人工物的"拆物"过程引发的伦理问题也应当引起重视。有些人工物在其"造物"过程中并未引起明显的污染，然而在"拆物"过程中却给环境带来了极大危害。当前，部分人工物的"拆物"过程所引起的污染甚至成为公共污染的重要源头，如电子计算机废弃后产生的电子垃圾。例如，1 台 15 英寸[①]的 CRT 显示器含有氟、汞、铬、聚氯乙烯等多种有害物质。

1.3.4　工程伦理的研究范围

工程不是单纯的科学技术在自然界中的运用，而是工程师、科学家、管理者乃至使用者等群体围绕工程这一内核所展开的集成性与建构性的活动。可以说，工程活动集成了多种要素，包括技术要素、经济要素、社会要素、自然要素和伦理要素等。其中，伦理要素关注的是工程师等行为主体在工程实践中如何"正当地行事"，其对于工程实践的顺利开展是必需的，并且工程中的伦理要素时常和其他要素结合在一起，使问题复杂化。将伦理维度运用至其他要素，就形成工程伦理重点研究的四个范畴，即工程的技术伦理、工程的利益伦理、工程的责任伦理和工程的环境伦理。

---

① 1 英寸等于 2.54 厘米。

1. 工程的技术伦理

工程活动是一种技术活动，工程的技术伦理即工程技术活动所涉及的伦理问题。由于长期以来一直存在技术中立的相关学术主张，对于工程中的技术活动是否涉及道德评价和道德干预也存在较大争议。例如，技术工具论者认为，技术是一种手段，本身并无善恶。技术自主论者则认为，技术具有自主性。技术活动必须遵从自然规律，不以人的主观意志为转移。与此相对，科学知识社会学等相关领域的学者则认为，不仅技术，包括人们作为客观评价标准的科学知识也是社会建构的产物，与人的主观判断和利益纷争紧密相连。工程中的技术活动本身具有人的参与性，是技术系统通过人与自然、社会等外界因素发生相互作用的过程。同样的技术，建造者和组织者不同，建造的工程也会千差万别，这说明人在应用技术的过程中具有自主权。同时，人还具有选择运用何种技术、将技术运用于何种环境的自由，以上都是工程的技术活动中不可或缺的环节。

因此，在工程的技术活动中必须要考虑技术运用的主体，而人是道德主体，有进行道德选择的自由。可见，工程技术活动牵涉伦理问题，工程中技术的运用和发展离不开道德评判和干预，道德评价标准应该成为工程技术活动的基本标准之一。

2. 工程的利益伦理

从建造方法上来看，工程是一种技术活动，从建造目标和应用价值方面来说，工程则是一种经济活动，其通过将科学技术集成，实现特定的经济价值和社会价值，在工程的建造过程中，涉及各种利益协调和再分配问题。随着科技的进步，工程建造进入大工程时代，工程牵涉的利益集团更为复杂，如工程的投资人和所有者、工程的建造者、工程的使用者以及受到工程影响的其他群体，尽量公平地协调不同利益群体的相关诉求，同时争取实现利益最大化，也是工程活动所要解决的基本问题之一。

3. 工程的责任伦理

工程责任不但包括事后责任和追究性责任，还包括事前责任和决策责任。工程师是工程责任伦理的重要主体，工程伦理研究首先从研究工程师的职业规范和工程师责任开始。随着工程哲学和工程伦理学的逐步兴起和发展，工程活动内部和外部的相关群体逐渐进入研究者视线，包括投资人、决策者、企业法人、管理者以及公众都成为工程责任的主体，他们也需要考虑工程的责任伦理问题。

不仅工程的责任伦理主体发生着改变，责任伦理的内容也随着时代的变迁而改变。最初，工程伦理准则主要是对工程师职责进行规范，由于早期的工程源于军事,因此准则中尤其强调工程师对上级的服从、忠诚和职业良知,即"忠诚责任"。随着工程逐步民用化,加之环境污染、资源短缺等问题日益凸显,工程师通过工程建造,在经济、政治甚至文化领域发挥着积极作用,工程伦理开始强调工程师不仅需要忠于雇主,而且对整个社会负有普遍责任,人类福祉成为工程师伦理责任新的关注点,工程师责任从之前的"忠诚责任"逐步转变为"社会责任"。之后,随着工业化进程的加快,各国相继出现生态危机。工程师伦理责任也开始从"社会责任"进一步延伸为"自然责任"。自此,工程的环境伦理问题成为另一备受关注的焦点。

4. 工程的环境伦理

环境污染问题的严重性是与近代工程技术的迅速发展、工业化程度的不断提高、人类对自然的开发力度逐渐加大直接相关的。工程造成的环境问题,使得可持续发展成为必由之路。工程的环境伦理也由此受到普遍关注,其不仅涉及工程设计和工程建造的安全与效率等基本准则,还涉及工程原料的利用和工程从建造到使用过程中对环境的影响,即在工程实践活动的各个环节都要力争减少对环境的负面影响,实现工程的可持续发展。

现阶段,一些国家的经济发展模式和企业经营方式仍多是以牺牲环境、消耗能源资源为代价来换取某种经济增长和经济效益,环境问题尤为突出。如何协调保护环境与促进经济发展之间的关系,逐步形成节约能源资源的产业结构,实现经济的可持续发展是亟待解决的基本问题。

1.3.5　工程伦理问题的特点

工程伦理问题的特点可以概括为三个方面:历史性、社会性和复杂性。其中,历史性来自时间维度,社会性和复杂性来自参与者和相关因素的维度。

1. 历史性:与发展阶段有关

在工程从最初的军事工程到土木工程发展的过程中,工程伦理学的价值取向、研究对象和研究重点都发生了变化。其中,工程伦理的价值取向经历了从忠诚责任到社会责任再到自然责任的转变。工程伦理学的研究对象从工程师逐渐扩展到许多群体,包括官方群体、企业家群体、工人群体和公共群体。同时,工程伦理学的研究重点也从工程师面临的道德困境和职业规范转向其他工程群体的道德选择和困境。

因此,随着技术的发展和工程应用范围的扩大,工程与技术、社会与环境的结合和互动更加紧密,工程伦理学关注的领域也有了新的发展,并开始将关系到人类未来生存与发展的全球性问题纳入研究范围，如网络伦理学、环境伦理学、健康伦理学、生物伦理学等。

2. 社会性：多方利益相关者的相关性

工程伦理的第二个特征是社会性，这是由项目本身的社会性决定的。与古代工程不同，现代工程具有产业化、一体化和规模化的特点。工程与科学技术、经济、社会和环境建立了非常密切的关系。如上所述，现代项目涉及各种利益群体，其中一些群体作为项目参与者形成了独特的社会网络，还有一些不直接参与的利益群体，如日本核辐射受害者，他们不参与项目的决策和建设，却是项目的直接受益者或受害者。鉴于此，如何在围绕项目形成的社会网络中平衡各群体的利益，实现公平与效率的统一，如何公平地处理各种利益，特别是关注公众的安全、健康和福祉，是工程伦理学要解决的主要问题。

3. 复杂性：多种影响因素交织

除了具有历史性和社会性外，工程伦理学的第三个特征是复杂性。这种复杂性反映在工程伦理学学科中行动者的多样性和多种因素的交织中。

工程活动不仅是集体活动，也是经济的基本单位。一些国家项目在规模和影响力方面达到了前所未有的水平。一个项目往往承担着科技、军事、民生、经济等多种功能。因此，以工程为核心形成的行动者网络越来越多样化。以 PX（para-xylene，对二甲苯）项目中的决策环节为例，由于我国 PX 制造能力严重不足，这种基础化工原料长期依赖进口，PX 项目的建设是国家战略项目，因此，投资者不仅包括企业，还包括国家和地方政府，它们有着不同的利益。同时，由于 PX 项目是化工项目，其存在安全风险和环境污染的风险。PX 项目现场周围的居民也成了利益相关者，随着公众参与决策民主化进程的推进，他们有时也成为决策者。例如，厦门 PX 项目因公众抗议而被迫停止。可以看出，决策者角色的多样化本身就给项目带来了很大的不确定性。在这一阶段，在大型项目中，工程师、工人、企业家、管理者和组织者都呈现出多主体跨区域、跨领域、跨文化的趋势。无论是在价值取向上，还是在群体文化、生产习惯等方面都存在着千差万别、难以消除的差异，这无疑给工程实践带来了极大的复杂性和不确定性。

此外，技术的高度集成也导致了技术系统对自然界影响的不确定性。技术系统的组成要素和结构越复杂，失败的可能性越大。此外，该项目本身不同于科学实验。它是技术在真实环境中的创造性应用，过程本身具有更多的不确定性。据此，美国工程伦理学家迈克·W. 马丁等学者指出，即使是一个善意的项目也可能伴随着严重的风险。这表明了项目的复杂性导致无法控制的工程结果的风险。

1.3.6 处理工程伦理问题的基本原则与基本思路

1. 处理工程伦理问题的基本原则

伦理原则指的是处理人与人、人与社会、社会与社会利益关系的伦理准则。从不同的伦理学思想出发，人们对什么是合乎道德的行为有不同的认识，对应该遵循的伦理原则也有不同的态度。但总体上看，工程伦理要将公众的安全、健康和福祉放在首位。由此出发，从处理工程与人、社会和自然的关系的三个层面看，处理工程伦理问题要坚持以下三个基本原则。

1）人道主义——处理工程与人关系的基本原则

人道主义提倡关怀和尊重，主张人格平等，以人为本。其包括两条主要的基本原则，即自主原则和不伤害原则。其中，自主原则指的是所有人享有平等的价值和普遍尊严，因此，人应该有权决定自己的最佳利益。实现自主原则的必要条件有两点：一是保护隐私，这一点是与互联网、信息相关的工程须遵从的基本原则；二是知情同意，这点在医学工程和计算机工程中被广泛运用。此外，不伤害原则指的是人人具有生存权，工程应该尊重生命，尽可能避免给他人造成伤害。这是道德标准的底线原则，无论何种工程都强调"安全第一"，即必须保证人的健康与人身安全。

2）社会公正——处理工程与社会关系的基本原则

社会公正原则用以协调和处理工程与社会各个群体之间的关系，其建立在社会正义的基础之上，是一种群体的人道主义，即要尽可能公正与平等，尊重和保障每一个人的生存权、发展权、财产权和隐私权等。这里的平等既包括财富的平等，也包括权利和机会的平等，具体到工程领域，社会公正体现为在工程的设计与建造过程中，须兼顾强势群体与弱势群体、主流文化与边缘文化、受益者与利益受损者、直接利益相关者与间接利益相关者等各方利益。

同时，不仅要注重不同群体间资源与经济利益分配上的公平公正，还要兼顾工程对不同群体的身心健康、未来发展、个人隐私等其他方面所产生的影响。

3）人与自然和谐发展——处理工程与自然关系的基本原则

自然是人类赖以生存的物质基础，人与自然的和谐发展是处理工程伦理问题的重要原则，这种和谐发展不仅意味着在具体的工程实践中注重环保，尽量减少对环境的破坏，同时，还意味着对待自然方式的转变，即自然不再是机械自然观视域下被支配的客体与对象，而具有自身发展规律和利益诉求。人类的工程实践必须遵从规律。这种规律又包含两大类：一类是自然规律，如物理定律、化学定律等，这些规律具有相对确定的因果性，如建筑不符合力学原理就会坍塌，化工厂排污处理不当就会污染环境；另一类是自然的生态规律，相比于自然规律，生态规律具有长期性和复杂性，例如，大型水利工程、垃圾填埋场对水系生态系统和土壤生态系统的影响，往往需要多年才得以显现，与此同时，对自然环境和生态系统的破坏影响更为深远，后果也更难以挽回。因此，人与自然和谐发展需要工程的决策者、设计者、实施者以及使用者都要了解和尊重自然的内在发展规律，不仅注重自然规律，更要注重生态规律。

以上三点是在作为整体的工程实践活动中处理工程伦理问题的基本原则。为规范人们的工程行为，结合不同种类的工程实践活动，在水利、能源、信息、医疗等工程领域各自形成了相对独立的伦理准则。这些伦理准则建立在工程伦理基本原则的基础上，兼顾了不同伦理思想和社会原则的合理之处，结合具体实践的情境和要求制定。

2. 处理工程伦理问题的基本思路

无论是什么样的伦理思想或伦理原则，都不能完全解决人们在实践中面临的伦理问题。如上所述，当利益、责任和价值冲突导致工程实践中的伦理困境时，行为人一方面应遵循社会伦理、公共秩序和良好习惯，另一方面应将工程行业的伦理规范与个人美德相结合——通过自我反思，我们可以实现对伦理规范的新理解，并用实际行动实践这种理解。这样，我们就可以找到一条应对复杂而有风险的工程伦理困境的途径，从而真正实现工程实践中对"最大善"的伦理追求。

在不同的工程领域，以及不同地区的工程界，人们在实践中不断探索处理工程伦理问题的方法。一般来说，当面临具体的工程伦理问题时，可以采取以下程序步骤来处理和解决。

（1）培养工程实践主体的伦理意识是解决伦理问题的第一步。许多伦理问题是由实践主体缺乏三种必要的伦理意识造成的，特别是当一些工程决策者和管理者缺乏伦理意识时，也会给工程师和其他群体带来伦理困难。因此，不仅工程师需要培养伦理意识，其他实践学科也需要培养伦理意识。

（2）结合伦理原则、底线原则和相关具体情况，解决工程实践中的伦理问题。其中，伦理原则包括本小节第一部分提到的处理工程伦理问题的三个基本原则，以及与项目相关的道德价值观的几个方面，即个人伦理和道德自律、伦理规范和工程界的伦理规范等。底线原则主要是指道德原则中最基本、最需要遵守的原则，如安全、忠诚等。当存在难以解决的冲突和矛盾时，底线原则是必须遵守的；具体场景是指工程实践的相关背景和条件的组合，包括项目所涉及的特殊自然和社会环境、要实现的具体目标、相关的特定利益群体，以及不同类型项目特有的行为准则和规范。对于不同的工程领域，具体情况相当不同。详见本书其他章节的讨论。要解决伦理问题，需要综合考虑上述相关方面。

（3）当遇到难以选择的道德问题时，我们需要听取各方的意见。可以通过相关领域的专家讨论、利益相关者群体调查和工程界内部协商，听取各方意见，做出全面决策。

（4）根据工程实践中遇到的伦理问题，及时修订相关伦理规范。如上所述，伦理规范在形成之初并不完整，需要在具体实践中不断修订和完善。因此，针对工程实践中遇到的伦理问题，对伦理规范中存在的问题和规范进行及时纠正，以便更好地指导工程活动。

（5）逐步建立符合工程道德规范的相关保证体系。目前，已形成工程行业规范、工程师行为规范等伦理规范。然而，遵守相关规范的保障体系仍不完善，面对雇主要求和道德标准之间的矛盾，工程师和其他实践主体很难有效维护自己的权益。因此，应逐步探索建立符合工程道德规范要求的相关保障体系，推动工程伦理问题处理的制度化。

这些是处理工程伦理问题的基本思想。工程实践活动具有多样性、风险性和复杂性。同时，不同的伦理观念会产生不同的伦理价值诉求，没有统一、普遍适用的伦理规范。因此，在具体实践中面临的伦理选择是复杂的，往往面临"电车难题"等伦理困境。所以，在面对具体的伦理问题时，实践主体需要结合不同项目的不同特点和要求，选择合适的伦理原则，进行调整和适应，相对合理地解决伦理问题。

1.4　工程伦理的应用领域

1.4.1　土木工程的伦理问题

土木工程的出现，使人类的生活质量得到了大幅提升，例如，道路与桥梁使人们不必再在泥泞的山间小路舟车劳顿，也不用因为前方是水路而选择绕道而行。土木工程使得人们的居住条件得以改善、交通出行更加便捷、工作生活环境更加舒适健康等。但在安全和环境等方面，土木工程还是存在许多伦理问题。

1. 土木工程的安全伦理问题

1907 年 8 月 29 日，加拿大正在建造中的总重达 1.9 万吨的魁北克大桥掉入河中，86 名工人中 75 人丧生，事后确认为设计师的设计失误，而在 1916 年 9 月 11

日，再建的大桥再一次坍塌，造成 11 人身亡。在国内，2010 年 11 月 25 日，杭州地铁 1 号线湘湖站北三 2 基坑发生土体滑落，事故导致 1 人丧生，1 人受伤。

为什么会发生这样的悲剧？

1958—1987 年，专家对 258 起意外事故报告的分析表明，施工和设计的不足是造成事故的主要原因。许多事故都是由检查不足或者无人检查造成的，几乎所有施工缺陷都取决于施工质量监控不足。

相关分析研究表明，法律法规存在缺陷、国家安全监督能力不足、企业责任制不健全、建筑市场非常规、行业科技水平低、建筑安全文化落后等是安全生产事故的主要原因。

2. 土木工程的环境伦理问题

土木工程建设占用和消耗大量的自然资源。进入 21 世纪以来，中国成为世界上新建建筑规模最大的国家。国家统计局的数据显示，2021 年我国水泥产量为 23.8 亿吨，折合人均 1.8 吨，是世界上除中国以外国家和地区人均水泥产量的 6 倍。国家统计局发布的房地产数据显示，2022 年 1—5 月，我国房屋新开工面积 51628 万平方米，这样的建设速度是全球其他国家无法比拟的，而我国房屋拆除速度也是他国无法超越的。有关研究显示，重庆被拆除建筑的平均寿命为 38 年，郑州砖混结构房屋的平均使用寿命为 28.45 年。《中国青年报》曾就城市建筑短命的现象进行调查，发现"地方领导片面追求形象和政绩、城市规划缺乏科学性、豆腐渣工程、商家急功近利、审批拆除程序有问题、建筑设计有问题"等是主要原因。

大型交通、能源、水利等项目建设和城市新区开发计划等，还常常涉及土木工程建设对自然生态环境的影响问题。这些大范围的开发建设活动可能会对项目影响范围内的生态环境带来负面影响，因此常常会产生诸多问题：建还是不建？为什么要建？如何降低甚至避免环境价值和生态价值损失？如何建立和完善生态补偿机制？例如，青藏铁路在建设过程中，在冻土层和湿地地带广泛采取"以桥代路"的工程措施，有效保护了青藏高原的生态环境。一些新城市区域的开发，会改变当地的生态环境系统，从而导致生态价值的损失，这就需要建立起生态价值评估与补偿等机制。

1.4.2　水利工程的伦理问题

在古代水利工程建设中，治水先辈们秉承"天人合一"的思想，师法自然，最大限度地保证了工程、文化与生态的完美统一。其中，都江堰工程以其科学美妙的自然造化和人工斧凿的浑然天成，成为水利工程中人与自然和谐相处的杰出代表。随着社会的发展与进步，人类对自然的干预能力不断提升，对自然进行改造的野心不断膨胀，水利工程中的伦理问题日益凸显。水利工程建设不仅涉及经济利益，而且涉及社会利益；不仅影响当今利益，而且影响未来利益；不仅涉及人类利益，而且会对自然界产生影响。因此，水利工程涉及社会伦理、经济伦理、发展伦理、生态伦理等多种伦理问题。

从社会伦理层面来看，首先，由于水利工程具有公益性特点，政府在其中处于主导地位，因此政府的行政意愿对水利工程建设的影响巨大。一般而言，政府是大型水利工程的主导者和决策者，是促进水利行业发展的积极因素；但在强力推动工程建设的过程中，技术论证和环境评估有可能会被弱化，并且缺乏与公众进行相互理解沟通的有效措施，从而引发公众的邻避情绪。

其次，围绕水利工程的利益均衡与损害补偿涉及复杂的经济核算，涉及公平正义的基本伦理追求。水利工程对社会的总体贡献显而易见，但不同地区之间的利益分配和风险分摊却非常复杂。有的地区会获益，有的地区则受损；有的地区获益多，有的地区获益少；有的地区获得经济利益，有的地区获得社会利益；有的地区承担高风险，有的地区则"一本万利"。以防洪为主的工程，加大水库库容会提升下游的防洪标准，却扩大了上游的淹没范围；以调水为主的工程，加大调水量提高了受水区的水资源保证率，供水区却付出了更高的经济与生态代价；综合性的大型水利枢纽，担负着防洪、发电、航运、供水、生态等多元功能，而协调这些功能会让地区间的利益关系更加复杂。

从发展伦理和生态伦理层面来看，水利工程活动与自然、环境有着复杂的关系。由于水利工程总会或多或少地影响河流生态系统，而河流系统的生态响应缓慢，一些问题可能十年甚至是几十年后才能显现出来，所以水利工程建设本身要尽量减少对河流系统的干扰，避免利用水利工程对自然生态环境资源无节制地攫取。

1.4.3　化学工程的伦理问题

改革开放以来，随着我国经济的高速增长，石油化工行业也进入快速发展期，至 2019 年，中国石化资产总额 30 多年间增长了 100 倍，我国石油化工产业规模已经连续多年保持世界第一位，基本满足了人民群众日益增长的相关需要，极大地改善和增进了人民群众的福祉。但是，不可回避的是，随着化工行业生产力的极大提高，整个行业面临着一系列环境伦理和安全伦理冲突，对中国石油化工产业的可持续发展形成了严峻挑战。

1. 化学工程的环境伦理冲突

进入 21 世纪，随着人民生活水平的快速提高，我国石油对外依存度持续攀升，突破了 50% 的 "警戒线"；同时，国际原油价格曾一度居高不下，高达 100 多美元一桶，对我国能源安全构成了极大挑战。因此，《中华人民共和国国民经济和社会发展第十一个五年规划纲要》提出 "有序发展煤炭"。由于平均每个煤化工项目的投资高达几十亿到几百亿元人民币，在经济利益的驱使下，很多地方政府和企业为拉动经济，推高 GDP，纷纷上报投资煤化工项目。但是，煤化工的发展要以消耗水资源为前提，大规模取水可能直接造成当地地下水位显著下降、沙漠湖泊面积严重萎缩、地表植物退化、草原沙漠化加剧等生态退化问题，这无疑加剧了行业与公众、生态、环保的环境伦理冲突。

1968 年，加勒特·哈丁（Garrit Hadin）在《科学》（*Science*）杂志上发表题为《公用地悲剧》（"The Tragedy of the Commons"）的文章，提出一个著名论断："公共资源的自由使用会毁灭所有的公共资源。"如果每一家化工企业都不注重保护环境这一人类的公共资源，那么，在不久的将来，人们必然会承受污染、自然栖息地的破坏、自然资源的枯竭等现代版的 "公用地悲剧"。化工行业和企业的未来发展必须首先置于 "可持续发展" 的环境责任考量之下，无论是企业的决策者，还是从事具体工作的工程师，在履行职业责任时必须将公众的安全、健康和福祉放在首位，并努力遵守可持续发展原则。

2. 化学工程的安全伦理冲突

化学品建设项目从规划、设计到运营、维护等全过程都蕴藏着安全风险。如果对安全风险估计不足，特别是针对周边社区的安全风险估计不足，没有做好风险控制和应急准备，那么随着化工企业生产规模的不断扩大，一旦发生安全生产事故，社会、公众和环境都将受到严重影响，甚至会出现恶性的生态灾难。例如，2015 年 8 月 12 日位于天津港的瑞海公司危险化学品仓库发生特别重大火灾爆炸事故，事故造成 165 人遇难，798 人受伤，直接经济损失达 68.66 亿元。

任何工程项目都存在安全风险。上述安全事故不仅给危险化学品企业本身造成了重大损失，对公众的生命安全和健康也造成了极大威胁。事实上，我国所有危险化学品建设项目都要经过安全评价，并须得到有关部门的批准。在我国化工行业内，一个普遍奉行的准则就是遵照标准，达到标准就意味着安全。但是，很多企业的决策者和工程师在安全评价过程中，并不认真研究建设项目可能产生的公众安全风险，这就违背了 "将公众的安全、健康和福祉放在首位并保护环境" 的工程伦理原则。天津港 "8·12" 瑞海公司危险品仓库特别重大火灾爆炸事故发生后，全国各省上报大量需要搬迁的化工企业，这些危险化学品建设项目激化了公众对整个化工行业的邻避情绪，从而让我国化工行业的自身发展陷入被动局面。

1.4.4　核工程的伦理问题

核工程涉及放射性物质,使用不当以及人为的事故或破坏都会造成巨大灾难。从人类现在和未来的角度看,核工程自身的发展与伦理道德体系的制约所引发的问题以及核工程发展中折射出的伦理道德问题,必须得到妥善解决。

1. 核工程涉及的科技伦理问题

核工程在为人类带来巨大利益的同时,也带来了严峻的伦理问题。核工程中涉及的科技伦理问题主要表现在科学家的道德责任方面。1945 年 8 月,美国在日本的广岛和长崎投掷了两颗原子弹,这对结束第二次世界大战起到了十分重要的作用,但是,也在公众面前展现了核武器的毁灭性破坏作用。核能利用的双刃剑性质,使科学家在从事核能开发活动和进行具体的科技手段选择时,承担着前所未有的社会责任。首先,规避可能的潜在风险,预防和减少开发过程中的负面效应,保证科研活动的正当性与合理性,实现科技社会功能的善用目的,成为科学家社会责任的文化价值选择。其次,在参与政府核能发展规划决策过程中,尤其是各利益集团博弈时,科学家有责任公开表达自己的观点和意见,有责任确保核技术成果运用能更好地服务大众。最后,推动核技术科研程序与规范的构建,引导核能利用科研行为的善用方向。核武器的研制是个划时代的起点,最终促成了科学界对核技术与核武器研制进行深层次的、系统的伦理解析。

2. 核工程涉及的安全伦理问题

核事故对人类造成的影响会存在几十年甚至上百年。人类作为核能硬件系统的设计者、安全设计准则的制定者与核电站的运行者,对核能的安全运行负有不可推卸的责任。因此,重视核能利用中的安全伦理显得尤为重要。安全伦理以尊重每一个生命个体为最高伦理原则,以实现人和社会的健康安全、和谐有序的发展为宗旨。安全伦理主要体现在:“安全第一”的哲学观念;安全维护劳动者的生命、健康与幸福的伦理观念;安全是既有经济效益又有社会效益的价值观念。保护公众的安全、健康和福祉,是核工程安全的出发点,也是核工程安全的归宿。构建一个科学的核安全监管机制,至少需要具备以下两个条件。其一,清晰的核安全理念。其二,明确的核监管原则。确立一套有明确价值取向的监管原则,是监管机制构建的基础,是各组成要素之间和谐的重要保证。

3. 核工程涉及的生态伦理问题

地球生态系统是一个整体系统。对地球生态系统中任何部分的破坏,一旦超出其生态阈值,便会引发连锁反应,危及整个地球生态,并最终祸及包括人类在内的所有生命体的生存和发展。因此，在生态价值的保存中，首要任务是维持它的稳定性、整合性和平衡性。人们应该尽可能降低核能风险，因为人类的行为，既能为后代带来幸福，也可能带来灾难。代际公平原则要求，本代人的发展不能以损害后代人的发展为代价，至少要比前辈留下更多的自然财富，以满足后代人进一步发展所需的环境资源等自然条件。当代人给后代人留下一个健康的生态环境，是对后代所负有的基本义务。它要求人与人之间以及人与自然之间关系协调：一是人类作为整体公正地对待自然，二是人类作为个体公平地承担对自然环境的责任。

在处理核废物的问题上，我国核工程科研和管理部门已付出诸多努力。事实上，对核废物某些不负责任的处理方式，并不是技术问题，而是对伦理学提出的挑战。在我国大力发展核能的今天，加强对自然生态环境行为的自律性，是解决核能利用中生态伦理问题，使人与自然和谐相处的重要举措。

1.4.5　生物医药工程的伦理问题

新诊断技术、药品和疗法的临床试验贯穿了近现代生物医药发展史。按照常理，生物医药研发在追求科技创新的同时，不能忽视对受试者和患者群体的正当权益保护，但现实的生物医药工程实践中却存在着诸多"该不该""该如何做""正当与否"之类的伦理问题。

1. 生物医药工程的公平可及性伦理问题

不少跨国制药公司青睐于把巨额经费用于增强性功能等改善生活质量的药物的研发上，以便获取高额的市场回报，却忽视了对诸如疟疾疫苗这样主要针对东南亚、非洲等地区患者的救命药物的研究。在选择疾病种类方面也存在不公平现象。多数制药企业对诸如癌症、心脑血管疾病这样的常见病和多发病的药物研发情有独钟，而对于"孤儿药物"（罕见病药物）研发的积极性不高。"孤儿药物"的适用人群范围小，加上得不到国家专门的补贴或其他优惠政策，预期的商业利润空间小，制药公司自然不愿意投巨资在这类药物的研发上。在一些国家，药品储备中治疗特殊疾病、罕见疾病的"孤儿药物"品种偏少，无法保证有效供给，药品可及性较差。类似的情形也发生在诸如孕妇、患儿等脆弱人群身上，现有的药品多数是针对成人进行的临床试验，患儿在很多时候只能用成人药，只是剂量减少而已，增加了患儿的用药风险。另外，我国高端医疗器械目前多为国外进口或中外合资生产，增加了患者的诊疗成本，遏制了必要的医疗需求，限制了可及性。

2. 生物医药工程的道德伦理问题

在特定情形下，当两种道德义务（或伦理原则）需要同时遵守但又无法同时履行时，就会出现"道德困境"（或伦理两难）。例如，医生准备开展一项明显有助于患者病情缓解的手术，这体现了有利原则，假如患者及家属虽充分知情却仍拒绝在同意书上签字，医生就不可能同时做到既有利于患者，又尊重自主选择，由此陷入道德困境。道德困境在生物医药工程中同样存在。假如制药企业雇主指使工程技术人员在药物研发数据上弄虚作假，或有意隐瞒不利信息，那些诚信正直的人就会陷入道德困境：要么向上级部门报告揭发，要么违心地听从雇主的安排。如何走出道德困境呢？罗斯对"实际义务"与"初始义务"进行了区分。初始义务是当在某一情况下对其他有关因素不予考虑时规定应该做的事；实际义务是在某一情况下实际履行的义务，是实际应该采取的行动。在具体操作层面，要充分权衡各种方案的利弊，做到两害相权取其轻。

1.4.6　人工智能与大数据的伦理问题

1. 人工智能的伦理问题

信息化正在广泛而深刻地影响和改变着人类社会，不仅对人类引以为荣的智能唯一性发出有力挑战，而且有可能动摇人类的道德主体地位。

目前，智能机器已获得深度学习能力，可以识别、模仿人的情绪，能独立应对问题等。那么，智能机器能否算作"人"？人与智能机器之间的关系应当如何定位、处理？智能机器应当为其行为承担怎样的责任？智能机器的设计者、制造者、所有者和使用者又应当为智能机器行为承担怎样的责任？人们会不会设计、制造并使用旨在控制他人的智能机器？这样的情况一旦出现，人类将面临怎样的命运？这一系列问题关乎人伦关系的根本性质和价值基础，也关乎人类整体的终极命运。

在传统意义上，人与物是主体与客体的关系。信息时代，人工智能创造物已不仅仅是技术化的工具，而且在思维方面越来越具有类似于人类的能力，甚至在某些方面具有超越人类的能力。可以说，人与人工智能创造物的关系，既不是主体与客体的关系，也不是主体之间的关系，而是一种主体与类主体的关系。例如，倘若自动驾驶汽车出了交通事故，该由谁承担责任？面对诸如此类的问题，伦理学应该如何确立"伦"与"理"？从伦理学角度看，当大数据和人工智能的发展改变甚至颠覆人类活动的主体地位时，传统伦理就会发生解构，人具有排他性主体地位的伦理时代就可能结束。

2. 大数据时代的伦理问题

大数据时代对社会伦理的新挑战表现在，无所不在的感知网络、无所不知的云计算与存储、须臾不可分离的智能终端等构成的网络空间和真实生活交织交汇，使一些被广泛珍视的伦理价值，如个人权利平等、交易公平、诚信、自由、公正等，正在经受新挑战。这些挑战，拷问数据工程师的良心和职业道德，追问大数据企业的核心价值，警示政府守住法律底线和权力边界，提醒公众思考新的社会道德和价值准则，进而影响信息技术如何被构思、被发明、被选择和被应用到实际问题中。

概括而言，大数据时代，作为技术应用提供方的数据工程师、大数据创新企业、政府部门，与作为使用方的普通用户、社会团体，共同面对以下四方面新的、更为集中的伦理挑战。

（1）身份困境：数字身份与社会身份，可以分离还是必须关联？

（2）隐私边界：怎样理解大数据时代的个人隐私？法律该如何提供保护？

（3）数据权利：大数据是资产吗？在个人、企业、政府、公众之间，关于大数据的拥有权、采集权、使用权、处理权、交易权、分红权等权利成立吗？可以定价吗？符合伦理吗？

（4）数据治理：政府主导的公众数据是否应当无条件开放共享？基于大数据的公共治理创新如何才能避免歧视、不当得利或威胁个人自由？

参 考 文 献

董雪林, 姜小慧. 2018. 工程实践中的伦理困境及其解决途径. 沈阳工程学院学报(社会科学版), 14(4): 461-467, 480.

莱顿 E T. 2018. 工程师的反叛: 社会责任与美国工程职业. 丛杭青, 等译. 杭州: 浙江大学出版社.

李伯聪, 等. 2010. 工程社会学导论: 工程共同体研究. 杭州: 浙江大学出版社.

李旭东. 2015. "伦理"与"道德"的概念区别: 以黑格尔文本为核心. 金陵法律评论, (2): 89-104.

鲁贵卿. 2014. 工程人文实论. 北京: 清华大学出版社.

孙君恒, 许玲. 2004. 责任的伦理意蕴. 哲学动态, (9): 18-21.

王健. 2011. 工程活动中的伦理责任及其实现机制. 道德与文明, (2): 101-105.

中国大百科全书出版社《简明不列颠百科全书》编辑部. 1985. 简明不列颠百科全书. 北京: 中国大百科全书出版社.

朱葆伟. 2006. 工程活动的伦理责任. 伦理学研究, (6): 36-41.

朱贻庭. 2018. "伦理"与"道德"之辨: 关于"再写中国伦理学"的一点思考. 华东师范大学学报(哲学社会科学版), (1): 1-8, 177.

Davis M. 2001. Comment on the case study "Doing the minimum"—Ordinary reasonable care is not the minimum for engineers. Science and Engineering Ethics, 7(2): 286-290.

Davis M. 2003. What's philosophically interesting about engineering ethics?. Science and

Engineering Ethics, 9(3): 353-361.

de Babcock G A. 1917. The Taylor System in Franklin Management: Application and Results. Reprints from the collection of the University of Michigan Library.

Dessauer F. 1927. Philosophie der Technik: Das Problem der Realisierung, Bonn: Friedrich Cohen.

Durbin P T. 1992. Social Responsibility in Science, Technology, and Medicine. Buffalo: State University of New York Press.

National Academy of Engineering. 2004. The Engineer of 2020: Visions of Engineering in the New Century. Washington: National Academies Press,

van de Poel I. 2016. An ethical framework for evaluating experimental technology. Science and Engineering Ethics, 22: 667-686.

第 2 章　工程实践中的风险伦理

工程是涵盖了经济、科技、管理与组织的全方位的社会行为，其执行或者运作过程中的众多潜在不利因素可能对工程的品质、进展等方面产生消极的影响，这类无法预知且来自内外的干扰元素被称为工程风险。工程风险通常可以分为两类：一类是产生负面效果或者伤害的可能性；另一类是产生负面效果或者伤害的强度。工程风险不仅可能会使人们遭受身体伤害，还会涉及人们的经济利益损失。

工程风险伦理是指在一个充满风险的社会环境里，人们为了处理这些风险所遵从的一系列道德伦理准则和规定之集合。因为在这个风险社会中，主要的风险源是"人为风险"，并且风险的责任方之间关系并不清晰，所以很难确定或者追溯到具体的负责者，这使得那些造成风险的人员缺乏道德伦理责任感。这一方面表明，风险伦理是一个全新的、区别于以往的伦理体系，过去的伦理准则已经不能够或是没有能力去解决当下复杂的风险伦理问题；另一方面也可以看出，在风险社会当中，人们的个体行为和社会活动都表现出一种非伦理化趋势，这无疑也会导致一些潜在的伦理危机。

2.1　工程风险的来源与防范

2.1.1　产生工程风险的根源

工程的风险主要是由未知因素引发的，因为人们对世界的理解受制于自身的知识水平和认知范围，所以许多事情仍然有待探索。深层次的原因在于人类收集数据和信息的限制与现实世界不断无限化演变这一事实之间的冲突，这导致了信息的延迟，从而使之成为产生工程风险的主要根源。

总的说来，导致工程风险的原因主要有三个方面：一是工程的内在科技问题存在不可预测性（如设备老旧导致故障等）；二是由于外界的环境影响而产生的未知变数（如突发的天气状况或自然灾害等）；三是人为主导的工程活动中的潜在隐患与误差（比如错误的设计思路或者工作者的疏忽大意等）。这些都可能是工程建设过程中出现风险的源头。

1. 工程中技术因素的不确定性

首要的是，零件的老化常常导致工程故障的发生，这是发生概率最高的技术因素。我们可以视整个工程为一个庞大的体系整体，一旦其中的某个组成部分发生故障，可能会影响整套系统的运作和性能，进而造成严重的事故风险。通常情况下，每个工程的生命周期都会在设计中被考虑进去，而这个周期很大程度上由关键组件的最小寿命决定。然而，工程启动并开始运转之后，所有子系统都必须保持正常的操作运行模式，以确保预期工程目标实现过程的安全性。一旦某一组件达到了它的最大使用年限，其效能就会降低，这会导致整个系统存在潜在危险。

参考案例 1：日本航空 123 号班机空难事件

在日本航空 123 号班机空难事件的调查中发现，该客机曾在 1978 年发生过一次事故，那次事故发生后，工程师对该客机进行了不符合设计要求的维修，正是这次维修使得飞机面板的使用寿命大打折扣。这样的维修使加压面板能够承受的金属疲劳性、开裂性能大打折扣，只要飞机超过了 10000 次飞行就会让面板损坏严重，并且随时都可能因为承受不住压力而开裂，而经过此次维修后，检修人员一直没有注意到飞机面板使用期限等问题。最后，当该飞机在进行第 12319 次飞行并上升到 7300 米的高度时，由于外部环境中的空气不足，内部压力被提升以保持平衡，从而产生了巨大的气压差异。这种持续不断的压力使积累的金属疲劳达到顶点，飞机的面板因为无法抵抗这些压力而破碎。这个过程使得一股强气流进入飞机尾部，它不仅把垂直尾翼从空中拉下并掉入大海，还破坏了主液压管道，致使飞机失去控制。因此，最后的结局就是飞机坠毁。

需要再次强调的是：由于技术的缺陷和故障，许多重大安全问题及灾难性的后果发生，而这些问题的出现主要源于大型工程的控制系统失灵——这需要借助先进的信息科技手段来实现对整个工程进程的管理以确保其顺利实施并达到预期效果。目前的大多数高精尖工程系统都配备有专用的"神经系统"，它能有效地协调各个部分的工作，从而使整体工作更加高效有序并且能够保证按计划执行任务。然而值得注意的一点就是，尽管智能化程度越来越高的自动化设备可以大大减轻人工操作负担，但它们也有可能因为某些未知因素的影响而造成意外事件（如超出自动识别范围等），这时就需要人为干预或者及时发现异常，以便采取措施防止事态恶化甚至酿成严重的事故损失。

参考案例 2：美国得克萨斯州炼油厂 3·23 爆炸事故

2005 年 3 月 23 日，位于美国得克萨斯州的英国石油公司（BP）炼油厂发生了剧烈爆炸。事故的起因是炼油厂异构化装置中的一个分馏塔出现了技术故障。

该分馏塔在运行过程中，其内部的温度控制系统突然失灵。正常情况下，分馏塔通过精确的温度控制来分离不同沸点的石油馏分，但此次温度控制系统的传感器出现错误数据反馈，导致加热装置持续超温运行。

在这个复杂的炼油工程技术体系中，自动化的温度控制技术原本是保障生产安全与高效的关键环节。然而，由于传感器的老化及其内部电子元件的非线性变化，温度数据的采集和传输出现偏差。这种技术上的微小偏差在炼油厂高度复杂且相互关联的工艺流程中被不断放大。

在一般的线性技术系统中，单个部件的故障往往只会导致局部性能的逐步下降，系统有一定的冗余和缓冲机制来应对。但在炼油厂的这个非线性技术系统里，分馏塔温度控制系统的故障引发了一系列连锁反应。超温使得分馏塔内的石油馏分发生异常的化学反应，产生大量的可燃气体积聚。最终，这些可燃气体遇明火发生爆炸，此次事故造成15人死亡，180多人受伤。

在该事故调查中发现，技术因素的不确定性在其中起到了关键作用。这种非线性的技术故障超出了常规工程设计时对于故障模式的预期，使得原本看似可靠的安全防护措施未能有效阻止事故的发生。

参考案例3：美国和加拿大停电事故

2003年的8月14日，一场大规模的停电灾难袭击了美国的东北部地区与加拿大，这起意外事故涉及了众多城市的居民，并且导致包括纽约市及其周边4个州内共9座核能发电设施被迫暂停运行。此外，三家大型车企也被迫暂时停工。据估计，这场灾害造成至少8人丧生，同时有21家发电厂因停电而不得不关门歇业。其间产生的直接经济损失超过了300亿美元，并且对5000万民众的生活产生严重干扰。然而，引发这一重大事故的原因却是俄亥俄州的克利夫兰一家电力公司的疏忽，其未能在用电高峰时段及时清理周围的树木，以至于树枝接触到附近的高压线，最终导致电路断裂并引发了整个电力系统的连锁反应，引起这一场大范围停电事故的发生。

2. 工程外部环境因素的不确定性

环境状况构成了工程运营的周边情况，优秀的周围环境状态对确保工程的稳定性和可靠性至关重要。每项工程在其规划阶段都设定了一个抵抗极端天气事件的安全界线。在这个边界内，项目可以承受各种气象的变化，然而如果超出了预先设定的这个安全范围，那么工程的安全运作将会面临风险。

在对工程的影响方面，自然灾害同样十分关键。由于人类无法控制自然灾难，因此自然灾难仍然作为一种不可避免的事实而存在于我们的星球上。面对这些严峻的挑战，人们所能采取的最有效措施就是提前预判、及时救援以及恢复受损区域。然而，造成这种现象的主要原因常常涉及多个因素，如可能引发灾难的环境条件、触发灾难的具体元素以及承受灾难影响的人类或物体，等等。我们可以把这个过程看作由两个主要部分构成：一是人和地理之间的互动；二是社会与自然界的交互。这两者之间复杂的关系构成了自然灾害系统的核心，也揭示了其发展的根本动力，即它们的共同作用成为灾害的风险来源。

参考案例 4：日本福岛核事故中的地震与海啸因素

2011 年 3 月 11 日，日本东北部海域发生里氏 9.0 级强烈地震。这次地震是日本有观测记录以来规模最大的地震之一，其引发的海啸以极快的速度冲向日本海岸。位于福岛县的福岛第一核电站在地震发生时遭受了强烈的震动冲击，虽然核电站的建筑结构在设计上考虑了抗震因素，但如此高强度的地震仍对核电站的部分设施造成了损害，例如，一些冷却系统管道出现破裂和变形等情况。

而随后袭来的海啸更是带来了巨大的灾难。海啸的浪高达数十米，远远超过了福岛核电站防波堤的设计高度。大量海水涌入核电站区域，冲毁了许多重要的设施，包括备用发电系统所在的建筑。由于电力供应系统被破坏，核电站的冷却功能无法正常维持，反应堆堆芯逐渐失去冷却，温度不断升高，最终导致了核燃料的熔化以及放射性物质的泄漏。

可见，地震和海啸这两种外部环境因素的不确定性对福岛核电站工程产生了毁灭性的影响。地震的强度超出了核电站抗震设计的预期范围，而海啸的巨大规模更是完全突破了核电站应对海洋灾害的防御能力，多种极端外部环境因素的叠加，引发了这场全球关注的重大核事故，事故对当地生态环境以及周边居民的生活造成了极其严重且深远的影响，并且在国际核能利用领域引发了对核电站选址、设计标准以及应对极端灾害预案的深刻反思与广泛讨论。

3. 工程中人为因素的不确定性

工程设计的核心观念对整体工程项目的成功与否起着至关重要的作用。优秀的工程设计需要在前期阶段进行详尽的调查研究，并深入理解诸如经济、政治、文化和社会等因素的影响，同时还需要各领域的专家及利害关系人参与多次的研究探讨和评估之后才能够得出相对合适的决策。反之，许多不良的工程设计往往源于过于狭隘的问题视角，即"只看到局部，忽略了全局"，这主要是因为缺少全方位且系统性的思维方式。

身为工程设计实施的主导力量——工程师及其他相关工程共同体，他们在工程的各个环节中均发挥关键作用并负有不可避免的责任：他们一同保障了工程的安全运行。另外，尽管他们的职责是一致的，但在对待风险的态度上却有所不同，有时甚至是彼此抵触的。例如，当进入工程设计阶段，设计师们被期望提供满足行业准则、建筑目标及法律法规要求的蓝图或样本。但是，在这个过程中，设计师的立场可能会同雇主（包括决策人）发生分歧。首要的问题在于如何选择合适的标准，这通常涉及多个可行的选项。一般来说，工程设计师会倾向于挑选那些能最大限度地减少风险且保证安全的策略；相反地，雇主往往看重的是能在降低开销的同时实现更高收益的方法。这种情况下，两种或者更多的策略常常出现矛盾的情况。另外，在对设计结果的风险评估方面，尽管很多设计产品的影响具有潜伏性和持续性，工程设计师需要重视所有可能出现的安全隐患，并在实践操作中更加谨慎，严格遵循设计规则和工程准则，然而，雇主关心的是如何实现更多的经济收益，因此他们可能会期望设计师选择那些违背或是隐含地违反工程法规或准则的解决方案。这使得工程师在执行工程任务的过程中需要决定是否遵循职业伦理道德规则和坚持工程标准规定。

要降低由于工程设计的限制所带来的潜在危险，需要解决"由何人决定"及"怎样做决定"这两个核心问题。关于第一个问题，我们可以邀请来自各种利益群体的代表来共同做出决策。这不仅包括了建筑师与工程项目经理，也应该包含政府机构、城市规划团队、环境保护组织、伦理道德学者、法务专家以及其他相关的利害关系人的声音。对于第二个问题，必须强调工程的民主决策过程的重要性。所有参加决策的人都有权表达他们的观点，并且鼓励他们分享信息并进行深度探讨，以此寻找出既符合经济效益又满足科技需求且能得到社会伦理认可的最优解。此外，建设品质的高低也会对工程风险产生重大影响。高质量的建造是工程的基础保障，所有的工程标准都会明确指出要把安全放在首位。如果在这个阶段出现了任何问题，将会埋下安全隐患的种子。因此，必须加强员工的安全教育，让他们始终遵循操作流程，并将"安全至上"作为行为指南。

参考案例 5：挑战者号航天飞机爆炸事件

在 1986 年 1 月 27 日的夜里，当准备发射"挑战者号"之时，莫顿聚硫橡胶公司的工程师们陷入了深深的忧虑。他们深知 O 型环作为火箭推进器间隙的关键密封部件，在寒冷条件下的性能存疑。根据过往的经验和所掌握的数据，温度与 O 型环的弹性紧密相关。以往的观察表明，随着温度升高，O 型环可能会出现渗透现象，且曾发现的最大渗透发生在 53°F（1°F＝−17.2℃）的环境中。而此次发射前夕，环境温度仅为 26°F，O 型环的内部温度更是只有 29°F。在这样寒冷的状况下，工程师们有充分的理由担心 O 型环会因弹性丧失而无法有效完成密封功能。一旦密封失效，炽热的气体将会泄漏，进而极有可能引爆储藏室中的燃料，那无疑会造成难以想象的灾难性后果。于是,他们郑重提议将发射任务推迟到第二天的早晨。

然而,莫顿聚硫橡胶公司的管理层却持有不同的看法。他们清楚美国国家航空航天局对此次任务的成功执行寄予了极高的期望,并且公司后续与美国国家航空航天局有签署新发射任务协议的计划。在他们的考量中,如果因为 O 型环在低温下的不确定因素而提出停止发射任务的要求,很可能会使公司错失获取新合约的宝贵机会。他们认为,工程师们并不能提供足以确定在当前温度下保证安全飞行的精确温度信息。所以,他们觉得在涉及 O 型环的安全重要事务决策时,需要采取更为谨慎全面的方式,而不是仅仅依据工程师的担忧就推迟发射。最终,管理层拍板决定按照原计划发射挑战者号航天飞机。

O 型环的主要设计师罗杰·博伊斯乔利对这一决策极度失望。凭借其专业的知识和深入的评估,他坚信在如此寒冷的环境下,O 型环的稳定性和可靠性根本无法得到保障。作为一名肩负着重大责任的工程师,他深知自己的使命不仅是保障航天任务的顺利进行,更是要守护大众的生命安全。他坚决地表明,安全问题绝不仅仅局限于航天员的安危,其影响的范围应该延伸至整个社会公众。可是,他的专业见解和强烈呼吁被无情地忽视了。尽管他在最后时刻竭尽全力去说服公司的高管放弃发射计划,但遗憾的是,没有一个人愿意倾听他的反对声音。

在发射当天,美国几乎所有学生都满怀期待地在课堂上通过直播观看挑战者号的发射。然而,他们万万没有想到,仅仅在火箭升空后第 73 秒,就目睹了那惊心动魄的爆炸瞬间。随着挑战者号的爆炸解体,6 位航天员以及 1 位中学女教师瞬间丧生,他们的家庭因此陷入了无尽的悲痛之中。此次灾难所造成的损失是极其惨重的,除了 7 条宝贵的生命消逝之外,经济方面的损失高达约 12 亿美元,美国国家航空航天局的信誉也遭受了前所未有的严重打击,在很长一段时间内都难以恢复元气。

这一事件深刻地揭示了工程中人为因素的不确定性所潜藏的巨大危机。莫顿聚硫橡胶公司管理层在决策过程中,因商业利益的考量以及对风险判断的偏差,忽视了工程师的专业预警,最终导致了这场震惊世界的悲剧发生,也让人们清晰地认识到在工程领域,人为的判断失误、利益权衡以及沟通不畅等因素,都可能如定时炸弹一般,对工程的安全性和最终结果产生难以预估的不确定性影响,进而引发极其严重的事故和不可挽回的损失。

2.1.2 工程风险的承载水平

尽管人们尽力通过严谨且详尽的标准来构建工程体,但仍无法完全消除所有的不稳定性和未知变数。这意味着，即使是公认的常规事件也可能发生风险。所以，面对工程中的风险挑战，人们不能期望达到完美的安稳状态，而应将其限制在一个我们可以承受的范围内。为了实现这一目标，人们必须深入研究风险的容纳程度并对安全的级别做出明确定义，同时预备应对潜在的、难以预测的风险所带来的突发情况的措施和计划。

1. "具有风险的"情境及其可接受性

工程师、危险评估师及一般民众对一些安全事故发生的可能性持有各自独特的理解，其根本差异源于他们在定义风险观念及其所认同的风险容忍度上的分歧。其中一种显著的差别是，普通大众通常会把风险和可以承受的风险视为一体来考虑，然而工程师和危险评估师则倾向于将其区分为两个独立的问题加以研究。

另外，在公共辩论过程中，人们更有可能选择用"存在风险的"来描述事物，而不是直接说"风险"这个词语。这种表达方式并非特指某个具体事件的发生概率，它更多地起到提醒作用，提示人们在某些特殊环境下需要格外谨慎。当将某种事情定义为高风险的事情时，其中一个主要因素就是它的新鲜感和未知感。比如说，大众普遍觉得由细菌引起食品中毒问题的概率相对较低，但食用受过辐射的食物则属于"存在风险的"；实际上，按照潜在伤害的可能性来看，辐射带来的威胁要大于细菌，但在现实生活中，大家对细菌所造成的影响更为熟识，反之，对于受到辐射影响的食品，人们对其认知却显得较为生疏。再者，当人们把一些东西视为存在风险的时候，往往是因为它们信息的出处可能是不可靠的。举个例子来说，如果你从一家可靠的车行购买了汽车，并且车行能够提供证据证实车辆状况良好，那么这件事就不具备任何风险；相反，如果你的购车行为是在一个陌生的二手车销售商手中完成的话，那这就是一种充满风险的行为。

相比较而言，主动承受的风险更为大众所接纳。在职场环境里，个人对于风险的接受程度通常与其因冒险行为所得的补偿呈三阶相关关系。比如，两倍的薪资可能使员工甘愿面临八倍的工作风险。然而，普通民众或许会用超过三个等级的方式去区分他们主观上感受到的被动遭遇的风险（如一家企业把有毒垃圾放在居民住宅旁边）及主动面对的风险（如吸烟）。在这里，人们认为主动承担的风险具有较低的潜在危害，并不仅仅是因为它容易被人接受。此外，普通外行人也会根据不同的地点支付不等数额的金钱来避免死亡事件的发生。

在关于公众对风险及可承受风险的定义上，人们面临了具备深远道德含义的问题：个人自由、知情权以及公正和平等。相较于功利主义，这些问题更加贴近人道主义精神。基于此，抹杀个体的道德自主性是不正确的，因为道德主体指的是那些能够制定并实现自身目标的人群。如果个体被剥夺了这样的权利，或是他们所受的尊敬低于其他人，那么就是对其道德主体性的否定。

2. 工程风险的相对承载水平

首先，必须理解并识别潜在的风险，这需要人们深层次地研究风险的意义。从字面上看，"风险"意味着可能产生负面的影响或者造成的损害。美国的工程伦理学者哈里斯等将其解释为一种侵犯人类自由或幸福的威胁或约束（哈里斯等，2018）。而对于风险问题的权威人士威廉·W. 劳伦斯来说，他认为风险是一种衡量负面结果发生的概率与严重程度的指标。依据他的理论，风险是由两部分组成的：其一是出现不良后果或受到伤害的机会；其二是这种不良后果或伤害的影响力。因此，工程中的风险可能会导致人体健康受损、财产损失等问题，给人们的生命带来危害，也会让人们蒙受财务上的损失（Lowrance and Klerer, 1976）。

实际上，完全无任何风险发生的工程并不存在于现实世界里。因此，人们必须思考"如何定义系统的安全标准"这个问题，因为这关系到实际中的工程风险的承担能力。这就是所谓的工程风险承压等级的含义。它代表了人类对于物理及精神层面的工程风险所持有的接受与包容的能力。此外，尽管面临相同的风险状况，不同个体对其理解也会有所差异，并且他们的承受力也有差别，也就是说，工程风险的承受能力是有一定相对性的。

在风险感知领域，普通人与专家之间存在显著的认知差异。普通人往往对低风险活动表现出过度的担忧，而对高风险活动则表现出相对轻视的态度，这种认知偏差容易导致过度自信的误区。相比之下，专家虽然也可能出现判断失误，但在风险评估中通常更为客观和理性，不会像普通人那样受到过多主观因素的影响。根据王娟和胡志强（2014）的研究，专家和公众在风险感知上的差异不仅源于知识水平的差异，还与价值观、生活经验、社会角色等多种因素有关。例如，保罗·斯洛维奇等的研究表明，公众对于核能、农药等方面由技术问题引发的死亡率的估计远高于实际风险，专家的估计则更为接近真实数据（Slovic et al., 1979）。这种差异反映了公众在风险认知上的主观性和情绪化倾向，专家则更多地依赖专业知识和数据分析，从而能够更准确地评估风险。

3. 工程安全的等级划分

当评估项目的风险水平时，人们常常用到诸如"极其安全""极为安全""完全安全"之类的词语来表达，然而要准确地领悟这些词语背后的含义，必须先确定它们代表的安全性能的具体范围。为有效地区分项目的危险系数，一种可行的策略是设定其安全级别。

对于工程项目而言，明确并设定合适的安保级别至关重要且有重大价值。然而，这个过程并不简单，原因在于决定项目的整体稳定性和可靠度的各种要素之间存在着多样化和交织的关系。若设定的保护水平过于严苛，可能会导致资源的不必要消耗；而设置较低的标准可能增加潜在的风险程度。此外，不能完全否定的是，在有些情况下，一些关键的影响项可能是固定不变或者可预测的，因此它们对应的安全级别也会保持一致的状态。依据模糊集理论来看，固有的清晰度实际上也可以被视为一种含糊不清或是无规律状态的特殊情况。因而在任何规模、类型的建设过程中都可以使用这种方法来评估总体上的稳健性能及相应的要求层次。当前阶段，模糊集理论已成为评判建设项目中保障层级的较为有效的工具之一了。借助此种方式，我们在输入相关的变量值后就能得到相对应于特定行业标准的防护指数，从而得到针对各类工程建设需求所划分的不同的安全等级。

2.1.3　工程风险的防范

1. 工程风险的规避

工程风险防范策略旨在防止预期的危险事件发生，或是通过实施措施以全面消灭现存的工程风险。简而言之，这是一种试图把潜在损失的可能性降至最低的行为。这种方法被称为"完全能自足"的风险管理方式，因为如果可以成功预防所有的工程风险，那么就没有必要再使用其他的应对策略。因此，人们能够有效地解决全部的工程风险问题，并将其称为一种完全能自足的解决方案。然而，需要注意的是，并非所有的工程风险都可以被完全排除。根据前述定义，以下是常见的三类规避工程风险的方法。

第一，绝对不会参与有可能引发某种特定工程项目风险的任何工作。比如，为了避免炸药带来的安全威胁，工厂决定停止生产烟花爆竹；为了避免法律责任和义务，学校严格禁止学生参加户外探险活动。

第二，中途放弃可能产生某种特定风险的工程项目。举例来说，错误选择建设地点导致工厂位于河流附近，这使得保险公司不愿意为这个风险提供保障。一旦投资者明白在河边建立工厂必然面临着无法规避的水患问题并且没有其他的预防手段，他们只能决定终止此项目的实施。尽管他们在前期投入了很多资金，但是为了防止工厂完工之后遭受洪水的破坏，他们宁愿尽早调整策略寻找更好的场地。再者，某个承接商受到了雇主的信赖并因此被要求参与竞标一项可能引发政治争议的项目，如军事飞机场，该项目完成后可能会被雇主国家政府用来对抗其他国家，从而进一步激化未来的小规模冲突。如果承接商拒绝参加竞标，那么就有可能触怒对他非常信任的雇主；然而，假如接受竞标，就很有可能赢得这项工程。在这个情境下，承接商陷入了困境。如果承接商采用提高价格的方式来竞争失败，那可以算是最好的解决方案。这样做不会冒犯雇主，即使会有一些成本支出，至少他们的出价损失是由自身负担，但考虑到政治需求，作出一定的妥协仍然是有价值的。这种情况下的花钱免祸方法在国际事务上并不罕见。

为了防止更大程度上的亏损，人们必须选择舍弃现已遭受风险的项目。这种策略常常出现在实际应用场景中，并被证实是应对突发危机的最有效方法。对于建筑项目的承包商来说，他们在决定参与竞标时可能会出现一些错误或疏漏。如果未能迅速行动，就极有可能导致失败。比如一家企业成功获得了甲方某个项目，但因其自身的过失引发了一次错误，如按此继续执行，该计划会导致重大经济损失。然而，这家企业无法以此理由终止合同，因为那样将会面临违约的责任。在此情况下，风险已经是不可逆转的，唯一的选择就是寻求机会使甲方自愿取消这个项目。所以，他们积极与第三方沟通，劝服甲方自行宣布停止该项目。如此一来，这家企业便可规避预先确定的风险。

第三，分包工程，它作为一种有效规避工程风险的方法被广泛使用。通常来说，业主并不会反对分包行为的发生。当承包商通过评估发现项目的盈利前景不容乐观时，他们会选择把风险转嫁出去。对某个特定项目的风险程度可能会因不同承包商的能力差异而有所变化。比如，中国的某一承包商凭借低报价成功中标非洲的某一大公路建设项目，然而，由于其在项目所在国无任何基础设施且需从中国国内运输全部资源与人力，若要独自承担这个项目，无疑会导致严重的损失。因此，该公司综合考虑后，将其大部分工作交给了已经在当地拥有建设设备和人力资源的其他企业，仅留下了少量的工作自行执行，以此来分散风险，同时，这部分风险对接受分包工作的其他企业来说已经不是问题，因为这些企业具备足够能力去应对这些挑战。

对于风险管理中风险规避的应用需要关注以下几个方面的问题：其一，若潜在危害带来的损害程度高且发生概率大，采取回避策略是一个合适的决策方式；其二，如使用其他应对措施所需费用与预期的收益相比并不划算的话，可以选择实施规避风险方案；其三，一些特殊情况下的威胁难以预防或控制，是无法避免的，比如人身意外伤害、世界范围内的资源短缺等问题均属于不可控因素。另外，尽管人们成功地防范了一些已知的安全隐患，但这可能会带来更多的未知的挑战，比如，一家公司为了减少交通事故频发路段的影响而选择了一段全新的道路作为货物的输送途径，这样确实降低了安全隐患的可能性，但是却增加了由更换路径造成物流延误的新问题出现的概率。

2. 工程风险的控制

1）风险预防

尽管在可获利的情况下工程风险难以全盘避免，但仍然是可以预防的。如果认为风险无法被预防，那么一个组织从领导层到员工就不必为了防止风险而付出巨大努力，将每一个工作环节都做到精益求精。

防止意外事件的发生可以分为两部分：首先是防范再现性的灾害，这意味着通过深入了解已经发生过的灾难并寻找其背后的原因，进而制定相应的策略来阻止相似情况的发生；其次则是预先防备潜在的风险，这种方法主要是针对未来可能会出现的危机进行前瞻性评估，识别所有可能引发风险的元素，然后进一步探讨这些要素如何结合起来造成危害，最后通过模拟实际情景来确定消解威胁的方法，以此确保不会有任何意外事件发生。

构建工程警报体系被视为防止意外事件的关键手段之一。"预警"是指在潜在危机出现前，依据观察到的先兆信息或者过往经历，向相关机构发送警示信号并且通报可能的风险状况。这个预警系统包括四个部分：预警采集系统、预警解析系统、预警决定系统及预警实施系统，具备了信息搜集、数据处理、预警策略、风险评价、趋势推断等多个功能。借助这一工程预警体系，人们在早期就可以判断出工程风险的可能性，进而有充足的时间来为应对这些风险，做足准备。预防工程风险的措施如下。

（1）避免风险因素产生。在启动工程任务前，实施一些预防手段来降低可能出现的危机。比如，对于位于山区或者沿海的项目，为防范塌方危害，可以在建筑周边大规模种植植物并铺设绿化带，同时配合设置排洪沟网络、防崩石堤及防护坡道等多种防御设施，以确保土壤结构的稳固，从而消除可能引发塌方的隐患。

（2）尽量减少已产生的风险因素。例如，当在项目进行中发现各种用电机械和设备数量不断增加时，应及时更换成大容量变压器，以减少烧毁带来的风险。

（3）通过对人和资源的物理位置及时间的分离来降低潜在的风险影响。当风险事故爆发时，导致人员伤亡和资产损坏是由于人和物资都位于危险区域或者是在危险发生时间内。所以，为了避免可能的损害和伤害，人们可以采取措施使人和物资远离风险源头。

尽管这三个方法都是基于特定的工程技术设备，但人们对此不能过度依赖。原因在于实施这些工程手段会产生巨大的投资需求，所以在做决策的时候，必须要对它们的经济效益做出评估。此外，所有这类工程项目都需要人力参与，而且人力的质量对于确保工程任务的成功至关重要。再者，没有任何一种工程装备可以保证100%的安全。所以，把有形的保障和无形的保护相结合，其效果可能会更好一些。为了防止工程的风险，可以采用以下两种无形的防护方式。

第一，教育法。项目的执行者和其他相关人员的失当行为构成了潜在的项目风险要素。为了降低这种不良影响带来的风险，人们需要实施针对性的风险管理培训，涵盖了诸如安全、投资、城市规划、土地管理等相关领域的法律法规、准则、标准及操作流程、风险认知、安全技巧和安全心态等。目标在于使所有相关人员全面理解他们可能遇到的所有风险类型，并且学会应对这些风险的方式方法。

第二，程序方法。这是指通过强制执行规定的项目活动步骤流程降低无谓的损失。项目管理团队所设定的各类管理策略、政策和监控检查机制通常能够揭示项目活动的实际规律性，因此必须严格遵守。

此外，通过合理的项目组织结构设计，也可以有效地避免风险。如果项目发起方在财政、经验、技术、管理、人力或其他资源上无法独立完成项目，那么可以与其他单位共同建立合作体，以防止自身无法应对的风险。

2）风险抑制

风险抑制是当潜在的损害已无法逆转并可能进一步扩大时，采用各种手段来降低这种伤害的影响程度，从而阻止风险向更广泛的领域传播或者持续加剧。执行这个策略的时候，建议尽量让每个特定的"风险"都能达到可以承受的标准，这样一来，如果某个具体的威胁得到了消除，那么整个项目失败的可能性就相应降低，成功的概率则会提高。比如，一旦发现承包商没有能力完成他们所负责的项目任务，业主应该立刻更换承包商。为了抵御风险造成的损失，可以采取一些方法，如减少造成危险的事物种类数目、防止现有的危机扩散、放慢危险扩大的步伐，提升受保护目标对抗危险的能力等。在管理风险的过程中，人们需要积极应对，坚持防患于未然的原则，同时兼顾防范与防御相结合的方法，以便最大限度地控制风险引发的损失。

3. 工程事故的应急处置

要做到有效应对工程事故，就应事先准备好一套完善的事故应急预案，并保证参与工程项目的相关人员熟悉应急预案的基本行动与原则。如果事情发生变化，这将为确保快速且有条不紊地执行紧急和救援任务、减少人员伤亡和经济损失提供坚实的支持。

在构建事故紧急预案的过程中，应当遵循以下基本准则。

（1）预防为主，防治结合。在日常的工程项目执行过程中，人们应该加强对安全的监督、教育以及紧急演习。当工程事故发生时，人们还需要借鉴这次事故处理的经验来完善和强化安全制度，以防止类似事故再次发生。

（2）在事故发生时，应迅速做出反应并积极面对，尽可能降低二次伤害的风险。有自救能力的人员需要首先进行自我救助，而不是依赖专业救援队伍。

（3）人本主义，生命至上。一旦事故发生，要把保障人民的生命健康放在所有任务的第一位，全力以赴去救助和拯救生命，优先救助人，然后再抢救物资。

（4）实行统一指挥，实现协同联动。参与救援的个体和组织须服从救援指挥部门的统一指示和领导，指挥部门有权动用各个单位的人力、物力、财力参与救援工作，只有如此才能及时有效地开展救援行动，将损失降至最低。

对于工程风险问题，仅仅依赖于专业团队是不够的。人们需要调动社会的广泛参与，以确保彻底防止及解决工程事故。首要的是，日常生活中需增强公众的灾害防范知识普及和实践训练，提高他们的灾难应对能力和自我保护技巧。尽管我国已经有一些学校或者企业定期开展灾害防护的教育和模拟练习，但相较于一些发达国家，仍有一定的差距，所以这方面还需要进一步强化。此外，人们要积极鼓励非官方组织人员的加入，并激励他们有序参加救援工作。比如，志愿者通常能提供诸如心理辅导、整理房屋、维修家电等服务。在汶川地震救援过程中，中国志愿者做出的杰出贡献就是最好的证明。因此，应当持续支持和指导更多的民众投入应急救助志愿服务的工作中去，如果可能的话，可以为他们提供相关的急救技术培训，并且在救援开始之前给予适当的指引，以便充分发挥他们在救援过程中的作用。

2.2　工程风险伦理评估

关于工程危险性的评定问题，有些人觉得这只是单纯的技术挑战，只关注于"何种安全水平被视为足够的"。然而，实际上，这项任务也包含了社会伦理道德层面的问题，核心在于判断"工程危害是否可以承受"，它自身就具有道德属性，并且关乎整个社会的公平正义问题。所以，人们需要以伦理学的方式来审视和衡量工程的风险。

2.2.1　工程风险伦理评估原则

1. 以人为本原则

以人为本原则强调了在风险评估过程中应贯彻"人是目的而非工具"的理念，确保人类的安全、健康及全方位的发展得到最大限度的保护，防止过于偏向利益导向的行为出现。具体实施时，特别需要关注那些处于劣势地位的人群，保证他们能够迅速获取关于风险的信息，并尊重他们的知情同意权。

因为各种因素的影响，弱势人群可能遭受忽略且其关切问题未受到强者的重视，他们的权益需求也不能获得有效的传达，这使他们在实际生活中承受着更高的风险压力。这些人群自身没有足够的能力去获取或运用社会资源，因此非常容易受到风险的侵害。在对工程风险的评估过程中，若未能给予这些人足够的注意，就有可能让他们变成工程风险的受害者。因此，在做风险评定时需要坚持以人为核心的原则，特别注意弱势人群。

以人为本原则强调了公众对于潜在风险的实时掌握和理解，同时保障他们的知情同意权得到尊重。如果忽略这些因素，即便某个工程项目从技术的角度看是合理的且具有高额收益，但因为引发严重的社会问题，其执行可能会受到阻碍。在做工程风险评估时，若未充分考虑公众的需求与期望，或者是在项目的决定已作出或是发生重大事故后才公开信息，就有可能引起公众因不满决策结果而产生集体抗议行为，进而为全社会带来巨大的损失。美国就曾发生关于民众知情同意的典型案例——福特平拖车事件，福特公司主要采用的是成本-收益分析法来分析处理问题并没有将消费者考虑在内，然而普通民众却是这一风险的潜在受害者，公众对平拖车油箱设计的安全隐患并不知情。福特公司没有尊重消费者的知情同意权，最终消费者将其告上法庭，结果就是福特公司被处以巨额罚款来赔付消费者。

2. 预防为主原则

遵循以预防为主原则，其核心是运用系统的且基于逻辑的管理思维来防止意外事件产生并将意外消灭在前置阶段；通过对潜在引发危险的事物及过程加以识别与控制，确保问题不会演变至不可控的状态。此项准则具体表现为其所倡导的"六个优先"：第一是安全意识在先，第二是安全投入在先，第三是安全责任在先，第四是安全规定建章立制在先，第五是隐患预防在先，第六也是最关键的一环，是监督执法在先。在工程中的伦理道德评价过程中，必须实施由被动应对转向主动防范，坚定地贯彻"以预测防护"为核心的风险评定理念。

遵循预防为主原则，人们需要全面预测工程可能会引发的不利后果。例如，宾馆的大型自动门本意是用来减少内部与外部的温度差异，但这反而阻碍了残疾人士进入或离开宾馆。因此，美国的技术哲学家卡尔·米切姆提倡"全方位的责任思考"，具体涵盖如下几个方面：使用理想化的模型时，有没有遗漏任何关键要素？反省性的评估是否已经清晰地识别出潜在的伦理难题设计的目标是不是应用了尽可能广泛的社会视角？我们的研究和设计工作是否已深入个人道德准则和社会大众的交流之中？

人们必须坚守以防范为核心的策略，同时也要增强对安全的认知和理解，增强防护观念。正如俗语所说，"千里之堤，溃于蚁穴"，工程的风险往往是由众多负面因素的不断累积最终爆发造成的，所以人们在日常工作过程中应时刻保持警惕。通过普及安全教育的理念，每一个人都能意识到保护自身的重要性，这有助于从各个方面及多个视角来应对工程中的潜在风险。此外，人们需要加强对各种隐患的检查力度，加强常规监管的管理措施，优化预先警报系统，制订紧急响应计划，培养救灾团队的能力，并定期举行安全演练等。

3. 整体主义原则

所有的工程活动都在特定的生活和社会生态背景下展开，这些活动不仅涉及经济生产的关系，也包括道德伦理的联系。生活和社会生态提供了工程所需的资源及场所，而反过来，工程活动也会塑造出一种多样的社会关联。无论是何种因素导致的环境损害，其后果都极为严重且不可逆转。所以，人们在评价项目的风险时需要有全面的视野，并从社会的生态环境和社会环境的角度去审视某个具体的工程项目实施所产生的效应。

在处理人类与社会这两者关系的角度上，针对工程风险的伦理评估应该考虑从多方面、多角度来考察和分析，而不是单从一个方面、一个角度或者说只满足一方利益主体罔顾其他利益相关者，例如，在工程中不仅要从工程管理者整体统筹的角度考虑问题，同样需要从专业工程师的角度和普通大众的角度来考量。伦理风险评估的角度不同，通过不同的权衡考量最终会导致不同的结果。美国工程伦理学家哈里斯就指出，工程师更偏向于对工程损失与利得的可能性的考虑；社会公众偏向于考虑风险的公平分配、自愿认定及自身获利；工程管理者则更偏向于整体利益布局，既平衡风险与得益又要维护公众远离伤害（哈里斯等，2018）。因此，对于现代工程的伦理风险评估不能片面地、单向化地进行，在进行伦理风险评估的过程中，各利益主体之间应当注重彼此之间的配合与协调，避免因发展、建设不平衡而引发社会问题，要注意维护社会环境的整体协调。

人类生存离不开大自然的支持，同样地，任何工程项目也必须依赖其周边环境提供的自然资源才能开展。对于工程项目的生态效应评价来说，人们需要把项目建设及其周边环境视为一体，分析它们对环境产生的即时和长远影响。所以，有必要平衡工程与生态环境之间的关系，并在此基础上坚持保护生态安全的原则，同时在工程风险伦理评估的过程中充分考虑到生态环境的一体化管理。

4. 制度约束原则

制度是工程风险伦理评估中的基本保障，而约束性就是制度本身所带有的基本属性，它的约束性体现在工程参与者在工作中必须严格遵守有关的规章制度，包括工程质量标准、安全施工流程等，这表明事先建立有效合理的工程风险伦理评估制度是非常有必要的，并且要有贯彻制度实施的有关执行机制，从而把工程实施的整个过程都控制在制度允许的范围内。所以，制定制度约束原则是确保工程风险伦理有效评估的实际保障方式。

首先，构建完善的安全监管法律框架。其中包含了以下几个方面的重要内容：针对各类设施的维护和保养；对于工程项目的维修工作的严格管理控制；针对潜在的风险因素制定的应对措施；特殊操作人员的管控及处理方式方法；关于化学物质储存使用的规范化流程；电力的监控管理工作及其相关能量的使用情况；定期开展的安全隐患的大规模搜寻及问题的及时解决；加强日常巡查以确保工作的正常运行并惩戒违规行为；员工劳保装备的具体配置方案及相关知识的教育普及活动；等等。

其次，重视紧急事件发生时的快速响应能力建设以及预防性风险评估的积极参与，以便更好地预测可能出现的突发状况并采取有效的防范行动，从而避免或减少损失的发生。

再次，构建并且实施生产安全的问责制度。公司必须创建由主要管理者、负责安全生产的副手及其他相关人员组成的安全管理工作责任系统。这个责任系统需要确保任务详细、部门职责划分明晰、主导角色清楚且权利与义务一致。通过对各级别的严谨审查和严格评估，强化安全责任观念，提升安全生产能力，使所有人都承担起安全生产的责任。

最后，需要构建一个媒体监管机制。媒体监管的优点包括实事求是、信息传播迅速、影响深远和信息披露透明等。一旦工程安全问题被媒体报道，就会立即吸引公众的注意力，引发社会各界的广泛关注，从而推动相关部门加快解决矛盾和问题。

5. 生态关怀原则

工程环境在现代工程活动中的风险系数不断加大，如何合理地处理人与自然的和谐关系显得尤为重要。这就要求工程师在考虑问题时不仅仅要考虑工程是否符合资源和环境的可持续发展，更要考虑工程是否能实现与周围环境的和谐相处。一项科技成果的发展和应用只有在有助于保护生态系统的和谐平衡时，人们才应鼓励和推广它。如果这项工程对于生态系统产生有害影响，人们就应予以限制和排斥。

自人类文明发展以来，伴随着工作设备的升级和更换，各种工程取得了显著成果，但同时也对环境产生了日益严重的威胁。如果生态失衡无法恢复，那么后果将会非常严重。因此，在工程项目的实施中，要把眼光放长远，考虑未来几代人的福祉，考虑他们的生活质量、快乐程度甚至生命权，并以道德标准来审视，思考这些工程项目可能带来的问题。

6. 可持续发展原则

实现可持续发展不仅须保证人们的各类需求得以满足，以确保当代社会的全面进步，而且要维护自然资源与生态环境的健康状态，避免阻碍未来世代的生活及成长。这种发展模式注重各类经济活动的生态效益，并关注这些活动对于资源和环境的影响程度，鼓励人们依据可持续的原则来调整自身的日常行为，并在生态允许的前提下设定个人消耗的标准。

根据美国土木工程师协会对可持续发展的理解，它包括以下内容：投资策略、技术选择、资源分配以及组织建设与运营都须符合现时的需求及期望，同时确保不会破坏自然资源的承受能力，也不会降低后世子孙实现其所需和期待的可能性。

在这个过程中，人们不能仅仅关注眼前的收益，而是要兼顾长期的发展目标，并始终遵循可持续发展原则来指导工程实践。

可持续发展原则应该被视为引导性准则，并应用于工程的每个进展环节，特别是工程产出的回收处理部分。当工程结束时，若公司仅专注于利润而忽略了投入更多资金来管理其产出产品的回收，这可能会导致严重的生态损害和资源的不必要消耗。首先，在当前的工程项目中，制造者可能会选用含有重金属或者无法分解的物质作为原料生产产品，一旦这些产品无人在意，它可能就会变成影响生态环境的威胁品。其次，虽然有些产品已经损坏，但仍有可用的部件材料，可以通过改装和再次利用，达到节省资源的目的。所以，工程实施者必须认识到环保伦理义务，运用适当的技术方法去收集和重新利用废弃的产品，以此减少废弃品给大自然带来的危害，确保我们的工作不仅能够满足现时的需求，也能考虑到未来人们的发展。

2.2.2　工程风险伦理评估步骤与方法

1. 工程风险伦理评估步骤

1）信息公开

随着现代工程的日益专业化，非专业人员对工程风险的理解和评论，往往需要依靠专业人员所提供的信息。如果缺乏信息的透明度，一般大众无法有效介入项目的风险评估环节。所以，作为专业的工程师需要将可能的风险因素真实、精确地传递给政策制定者、新闻机构及广大民众。决策部门应尽力确保其风险控制策略是公平合理的，并倾听群众的意见，推动各界对于风险识别和预防形成一致看法。同时，新闻机构也需要公正地发布这些资讯，以便正确地指导群众来监控工程团队的行为。大众应当享有充分了解情况的权利，尤其是那些直接影响其自身利益的项目，他们有权利知道潜在的风险，以此作出明智的选择。

2）确定利益相关方并探讨其中的权益联系

所有工程项目都牵涉广泛的利益方，确立利益方的过程贯穿着反复思考，其中包括关键的管理负责人、主导的项目经理、核心团队成员、社会大众或专家学者的加入，还有对潜在风险的公开讨论。一旦明确了具体的利益方，还需要深入研究他们的角色及他们在项目建设中可能遇到的风险，并了解其所获得的好处以及有可能遭受的损害。

3）组织利益相关方按照民主原则进行充分的商谈和对话

对于工程的风险管理，人们必须要依赖民主化的评估系统来进行评判。由于各个利益方可能有各自独特的价值观和关注点，所以各自可能会以截然不同的角度来看待项目的危险因素。为了确保所有利益相关方能够有效地传达他们的观点、提出合理的请求，从而使得所作出的决定能在公众理性及专家理性间达到适当的均衡。值得注意的是，并非一次交流就可以完全解决问题，通常情况下，需要经过多轮讨论才有可能全面了解项目中的各类风险。这意味着人们要采用分阶段评估并持续追踪的方式，依据相应的评估结果适时修正之前的决策。

2. 工程风险伦理评估方法

1）专家评估

相比于其他评价，由专业人员所做出的评价更为精确、公正、专业。这些专业人员常常使用成本-收益分析法去完成他们的任务。本质而言，这是种实用型的方法，人们会对比各种可能的选择及其带来的效益，以确定哪种能带来最高的回报率并且符合各类约束条件。在处理过程中，简单地把所有选项的成本价格与其产生的利润直接挂钩是最基本的形式之一。此项方法不仅可以用于决策过程中的权衡取舍（如平衡不同项目的投资），也可以用来解决一些伦理上的难题——比如怎样做出最佳的社会福利分配等等。这个过程中需要考虑的是人们的需求满足程度及潜在的风险因素之间的关系。

假如某个工厂的生产过程中释放出有毒气体，那么这有可能对公共健康造成影响。站在经济效益角度看，员工暴露于有毒气体的潜在风险是否可以被视为合理的风险呢？要得到这个问题的答案，人们需要对比防范或者显著减少这类风险所需的成本。为确定避免伤害的支出，人们须考虑避免该类气体产生的开销、购买防毒面罩的价格、改善空气流通设备的投入及所有必要的其他保障措施的费用等。同时也要估算若未采取保护措施导致丧生而产生的额外花销等，如更高的医疗护理费用、因死者家属提起诉讼而增加的法律费用、负面的社会影响等。单从经济效益角度看，假如为了避免风险而产生的总体支出超过了未做改变的支出，则原有的风险程度就被认为是合理的，反之则是无法容忍的。

尽管成本-收益分析法展现出的功利主义对于风险处理的方式具备明确、简明且易于理解的特点，然而其也有一定的局限性：首先，该方法无法预测所有选项产生的全部影响；其次，使用货币单位衡量所有潜在风险及回报并非总是可行的；最后，如何给人类生命设定货币值也是个有待探讨的问题。其中最具争议的部分可能是应该如何评估未来收入的价值。一种策略是估计未来的经济效益，而这就暗示着老年人或者没有参与商业活动的人群的生命是没有价值的。所以，更为合理的做法应该是试图将个人对自我价值的认知与自身生活的意义置于对等的地位。比如，如果某人接受了一份高风险职业，那么往往需要得到相应的报酬作为补偿。部分经济学家主张，应根据个人面临的风险程度及其预期从生活中获取的货币价值来确定额外费用。在就业机会稀缺的社会中，个体可能会冒险去寻找工作，但在拥有更多就业机会的环境下，他们的态度就会发生转变。同时，相较于贫困人群，富有群体可能更倾向于为安全等付出额外的金钱。最后一点，成本-收益分析法并未涉及各类成本和收益的比例分布情况。假设工厂员工面对疾病和死亡的严重风险却可以产生更多的总体收益，只要大部分人获得的利益超过了他们由疾病或死亡所带来的损失，这种风险就被视为合理。但是，绝大多数人并不赞同这个观点。

虽然存在诸多限制因素，然而，成本-收益分析方法仍然能在风险评估过程中占有一席之地。如果个人的权益未遭受重大侵害，那么使用该方法来衡量可以承受的风险可能会有关键性的影响。这种方法是系统的且具备一定程度的客观性，它利用金钱成本这一通用的量化方式，为对比风险与效益提供了一个途径。然而，福特平托车事件也提醒人们：在运用此种方法对风险做出评估的过程中，专家需要自我反省，究竟是遵循人道主义原则做出决策更为恰当，还是基于成本-收益分析方法更加适宜？

实施过程中，可以采用专家判断法与德尔菲法这两种策略并行来完成专家评估工作。其中，专家判断法是依据预设的标准挑选出若干名专家，然后以一定方式举办小组座谈，借助团队智力实现对评价目标的判别的一种方法。这种方法能促进专家间的交流互动，从而相互激发，能够填补单个观点的缺陷，形成"思维共振"效应。然而，此方法也存在一些问题，如参与人数限制导致其代表性不够全面，易受到领导者的影响而抑制了多样化的声音表达。

为了避免在一般性的专家研讨会中出现过度依赖领导或者盲目跟随大多数的情况，可以采用德尔菲法。该方法基于独立且无干扰的环境征求专家建议，使用了匿名的信息传递形式，并以多次循环的形式收集专家对于特定主题的看法。在征求建议期间，参与者不能直接沟通，只允许与其负责的信息采集员互动。此过程包括不断询问、回应、修正和总结专家的回答，最终形成基本共识，这被视为专家调查的结果。德尔菲法能够有效防止团队内的相互影响，同时最大化利用专家的专业技能、知识和经历，从而获得较为准确的集体决策结论。其主要特性有三：首先，匿名性，在执行德尔菲法的过程中，专家无法了解所有参会者的身份；其次，反馈机制，专家可以通过查看其他人给出的答案来调整自身立场，并在借鉴他人的见解后再做决定；最后，重复性和迭代性，随着一轮又一轮的提问和解答，专家思考的角度变得更加全面，他们的判断也逐步接近统一。在技术预测的实践中，德尔菲法通过运用统计手段来处理专家的观点，其结果常常以概率的方式呈现。

2）社会评估

相较于专家更注重成本-收益分析法，工程风险的社会评估主要关注的是与公众利益密切相关的部分，这能为工程风险的专业评估提供补充，从而使得风险评估更为完整且科学。若忽视了对工程风险的社会评估,可能引发严重的社会问题。例如,针对 PX 项目的抗议活动出现的部分原因就是在工程规划阶段缺少社会评估。正如曹湘洪教授所指出的那样,PX 困境已经超出了技术范围,专业技术人员对于它的安全性没有争议,而造成这种状况的原因在于当地政府、公司行为习惯和社会心理等多方面的复杂因素导致的不信任感,进而产生了 PX 困境及化学恐慌现象(吴铭,2013)。所以,在工程风险的道德评估过程中,需要构建有助于交流的框架和平台,让所有利益方都能积极地参与到工程风险评估的过程中来。随着国家对工程风险的社会评估日益重视,一些相应的规定和政策不断出台。

社会的复杂性使工程风险贯穿于工程的各个方面,如政治、经济、法制与文化等,而这些也会反过来影响工程本身。不论是在规划、施工还是运营过程中,都可能出现某种状况,并由此引发公共讨论及社会政治事件的发生。工程实践往往涉及直接关系到利益相关方自身利益的问题,这也就暗示了现有的利益分配结构可能会被打破或者是形成新的利益联系,激发出各方的积极参与。所以,人们需要站在社会角度来考虑工程的好坏优劣,不能仅仅局限于经济效益和政府绩效。也就是说,对于工程的社会评估已经变成了一种必要的行为。所谓的工程的社会评估,是指针对工程项目的相关社会因素及其产生的社会效应展开研究、剖析和评判,然后提供防止或尽可能降低不良社会后果的策略建议和执行计划的一个流程。把社会分析和民众参与纳入工程的设计和实行环节,能够让工程更贴近实际需求,进一步促进社会进步的目标实现。综上所述,工程的社会评估是财务评估、经济评估和环保评估的一种延伸和完善。

借助社会评估的方式,各利益相关方有更多的可能介入工程中,这样有助于项目更深地融入社会环境。实施相应的策略后,工程的潜在负向效果或许能获得一定的减轻或完全消失。这种社会评价方式也推动了决策者与建造者更加重视民众意见,因此成为维护政府优秀声誉和社会稳定的有力保障。但是,现今的工程变得愈发繁复且涉及的责任重大,单纯依赖于专家或是高层管理者的独立决定已经不再可行,而是需要把更多权力交给普通大众,探索新型民主模式,以便项目的效益和风险能够达到最佳平衡状态。应对工程所产生的"未知性",依靠所有利益相关方的积极参与才能寻觅到最优的问题解决方法,如果仅靠封闭式管理机制只会导致问题的恶化及意外事件的影响扩大。目前,工程的社会评估已经开始走向公众视野,这也是个人权益意识和公民意识觉醒的必然趋势。在信息化和网络技术高度发展的今天,工程已经无法避免社会力量的介入。

3)公众参与

公众是工程风险的主要承担方,因此在做风险评价时需要他们积极参与其中。唯有通过公众的深度介入,政府与公司的管理部门才可能了解其真正需求,不然的话,工程的风险评定可能会变成一种空洞的形式,无法产生实际的效果。此外,由于非专业的普通人能提供的见解往往超出那些受过严格训练并受到科学理性支配的专业人士的理解范围，所以公众的加入有助于填补专业评估中的缺失部分。公众可以通过实地考察、网络投票、研讨会、座谈会、听证会等方式来参与工程风险伦理评估。然而，公众参与的前提条件是相关部门须公布相关的信息。假如没有向公众披露工程的相关数据，公众将难以了解这个项目是否有潜在风险或是有多大的风险，最终只能被动接受专家的建议；而在某些情况下，专家出于自身或公司私利提出的一些观点并不符合公共利益，此时，公众便成了弱势的一群人。所以，为了让公众掌握自身的权利，就需要利用他们在现有知识体系中发现的力量去保护自己。

公众参与可从舆论及制度两方面展开，舆论方面具体包括公众代表、大众传媒、人文学者和人道主义团体等角色的介入。相较于专家评估，公众参与风险评估更具广度和深度，涵盖更多利益方，且能提供更为多元化的视角和宽广的视界。而在制度层面，公众参与主要是通过公开讨论的形式来实现，如召开社区对话会议、公民审议大会等。在这一过程中，政府、公司、民众、专家和大众传媒都可以平等地表达观点，而政府和公司的领导者和专家也能借此机会迅速掌握民间动态，采纳大众合理的建议，从而有效缓解冲突，消弭情感对抗和误解，防止由信息传递不当导致的"扩大影响"现象。

参与重大工程项目的公众角色通常可以分为四种类型：普通大众（包含了移民及非移民）、研究人员（专注于工程、环保和社会经济发展等方面）、社团组织（如专门从事大型项目的专业团体、社区团队或公益机构）以及新闻媒体（涵盖各种类型的报纸、杂志、网站等）。这些公众角色的认知能力各有不同，从而影响其对问题的处理方式和参与度。具体来说，其参与模式呈现出多样化的特点并带有空间分异性差别。一般来说，相较于其他三类公众角色，普通大众是工程最直接的受益人，他们在解决重大工程的社会问题时应保持一定的限度，来保证工程风险伦理评估的科学性。尽管许多研究都提倡大众积极参与，从而有效促进信息交流，但是如果忽略了大众的实际情况，过多地赋予他们高层次的参与权利，可能会带来效率降低的问题，甚至带来新一轮的社会冲突。因此，需要依据大众的参与能力来分配相应的参与方式，以提升稳定评估的效果。

2.3　工程风险伦理责任

"责任"这个概念在人们日常生活中频繁出现，依据性质的不同可以将其划分为因果责任、法律责任、道义责任等；依据发生的时间顺序，又可以将其划分为事前责任与事后责任；此外，依据程度的不同，可将责任划分为必须、应该和可以等级别。不论何种类型的责任，都包括以下六个元素：①谁来负责；②对何事负责；③对谁负责；④面临的指责或潜在的处罚；⑤规范性准则；⑥在某个相关行为和责任范围之内。

当前的社会正处于科技高速发展的阶段。由于人的有限理性难以对科技发展带来的一系列挑战做出准确预测及控制，现代科技的行动能力所具有的集体性与累积性，使得行动的主体不再只限于有意志决定的个人（或有组织的团体，如法人等），而行动的结果透过科技附带效应的长远影响，也已经不在人类目标设定或可预见的范围之内。因此，科技进步所带来的新型责任是"未来责任"和"共同责任"。科技进步产生的伦理问题超越了传统的道德理论所能处理的能力，责任变得更为复杂和尖锐。

责任的伦理学意义只存在其与道德判断发生联系的时候。著名的德国哲学社会学家马克斯·韦伯于 20 世纪初首次提出了"责任伦理"这一概念，并于晚年区分了"信念伦理"和"责任伦理"。他强调在行动的领域里，责任伦理优先于信念伦理。对人类的生存有深入思考的德国学者汉斯·约纳斯在伦理学中引入了新维度——"责任伦理"，他的《责任原理：现代技术文明伦理学的尝试》一书的出版，标志着责任伦理学的兴起（约纳斯，2013）。哲学家或应用伦理学家开始关注责任问题，并使责任拓展成为蕴含丰富伦理内容的概念。责任伦理学认为，一个人在执行任务的过程实际上是一种持续的状态，因此要求他必须能够预测自己即将采取措施所带来的结果并且尽力避免其中的负面影响部分的发生的可能性。

通过与其他责任类型比较，可以更好地理解和掌握"伦理责任"这一概念。首先，伦理责任并不等同于法律责任。法律责任属于"事后责任"，指的是对已发生的事情的事后追究，而不是预先的决策内容。与此相反，伦理责任强调的是"事前责任"，其基本特征是善良意志，不仅仅是为了履行职责而采取行动，更是出于责任感去行事。"专由法律所规定的义务只能是外在的义务，而伦理学的立法则是一般地指向一切作为义务的东西，它把行为的动机也包括在它的规律内。单纯因为'这是一种义务'而无须考虑其他动机而行动，这种责任才是伦理学的，道德内涵也只有在这样的情形里才清楚地显示出来。"（Kant，1998）其次，相对于法律责任而言，伦理责任对责任人的要求更高，法律责任界定的是社会最低的行为底线，然而仅依靠法律责任无法满足社会生活中的所有挑战，人们必须超越这个底线，上升到更高的伦理责任。

2.3.1　工程伦理责任的主体

在当代的工程实践中，行为责任主体的范围已经从工程师个人扩展到了工程共同体。

1. 工程师个人

相较于其他领域，工程领域有着独特的知识要求。身为具备特定领域专长的人，工程师不仅能够更早、更全面、更深刻地了解某一项工程可能给人类带来的福利，同时，他们由于在实际操作中亲身经历和体验了项目的运作过程，所以对于项目的基本概念及潜在威胁有着更为直观与清晰的认识。工程师的个人伦理责任在防范工程风险上具有至关重要的作用。

作为专业的技术人员，他们拥有独特的技能，这使得在防止建设项目中潜在风险方面他们承担着无法回避的伦理责任——这意味着他们需要自觉考虑并预见其职业行为可能会引发的问题与产生的负面影响，积极引导科研发展趋势。当条件允许的时候，他们应该自主暂停有害的工作。他们不仅要在本职工作范围内承担伦理责任，还需要通过合适的渠道或方法来阻止违反道德原则的行为及其具体实践操作，以减少建设项目中的危险因素，从而避免意外事件的发生。

工程师的伦理责任受到社会发展、科技创新、自我反思和公众舆论等多种因素的影响，其含义和范围在持续变化。以下根据工程活动的三个阶段，即决策阶段、实施阶段和验收评估阶段，来梳理工程师伦理责任的基本内容。

1）决策阶段的伦理责任

在工程设计和规划阶段，工程师需要根据系统性的工程项目的研究来做出决定，这包括了基于相关数据的评估，从而选择最合适的执行策略。因此，他们必须履行相关伦理责任，主要涵盖如下几点：①坚持以人为本。在进行工程项目决策时，不仅应该关心工程自身的品质与安全，还应从人性的角度去思考产品的特性。②为社会发展及人类未来谋取福利。当面临工程项目的抉择时，工程师应把那些有利于人类发展的选项放在第一位。③要对工程活动的后果负有趋利避害的责任。在项目决策时，工程师要将"人类健康、安全和福祉"置于首要位置，不做、自动中止、拒绝、反对明显有损社会公共利益的工程项目。

2）实施阶段的伦理责任

工程实施中的伦理责任分为对公众、管理者、工人、同行的伦理责任。①工程师对公众的伦理责任主要表现在保障公众的知情同意权。工程活动监督透明的前提是公众的知情同意，需要告知公众将可预见的技术成果应用到工程项目带来的不利后果。②工程师对管理者的伦理责任主要表现在工程师的职业伦理责任上，而当管理者对伦理标准不积极，甚至对业界规定的共同规范有抵触情绪，在制定一个有益于企业发展却违背社会道义的决策时，工程师应始终以促进人类安全、福祉、健康为己任，对决策方案作出全面的估计，并采取有益于工程良性发展的计划。③在项目的实施过程中，工人的任务就是按照工程师设计的方案进行生产制造，工程师对工人的伦理责任表现为工程师密切联系工人，倾听工人的建议，从而不断完善设计方案和提高工作效率。④一项工程的顺利开展，离不开不同专业的工程师协作。工程师对同行的伦理责任表现在积极参与，相互支持，协同配合来达成目标。

　　3）验收评估阶段的伦理责任

　　最后的验收和评估是确定工程产品是否达标的关键步骤。验收是对工程产品质量和技术的审查，而评估则是验收过程中的一个重要手段。在进行工程验收评估时，工程师需要承担以下主要伦理责任。

　　（1）遵循行业规范、标准操作流程并执行相关规定的义务，并严格按照规章制度对产品的质量进行把控。

　　（2）考虑技术转移适用性。在科技移转过程中，工程师需要承担的责任并不仅仅是自然的伦理责任，还需要评估新型技术对全新环境的适配度。这意味着，除了衡量科技创新及环保因素外，还必须关注该地区独特的社会背景和社会文化元素，如宗教信仰、习俗和禁令等。

　　（3）对环境的伦理责任。工程师应负责保护环境。环境伦理责任是一种新兴的社会职责，它鼓励工程师突破传统的伦理限制，从更广泛的角度理解环境问题，从而维持生态系统的稳定性。所以，评判项目是否达标，不仅仅要看其能否推动经济发展，也要确保其不会损害自然环境，减少人们因环境污染和生态破坏造成的困扰和不适，保障人们的身体健康，同时防止其他物种受到环境恶化的影响。

2. 工程共同体

　　工程共同体是以共同的工程范式为基础形成的、以工程设计建造和管理为目标的活动群体。所有参加工程的人员都致力于满足各自的需求并达成他们的目标和需求，这意味着工程的责任不再仅仅是落在单个工程师身上，而应是整个工程共同体。在现代化工程行为里，工程共同体一般主要由工程师、工人、管理者、投资者、受众、政府主管部门与工程企业等有关利益相关者共同构成，各种角色要素的基本职能如下。

　　（1）工程师。在工程活动中，工程师在每个环节都起着至关重要的作用。在工程设计阶段，工程师作为工程活动的设计者绘制拟进行的工程活动蓝图；在工程决策阶段，工程师充当了项目的策划人、解释人和顾问角色，他们在捍卫自己支持和相信的计划的同时，也能够理智地辅助决策者，从众多选项中挑选最优解；在工程实施阶段，工程师利用实际可行且有效的科技与工具以及管理方式来保证项目的进度、品质、最后的成功，以及项目得到社会的认可。

　　（2）工人。在工程实施过程中，直接的执行者就是工人。工人依靠自身的体力和智慧来完成项目计划，是工艺流程和操作规范的实施者，同时也是关键的推动力。

　　（3）管理者。工程活动的管理者主要指工程共同体中处于不同层次的领导者或负责人。相比工程师和工人，管理者具备更全面的能力，能够从整体视角思考并解决问题，确保所负责的部门目标紧密联系到项目的总目标，并且有效地利用人力资源、物质资源和财务资源来实现这些目标。此外，他们还擅长处理各类冲突，如工资报酬和分配的问题、劳动关系和人际关系的紧张，以及资金和材料短缺等问题，从而提升工作效率。

　　（4）投资者。投资者是指在资本市场从事投资的主体，投资者们在金融市场上参与交易活动并投入他们的资产以换取收益；他们需要面对潜在的风险并在成功后获得利润。从经济学上看，这些人的主要关注点是获取高额报酬及有效控制可能出现的问题。对项目的规模及质量有重大影响力的就是这些掌握着决策大权且能独立做出判断的投资者了，其他人，如工程师、工人和管理者等都只是雇佣关系中的一方而已。不论是哪种角色的人，都需要向投资者负责。

　　（5）受众。工程的受众是指工程所直接或间接服务的对象，工程师设计制造的产品最终要由受众使用。受众作为工程利益相关者之一，会验证工程存在的合理性和必要性。受众验证产品是否存在安全隐患，是否有危害，使用是否方便，操作是否简单、便捷，设计是否人性化。一个工程是否能获得社会实现取决于能否使预期受众变成现实的消费者。如果一个工程存在隐患，不仅使工程投资者蒙受经济损失，而且会造成社会资源的巨大浪费，甚至给社会和公众带来危害。

　　（6）政府主管部门。一般而言，政府部门是公共性工程项目的决策者和主导者，占据着关键位置。因而应当赋予其重要的伦理责任，建立相应的伦理规范。

　　（7）工程企业。工程活动的实施需要工程企业的参与，工程企业也需要工程活动来发挥自己的作用。实际上，工程师、管理人员和工人等，必须借助工程企业的平台才能开展他们的工程工作。

　　工程活动的参与主体具有多样性，使得工程具有"匿名性"以及"无主体性"的特点。如今的技术和社会工程是庞大、复杂的体系。在极度繁复的环境里，组织的作用往往比个人的作用更重要，并且其中的潜在威胁难以被单一个体所定义。另外，工程的社会影响会持续积累且难以预测，如转基因技术的危害程度需要长期的研究才能确定。这进一步加剧了责任划分的难题。因此，人们有必要同时讨论工程师个人和工程共同体的伦理责任问题。

　　工程事故中的共同伦理责任要求参与建设的各个主体一起保护公正与公道等道德准则。这并不意味着他们在发生建设问题时需要平均分担职责，而是都应以全局视角来理解并执行这些伦理责任。这样做的目标是让人们在工程事故中找出各自的道德责任问题并深刻反思，提升人们的社会责任感和社会对工程伦理的认识度，从而营造良好的工程伦理环境。

2.3.2　工程伦理责任类型划分

随着工程技术的发展、工程所涉及领域和工程影响的变化，工程伦理责任也在不断演变。

1. 工程伦理责任的历史演进

工程伦理责任的出现和影响经历了四个历史演进阶段。

在第一阶段，工程师的伦理责任体现在对其所属组织的服从和忠诚上。"工程师"（拉丁语 ingeniator）这个词首先来自军队，是指设计军事堡垒或操作诸如弩炮等战争机械的士兵，此时的工程主要是针对军事领域。直至 19 世纪晚期，随着城市建设逐步转向公共基础设施的建设，道路、照明设施修建以及饮用水供应等方面的工作开始由军队中的工程师来主导。无论他们的技能如何高超，这些人必须严格遵守指示并执行任务，因为他们以服从命令作为职责。

18 世纪 60 年代，英国经历了第一次工业革命。在这个时期，机械和蒸汽机的技术进步加速，促使诸如煤炭开采、化学制品生产、织布以及机器制造等领域大规模扩张。与此同时，大量的专业技术人才涌现。早期工程师依赖自己的专业技能维持生计，他们在财务上受到雇主的控制，并深受传统观念的影响。他们的责任仍然是服从指示。因此，这个阶段的工程师主要职责就是忠诚于雇主，遵循领导的命令，在 20 世纪初期于美国和英国建立起来的工程道德标准中，对于雇主的忠诚占据着关键地位。

工程师的服从和忠诚等伦理责任，无疑具有正当性的一面，特别是忠诚在许多场合下被认为是一种美德。然而，服从的伦理责任的问题在于：它为外部力量的支配敞开了方便之门，而这种支配未必就是正当的。例如，在第二次世界大战时期，一些来自纳粹德国的技术专家负责研发并且制造了毒气室及焚化炉之类的破坏性设施，这样的行动显然缺乏人性。但按照服从的原则，这些工程师能够以遵循上级指示、受命于人为自我辩护。因此，经过第二次世界大战尤其是对纳粹分子罪行的审判后，即使在那些强调忠诚价值观的传统社会内，关于忠诚的观点也已经发生了重大转变。如今，人们普遍认识到，一个人仅应对合法或正义的指令予以遵从，而不是盲目地听从所有命令。20 世纪前 30 年，风靡一时的"技术统治运动"，就是试图克服忠诚和服从原则缺点的一种努力。

在第二阶段，工程师的伦理责任开始拓展到"普遍责任"。随着第二次工业革命的发展，基于电力技术形成了产业群，如内燃机、发电机、无线电、电动机和电话等新兴行业，各种新颖的专业领域也应运而生并迅速扩张。这种快速的增长迫切需要大量专业的技术人员，与此同时，那些掌握专门知识的人员得到了极大的尊敬，他们的社会地位也在不断上升，影响力随之增强。

　　到了 19 世纪末期，随着工程人员数量的大幅增长和对民主、自由和平等理念的普遍接受，各种工程师组织开始出现并致力于保护工程师的合法权益。同时，工程人员也正在积极推进提升权利的运动，尤其在"工程师的反叛"活动中表现得尤为明显。在此背景下，技术统治思想逐渐形成。1895 年，美国著名的桥梁专家莫里森在美国土木工程师协会的主席致辞中，指出工程师是技术变革的主要促进力量，是人类进步的主要力量。他们是不受特定利益集团偏见影响的、合乎逻辑的脑力劳动者，也是有着广泛的责任以确保技术变革最终造福于人类的人。

　　在美国进入 20 世纪 30 年代的初始阶段，工业领域如铁路、石油、电力和钢铁等取得了显著进步，这使得许多科技人才与工程师具备了强大的影响力，其身份地位获得了空前的提升。同时，美国以及其他一些国家出现了以专家治国运动。经济学家托尔斯坦·凡勃伦认为，社会只有在掌握技术的人手中才能获得正常的运行。众多工程师也认同这种观点，逐步对自己的"有限责任"不满足，要求将责任扩展到"普遍责任"（Veblen，1921）。

　　在 20 世纪 20 年代的美国和苏联，"普遍责任"思潮达到最高峰，形成了一种"专家治国"思潮。人们试图以技术价值来代替其他价值或将其作为决定其他价值取舍的判断标准，使技术目标上升到人们追求的最高目标。然而，技术不是万能的，不能把一切社会问题简单归结为技术问题。因此，专家治国运动虽然获得了社会的普遍关注，但仍以失败收场。

　　在第三阶段，工程社会责任逐渐凸显。在第二次世界大战期间，核武器、生化武器和远程导弹等领域迅速发展，德国工程师研制毒室，而美国的原子弹则被用来攻击日本的广岛与长崎。人类利用其高超的技术来互相伤害，揭示了人们对于技术主导理论的幻想已被粉碎。随着工程人员逐渐认识到他们的局限性和能理智地评价自我价值，他们已从追求"无限责任"转变为追求"有限责任"。

　　第二次世界大战后，工程技术高速发展，其负面效应也逐渐显露出来并且得到了广泛的关注。20 世纪五六十年代爆发了反对核武器的和平运动，六七十年代兴起了消费者运动和环境运动，这一系列的社会活动引发了工程师对于国家和企业的目标、自身职业价值观乃至所从事的工作本身意义的重新审视。这种反思与著名的民权运动对民主价值的关注浪潮相结合，推动了社会伦理责任观的产生。这一变革的一个重要象征就是 1947 年由美国的工程师专业发展委员会制定的第一套涵盖所有工程学科领域的一般性的工程伦理准则。这套准则明确指出，工程师应"使自己关心公众福利"。随后 1963 年和 1974 年的两次修改又使这一准则得到了强化。如今，这个伦理准则的"四个基本原则"中的第一个原则就要求工程师利用"其知识和技能促进人类福利"，其七条"基本守则"中首先就规定，"工程师应当将公众的安全、健康和福利置于至高无上的地位"。

　　在第四阶段，工程伦理责任由社会责任向自然责任延伸。无论是何种类型的工程活动（如资源开采、道路建造、城市更新、工程建设），都是在自然环境中进行的，都不可避免地与自然环境发生联系，从而对环境造成或大或小的影响。在当今工程的规模、范围和影响力都不断扩大的背景下，环境保护问题在工程建设中显得尤为重要。如何在工程建设和环境保护之间寻找平衡，使两者相互协调发展，是每位工程技术人员面临的难题。在人类发展史上，尤其是在工业化进程中，发生过许多破坏自然资源和生态环境的事件，从而得出了惨痛教训。正是以牺牲生态环境为代价，追求短期利益，导致生态环境日益恶化。恶劣的生态环境妨碍经济的发展，即使发展也难以持续。经济的发展离不开良好的生态环境，而良好的生态环境又是加快经济增长的基础。"绿水青山就是金山银山"是习近平生态文明思想最著名的科学论断之一。这个论断深刻说明了生态文明建设与物质文明建设、环境保护与经济发展之间的辩证统一关系，明确强调了保护生态环境就是保护生产力、改善生态环境就是发展生产力的重要思想，为人们树立和贯彻落实绿色发展理念提供了思想基础（光明日报，2020）。

许多工程师团体在构建工程师伦理规范时，都将"工程师对自然负责"这个原则包含进去。例如，世界工程组织联合会、美国土木工程师协会等在工程师伦理规范中都强调保护环境、节约资源及可持续发展的重要性，并将环境效益作为工程是否合格的重要指标之一。

2. 工程伦理责任的类型

工程伦理责任主要包括职业伦理责任、社会伦理责任和环境伦理责任。

1）职业伦理责任

所谓"职业"，是指一个人"公开声称"成为某一特定类型的人，并且承担某一特殊的社会角色，这种社会角色带有严格的道德标准。职业活动区别于非职业活动的特征在于：①职业人员通常要求经过长期的训练；②职业人员的知识和技能对社会是至关重要的；③职业活动通常具有垄断性或近似垄断性；④职业人员通常具有一定的自主权；⑤职业人员受到职业伦理规范的支配。

因此，职业伦理应该区别于个人伦理和公共伦理。职业伦理是相关职业人员在其职业范围内所采用的一套标准。个人伦理是个人在日常生活中通过训练所获得的一套标准。公共伦理是社会中大多数成员共同遵循的伦理规范。关于职业道德的责任划分，主要包括三类：一是义务-责任，指的是从业人员应按照对客户和社会公众有益且不会损毁他们已获授权信赖的原则来应用专业知识和技巧；二是过错-责任，即当出现错误或不良结果时，可追溯到具体的人身上；三是角色-责任，这意味着某些职务需要承担某项职责。尽管这三者各自具有独特的含义，但在实际操作过程中，往往存在交叠的情况。

由于建设过程中往往伴随着危险因素，所以，从某个角度来看，工程师的责任在于应对这些潜在的风险。为了更好地解决风险，工程师需要关注以下几点：第一，风险常常无法准确预测，且可能通过复杂和不可预知的形式放大；第二，对于可以容忍的风险有各种不同的理解；第三，工程师要有意识地接受相应的工程伦理教育和培训，提高自身的伦理素养，发挥工程伦理在实践中的有效性，包括"解释"的实践有效性、"操作"的实践有效性和"对话"的实践有效性。

2）社会伦理责任

一旦发现某个项目可能对环境、社区及大众的健康造成损害，工程师需要迅速采取行动或者公开披露此事，以便让管理层和公众能够尽早得知这个项目的潜在危险。在社会伦理责任的要求下，工程师应坚持以人为本、造福人类原则和公平正义原则。

以人为本原则的基本含义包括以下五点。①人是工程活动的目的。任何工程活动归根到底都是为了满足人的各种需求，促进人的全面发展。②人的生命价值高于一切。尊重生命的理念构成了现代伦理学和工程伦理学的核心理念。这表明必须把保障人们的生存权益置于所有价值之首。③人在工程领域中起着关键作用。相较于其他物质要素，人在工程实践中的参与是最积极、最具影响力、最为基础的，而人力资源是工程中最珍贵的资源，人才资源是工程活动的头号资源。④确保人的健康和安全。⑤尊重人的自主性、知情同意权和隐私权。

从基本概念上讲，公平正义的原则涉及社会的价值平等及公平分配的价值观念和价值诉求，其核心观点是对任何一种非公平或不平等的资源分派方式持否定态度。公平正义首先是权力平衡，即认可并且保障所有个体享有同等的生存发展权。其次是机会均衡，当个体进入公共领域时，社会必须确保他们有资格获得同样的机会以满足他们的需求。最后，是规则公平，当人们进入社会生活时，需要所有的规则都是合理地且一致地执行着，这样才有可能达到社会公平状态。

3）环境伦理责任

工程对环境的影响程度与其责任方息息相关，为了确保项目的运作不会破坏生态环境，甚至是能促进环保，人们需要深入了解并确定项目负责人在执行过程中所处的位置及职责，明晰他们与环境的关系，同时为他们明确适当的环境伦理责任，使之在行动中遵循人类与自然和谐共生的理念和可持续发展的准则。

概括来说，环境伦理责任涵盖了以下几项内容：①评价并尽可能降低项目决策可能产生的生态后果；②在项目的全寿命期间尽量减小产品对生态环境和社会的影响，尤其关注产品的使用环节；③营造开放且透明的氛围，让相关信息能与大众及时分享；④推动科技发展在解决问题的同时，也要减轻其对环境的威胁；⑤理解环境本身具有的价值而非将其视为无成本的产品；⑥考虑全球范围内的资源分配以及代际的利益冲突；⑦鼓励协作而非竞争策略。

工程主体包括工程师个人与工程共同体，其分别对应的环境伦理责任如下所示。工程技术人员的环境伦理责任包括保护人们的身体健康、防止环境污染与生态破坏给人类带来的困扰，并确保自然的生态系统不受损害，以避免其他生物因此受到影响。根据这些责任，若工程师意识到自己的职业行为可能会对环境产生一定程度的影响，他们可以选择放弃该项任务或者停止当前的活动。从伦理角度看，工程师承担的责任与其享有的权利和应尽的义务是对等的。

工程共同体的环境伦理责任包括公正处理自然问题，控制过度的资源消耗以维持大自然的生态稳定等。在这个方面，环境责任经济联盟（Coalition for Environmentally Responsible Economics，CERES）已经制定了一套关于环境管理的工作准则，可以作为工程共同体的行动指南。这个准则涵盖了各种环境因素，诸如保护生物栖息地的完整性，合理运用自然资源，降低废弃物的产生和能源的使用量，修复受损的环境，等等。遵守此项规定表示工程团队将会长期致力于提升环境质量并为在经济活动中对环境造成的影响负责。

避免和减少生态破坏，最重要的环节是工程抉择。在工程项目的确定过程中，人们可能会面临两种方案：一种方案存在环境污染问题，但其初始投入较小，然而它可能会导致长远的负面生态影响；另一种方案则是以保护环境为主导，虽然初期成本较高，但是它的长期效应有利于环境改善。假如这两种方案都能带来收益，那么大部分的项目投资者通常会在考虑经济利益、公司目标及实际操作性的基础上倾向于第一种方案，然而根据环境道德的标准，他们更应该采纳第二种方案。所以，让环境伦理融入决策过程当中，将环境友好型的绿色决策思维实实在在地应用到政策、计划和管理的各个方面显得尤为重要。唯有建立起有效的法规制度和全面的经济评价制度，人们才能让绿色决策成为主流。

作为工程活动的起点，工程设计的地位至关重要，它直接影响着工程所带来的各类后果。大量的伦理问题往往源于工程实施过程中的设计阶段。近些年，随着大规模工程项目对环境造成的影响逐渐扩大，同时全球对于可持续发展的重视及环保意识的提高，工程设计的环境伦理问题愈发凸显出来。一般而言，设计师都会遵照一些普遍的原则，比如功能满足准则、品质保证原则、工艺优良原则、经济合理原则以及社会使用原则等，但是所有的这些原则主要还是围绕产品的特性来制定的，而忽略了一些关乎产品的环境特质，例如，资源的使用方式、对环境和人产生的影响、可拆卸性、可循环性、可再用性能等。传统的设计活动侧重于产品的整个生命周期的管理（包括设计、生产、销售、使用或者消耗、丢弃、处置等环节），但现在更加关注环境指标的考量，比如说"绿色设计"就要求人们在设计过程中考虑产品功能、使用期限、成本效率和质量等问题的同时也要考虑环境目标。

因此，现在对工程设计的要求在于让工程师理解人和大自然之间的相互依赖关系，人虽然有能力改变自然环境，但是仍然属于自然的一分子。当人们利用工程技术展现其科技实力时，也应同时彰显他们的智慧和道德品质，在改良自然过程中尊崇自然，与自然和谐相处。

尽管公众已意识到环境伦理责任的关键作用，但在实际操作过程中仍然存在各种阻碍因素，导致无法有效执行相关原则。以工程师为例，工程师在工程活动中具有多重角色，每一种角色都有一定的责任：对于工作目标、自我价值、家庭关系、企业需求、客户满意度、同事间的合作和社会公益事业等都有其应尽之责；此外还有保护自然生态环境的社会及生态道义要求。因此，如何平衡众多角色的不同诉求并确保所有相关方的权益得到保障成为每位从业者必须要面对的重大挑战与抉择。世界工程组织联盟于 1986 年率先制定了《工程师环境伦理规范》，对工程师的环境伦理责任进行了明确的界定，为工程师在现实中面临伦理困境时进行正确的决策提供了指导性的意见。

参 考 文 献

光明日报. 2020. "绿水青山就是金山银山"理念的科学内涵与深远意义. http://www.xinhuanet.com/politics/2020-08/14/c_1126366821.htm[2020-08-14].

哈里斯 C E, 等. 2018. 工程伦理. 丛杭青, 等译. 杭州: 浙江大学出版社.

王娟, 胡志强. 2014. 专家与公众的风险感知差异. 自然辩证法研究, 30(1): 49-53.

吴铭. 2013. 曹湘洪院士谈 "PX 困局"：已非技术范畴内问题. https://news.sciencenet.cn/htmlnews/2013/8/281714-1.shtm[2013-08-26].

约纳斯 H. 2013. 责任原理: 现代技术文明伦理学的尝试. 方秋明译. 上海: 世纪出版集团.

Kant I. 1998. Groundwork of the Metaphysics of Morals. Translated by Mary J. Gregor. Cambridge: Cambridge University Press.

Lowrance W, Klerer J. 1976. Of acceptable risk: Science and the determination of safety. Journal of the Electrochemical Society, 123(11): 373C.

Slovic P, Fischhoff B, Lichtenstein S. 1979. Rating the risks. Environment, 21(3): 14-39.

Veblen T. 1921. The Engineers and the Price System. New York: B. W. Huebsch.

第3章 工程实践中的环境伦理

随着人类社会的不断发展，人对资源的无节制索取和对环境影响的漠视，使得人与自然的矛盾越来越突出，气候变暖、极端天气等环境危机愈发严峻。因此，人类对环境问题的哲学反思已经从简单地考虑人与自然的关系，逐渐拓展到更广泛的理论向度。现代环境伦理不仅关注个体与自然界之间的相互作用，还强调环境正义和代际公正的重要性。工程作为人生产性的社会实践活动，注定要与人和自然打交道。特别是随着工程技术的不断发展，工程对环境的影响或改造越来越大，人与自然的道德关系在现代文明的社会中，越来越受到广泛关注。

3.1 环境伦理的历史沿革

环境学家蕾切尔·卡逊在 1962 年出版的《沉默的春天》（*Silent Spring*）一书中，揭示了农药对生态系统和野生动植物的危害，引起了人们对农药使用的广泛关注，推动了环境运动的发展。1970 年第一个"地球日"启动，推动世界各地对环境问题的关注，地球日因而成为每年人们关注环境问题和采取行动的全球性活动。1987 年《关于消耗臭氧层物质的蒙特利尔议定书》签署，旨在通过采取全球行动逐步停止消耗臭氧层物质生产和使用。这标志着国际社会首次对环境问题采取跨国合作的具体行动。1992 年，联合国环境与发展大会在巴西里约热内卢举行，这次会议也被称为"地球峰会"，会议将"可持续发展"列为全球议程，并发表了《里约宣言》和《21 世纪议程》。1997 年，《京都议定书》签署，该协议是联合国气候变化框架公约的一部分，旨在减缓全球气候变化，它规定了发达国家减少温室气体排放的目标。2015 年《巴黎协定》达成，该协定是联合国气候变化框架公约的一部分，旨在限制全球气温上升，通过减缓和适应气候变化来保护地球的生态系统。另外，塑料垃圾对海洋生态系统和环境的破坏也日益引起国际社会关注，并开始提倡减少单次使用塑料制品的运动。这些事件标志着环境问题在国际舞台不断受到关注，它们促使全球对环境可持续发展的更多关注，并激发了采取行动的呼声。面对越来越严峻的环境问题，人类对环境问题的哲学反思已经从简单地考虑人与自然的关系，逐渐拓展到更广泛的理论向度，有力地促进了环境伦理的形成和确立。

3.1.1　工业化浪潮背后的倒影：环境伦理的唤醒

伴随着西方工业化革命的成功，越来越多的发展中国家以西方国家为师，选择西方的工业化道路。但是，西方工业化革命是在大量消耗自然资源的基础上以牺牲环境和生态为代价才走向成功的。这种经济发展与环境破坏之间的两难局面使人类陷入了深刻的思考，需要在取得经济发展的同时寻求可持续的发展路径，以应对日益严峻的环境挑战。

20 世纪的工业化进程极大地提高了生产力水平和人类生活水平，但同时也带来了严重的环境问题，包括空气污染、水污染、土壤污染等。工业活动对生态系统的破坏和对自然资源的过度开发引发了公众对环境的担忧。另外，20 世纪中叶，多个国家发生了严重的公害事件，如日本水俣病事件、英国伦敦雾霾、美国洛杉矶的光化学污染，这些事件引起了广泛的关注。这些公害事件直接损害了人类的健康和生态系统，激发了人们对工业化和经济发展模式的质疑，并开始思考“环境与发展”“人与自然”的关系，成为环境保护意识崛起和可持续发展理念形成的重要驱动力。而且，科技的迅猛发展使人们更加深入地了解环境问题的严重性。科学研究揭示了生态系统的脆弱性以及人类活动对地球的影响，加强了人们对环境保护的意识。与此同时，20 世纪 60 年代末 70 年代初，社会运动如反核运动、环保运动等崛起，成为推动环境保护议程的力量。环保组织的成立和各类活动加强了人们对环境问题的关注，推动了环保法规的制定。20 世纪 70 年代后，世界各地举行了一系列环境峰会，如斯德哥尔摩会议（1972 年）和里约地球峰会（1992 年），强调了可持续发展和环境保护的国际共识。在此背景下，在对工业化的反思中，以上因素共同推动了环境伦理的唤醒，使人们开始认识到人类活动与自然环境之间的深刻联系，迫使社会更加关注可持续发展和生态平衡（李真真等，2008）。

3.1.2　对工业文明的批判与反思

随着工业化的不断推进，人们开始感受到自然资源的有限性。能源、矿产、水资源等的过度开发和使用，使人们逐渐认识到这些资源的消耗速度超过了自然的再生速度，导致了资源的逐渐枯竭。另外，在工业化的过程中，人类活动导致了大量的生态系统遭到破坏，加速了物种的灭绝，使地球上的生物多样性受到威胁，这引起了人们对生态系统稳定性和自然平衡的关切。另外，工业化带来了大规模的生产和能源利用，但也伴随着严重的环境问题，如空气污染、水污染、土壤退化等。这些问题引发了人们对环境质量下降和生态平衡破坏的关切，这些问题的累积效应导致人们逐渐认识到，传统的工业文明发展模式存在严重缺陷，需要进行深刻的反思和改变。这种对自然资源限度重新认识的觉醒促使了环保主义、可持续发展理念以及环境伦理的兴起，形成了对工业文明的批判的基础。

舒马赫经典著作《小的是美好的》(*Small Is Beautiful*) 为环境伦理的理论和实践提供了重要的启示。生态和环境问题的根源在于人类工业文明中的消费偏好、物质主义以及与之伴随的规模经济逻辑。在书中舒马赫认为，这些问题不仅是生态和环境的必然后果，更是人类对于自然资源过度追求的结果。除了归因于人类在文化和价值层面的迷失，舒马赫强调了技术发展的方向和方式对环境的影响。他指出，技术哲学的僵化表现为对单一、大规模、资源密集型的生产方式的过度依赖，这种方式常常忽视了对环境的负面影响（舒马赫，1984）。规模经济逻辑的推崇导致了对资源的过度消耗，而物质主义和消费偏好则推动了无节制的生产和消费行为，加剧了环境压力。舒马赫通过对人类行为的深刻剖析，呼吁人们重新审视技术在工业中的应用，以及重新思考生产和消费的方式。他的论述凸显了工业文明带来的挑战，强调了必须改变生产与消费模式以实现可持续发展的紧迫性。另外，美国生态学家、环保主义者巴里·康芒纳的代表作《封闭的循环》(*The Closing Circle*) 为环境保护和可持续发展的思想提供了理论支持。康芒纳提出了"封闭的循环"的概念和四个生态学原则，他关注物质的再利用和能源的有效利用，呼吁将生产和消费过程设计成更加封闭的循环，以减少对环境的冲击。而物质的再利用、能源的有效利用、生态系统的稳定性以及人类社会和生态系统的公平共享这些原则被认为是实现可持续发展的基础。康芒纳指出环境危机的主要原因是第二次世界大战以来生产技术的重要变革，再加上人们过度的生产和消费对环境产生了严重影响（康芒纳，1997）。随着工业文明批判的深入，人们意识到需要转向更加可持续和平衡的发展模式，以减少环境破坏、提高社会公正，并在经济发展中考虑社会和文化的多样性。这种反思促使了对可持续发展、绿色技术和社会公正的更积极的追求。

3.1.3　环境伦理学的兴起

纵观人类文明史，从古到今，人与自然的关系不断演化，人类从依靠自然，靠天吃饭到可以改造自然，影响自然。人类实现了跨越式发展，尤其是几次工业革命之后，人类生产力空前发展，人类改造自然的能力和对自然资源的需求都达到了空前高度。但是，环境的承载力是有限的，人类对物质不断增长的欲望与生态环境之间的矛盾不断加剧，环境问题不断出现，从而促使人类重新思考未来的发展新模式。对环境保护的不断重视反映了社会主流对生态文明建设的强烈关注。生态文明建设逐渐形成全球共识，并形成道德上的自觉，从而促使发展模式的根本性变革。

环境伦理不仅是一种哲学思考，更是一种行动导向的理论，旨在引导人类通过合理和公正的方式与自然互动，以应对当代环境问题并确保未来世代的福祉。20 世纪 90 年代以后，环境伦理学面临一些理论上的挑战和争议，呈现出一种相对停滞的状态。环境伦理学中存在各种不同的伦理观念和理论取向，包括生态中心主义、深生态学等。这些观念的多元性导致了理论上的碎片化和难以形成一致性的理论体系。一些学者关注伦理学在解决环境问题中的应用，而另一些学者则更关注环境伦理学作为一个独立学科的发展。这种争议导致了研究重点和研究方法上的分歧。现代生态学的研究表明，人类在生态系统中占据着杂食性消费者的生态位，这意味着人类通过摄取各种生物和非生物资源，包括植物、动物和其他自然物质，来满足其生存和发展的需求。因此，人类消费行为不仅仅是为了满足基本需求，还受到社会和文化价值观的引导。这些价值观影响着人们对资源的选择、使用方式以及对环境的态度。很多时候，人们的消费是为了改变和利用自然资源，以满足经济、社会和文化的需求。因此，过度的资源提取、过度的废弃物产生以及环境污染等问题都与人类的高级消费和改造自然方式密切相关。生态学的角度强调了人类与自然之间的相互依赖关系，呼吁人类更加负责任和可持续地管理和利用资源，以确保自然资源的持续供应，并减少对生态系统的负面影响，并且作为生态系统的重要影响者，人类有责任保护好赖以生存的地球生态系统。在这个过程中，人类被视为能够对环境产生深刻影响的物种，因此需要担负起对生态系统的责任，以保持和提高生态系统维持生命的能力。

中国在从可持续发展转向绿色发展的过程中一直在努力寻找人与自然和谐共处的最优路径。在这个探索过程中，环境伦理成为推动绿色发展不可忽视的重要组成部分。环境伦理既涉及人们对自然价值的认知程度，又涉及人们的环境道德水平，这些因素将直接或间接影响绿色发展的推进。从应用伦理学的角度看，环境伦理学被视为伦理学的一门应用学科。这意味着环境伦理学不仅仅停留在理论层面，更强调将伦理原则和价值观应用于实际环境问题的解决和管理中。从环境管理、环境经济学、法学和教育学等多个角度出发，环境伦理都发挥着重要的作用（李星苇，2021）。

20 世纪 90 年代以后，环境伦理学出现了停滞的状态，体现在理论上存在分歧，无法明确自身概念的界定、研究领域与基本任务的划分（甘绍平，2002）。在实践中，环境伦理学在面临很多现实问题时显得力不从心，陷入了一种困境。困境的产生有多方面原因，其中一个显著的原因是环境伦理学缺乏对现实的细致关注，更多地陷入抽象的理论辩论和浪漫主义的情感表达中，而没有将其关注点集中在为环境保护实践提供可靠的道德基础和伦理支持上（李培超，2001）。

已有研究显示，环境伦理在绿色发展和可持续发展领域具有重要作用（Barau et al.，2016；Tufa，2015）。人类与环境的相互关系正在从简单的可持续发展过渡到更为深层次的绿色发展。尽管绿色发展的呼唤在不断加强，但实际的环境保护必须通过实际行动来实现，而这必然涉及处理人际关系的伦理学问题。在这一背景下，环境伦理为可持续发展的利益相关者建立了一个道德框架，成为伦理学研究的一个热点问题（潘玉君等，2002；李晔和苗青，2007；Randall，2013；曹苗，2016）。

环境伦理的研究聚焦于涉及生态或环境的伦理学基本原则问题。其研究对象是自然环境，而主要任务则在于采用道德原则来规范和调节人类与环境的相互关系中的行为和态度（李晔和苗青，2007；曹苗，2016）。此外，传统上，环境伦理主要强调人类与自然环境的伦理关系。然而，在人工智能的背景下，机器人成为新的参与者，引发了对机器人在环境中的行为和决策的伦理关切（van Wynsberghe and Donhauser，2018）。人工智能技术的发展使得机器人能够在环境中执行各种任务，这也带来了一系列新的伦理挑战。机器人在环境中的行为可能影响生态系统、资源利用以及与其他生物的互动，因此需要对其进行伦理审查和规范。这反映了社会对于人工智能技术影响的敏感性，以及对确保机器人在环境中行为符合伦理标准的迫切需求。除了受到欧美环境伦理研究的影响，中国环境伦理研究还深受中国传统文化的思想资源影响。

在实践中，尽管我国政府机构、企业和社会组织越来越重视技术评估和社会治理中的环境伦理，但其仍然面临着大量现实问题的挑战，如环境污染、资源过度开发等。这需要在伦理层面上深入研究并提供可行的道德指导，以解决现实问题。因此，中国环境伦理研究具有中国特色，通过结合本土文化、社会实践和现实问题，形成了独具特色的研究方法和理论体系，从而成为环境伦理研究的重要组成部分（Li and Wang，2018）。

工程师与环境伦理之间存在紧密的关系，环境伦理是一种应用伦理学，专注于引导和规范人类活动对环境的影响以及保护自然资源。工程师在设计和执行项目时应考虑环境伦理，以确保其工作对环境的影响降到最低。这包括采用可再生能源、减少废弃物和最大限度地保护生态系统。工程师与工程伦理的关系建立在为人类社会提供安全、可持续和公正的技术解决方案的基础上。在工程决策中，工程师面临各种伦理困境，例如，权衡不同利益、确保公平性和透明度等。因此，工程伦理提供了指导原则，帮助工程师在复杂情境中做出符合道德规范的决策。工程伦理要求工程师意识到其工作对社会的影响，并承担相应的社会责任。这包括考虑弱势群体的需求、避免社会不公正，以及通过技术创新促进社会进步。另外，一个尊重伦理原则的工程师更容易得到雇主、同事和公众的信任，这有助于建立工程师的职业声誉和可信度。

3.1.4　工程环境伦理的演化历程

环境伦理思想的兴起可追溯至早期工业发展时期，尤其是在西方社会经历了两次工业革命后，经济迅速发展，社会财富大量积累的阶段。在这个时期，一些受益最多的国家，如英国、德国、美国，出现了严重的环境问题，环境保护运动逐步增多并得到广泛认可。这些环境保护运动涉及各种主体，催生了现代环境伦理思想。因此，环境伦理的发展从根本上反映了对工业文明带来的环境问题进行反思和回应的过程。

尽管环境伦理学在 20 世纪 70 年代后期才正式产生于西方，但其思想形成的根源可以追溯到相当早的时期。19 世纪的美国，在经历内战后，经济蓬勃发展。到了 19 世纪末，美国的工业总产值已经位居世界之首，这一经济的飞速发展推动了对动力和原材料的极大需求，进而带动了采矿、林业、石油等产业的繁荣。美国在经济高速增长的同时，对自然资源的过度开发和滥用引起了人们的担忧。尽管美国拥有丰富的自然资源，但对自然资源的漠视和掠夺式开发导致了严重的环境破坏和资源浪费。例如，铁路建设和采矿行业对木材的大量需求导致森林的严重破坏，19 世纪末，美国的森林面积减少了五分之一。森林的大量消失以及对野生动物的过度捕杀导致了许多物种的快速灭绝。19 世纪初，美国人普遍将土地、森林和野生动物视为毫无价值的资源，以一种粗放的方式对待，导致了土地和森林资源的极大浪费和破坏。这一现象引起了一些有识之士的关注和批评，为后来环境伦理思想的兴起埋下了种子。这段历史揭示了环境问题对社会的深远影响，并促使人们开始反思与自然界的关系（李正风等，2016）。

20 世纪 90 年代以来，全球环境保护运动持续强势发展，将环境问题推至全球经济、政治、文化等方面的核心。在社会实践中，环境问题牵涉复杂层面，成为引发众多国际性合作与冲突的催化剂。在西方社会，环境保护运动出现新的变化，主要体现在参与环境保护运动的社会民众不断增加，但其力量却呈现分化趋势，形成不同阵营，代表着不同利益。这说明，环境问题不仅涉及价值观的层面，还涉及各种利益的层面。因此，解决环境问题需要不同社会力量或利益群体间的协商与合作。

在这个社会背景下，环境伦理学中的“正义”主题逐渐凸显。1971 年，美国伦理学家约翰·罗尔斯出版《正义论》（*A Theory of Justice*），标志着伦理学的范式转变。罗尔斯的理论强调“公平的正义”的核心是社会每个公民所享有的自由权利的平等和不可侵犯性。在环境伦理学中，“正义”主题特别强调人与自然的关系问题不是抽象和孤立的，而是与各种社会问题密切相关。人与自然的关系是具体而实际的，离开人的现实生活探讨这种关系只能陷入理论上的抽象。在环境问题上，各种理论争辩实质上是各种利益关系的交织和冲突。作为环境伦理学研究的核心命题，“正义”促进了实践导向的环境伦理学的研究和发展。

在实践层面，环境伦理学的焦点并非仅限于人与自然的关系问题，而更集中于人类社会经济发展对自然资源的依赖性、发展需求扩张下的自然资源稀缺性，以及由此引发的人与人之间或不同社会群体之间的矛盾与冲突问题。因此，环境伦理的核心问题在于当代人与后代人之间，以及不同社会群体之间在自然资源上的公平分配，即环境正义和代际公正问题。可以说，"环境正义"和"代际公正"已成为实践导向环境伦理的核心概念和基本原则。

在现代社会中，环境问题不仅是人与自然关系失调的体现，也越来越凸显出人与人之间社会关系的紊乱。这种"双重失调"状态迅速扩散和加剧，成为环境问题加剧的重要原因。西方的"环境正义"运动最初源自美国，主要关注废弃物处理和少数民族议题。该运动强调的"环境正义"的核心内涵在于，除了强调个体应消除对环境的破坏行为外，同样要确保所有人民享有基本的生存权和自决权，这也是环境保护的重要维度。因此，环境正义既关注人类对自然环境的破坏，又强调强势族群和团体对弱势者的迫害是导致自然环境破坏的主要原因。因此，从广义上来说，环境正义涉及公民在环境领域的基本权利，包括生存权、健康权、平等和非歧视权、自主权、参与权等基本权利在环境领域的具体体现。它贯穿于立法、执法和司法之中，强调在关乎个体生存环境的决策中，公民应有广泛、积极和有效的参与和决策权，体现了广泛的民意。同时，环境正义是民主和法治原则在立法、决策、执法和司法中的具体体现，强调这些过程的民主化、法律化和制度化。它也是社会正义的一部分，其核心目标在于将环境问题融入广义的人权和民主体系中。

环境伦理牵涉三个重要关系，即当代人与当代人之间、当代人与后代人之间以及人类与自然之间的关系调整。这三种关系的协调是紧密相连的，特别是当代人之间的关系调整更为重要和迫切。人们对待他人的态度直接影响着其对待自然的态度，而且当代国际政治经济秩序的塑造也将直接影响后代的利益分配格局。因此，若不能有效解决当代人之间的环境不公问题，代际公正问题都将难以谈及。

代际公正指的是在人类世代更替的过程中，对利益的满足要保持公正和合乎正义。具体而言，就是要求当代人的发展不应以损害后代人的发展为代价。与环境正义体现的是空间维度上的公正不同，代际公正强调时间维度上的公正。它强调后代人与当代人同样享有以合理方式利用资源满足基本需求的权利和机会。

代际公正的必要性在以下几个方面得以体现：①地球资源是人类共有的财富，应该被各代人共同拥有，而非仅属于某一代人。②当代人具备永久改变或破坏地球的能力，其活动对未来人类的健康、幸福和生活产生深远影响。③当代人不仅能够影响未来人的生活，还能够了解这种影响的后果。基于对应该采取何种行动的认识，人们有履行道义上的责任，以最大限度地减少人们当前的行为对未来人类的潜在危害。

在处理代际公平时，按照罗尔斯"无知之幕"的论证方法，应优先考虑以下道德要求。①当代人要为后代人提供至少和自己从前代人继承的一样多甚至更多的自然和文化资源，以确保后代人的发展建立在前代人的发展基础上，实现人类的可持续发展。尽管当代人的发展可能破坏或减少某一资源，但他们应尽量减少这种可能性，同时寻找替代品，以保障后代人有一个持续发展的平台。在此基础上，该原则鼓励当代人不断改善现有条件，努力为未来世代提供更好的自然和文化资源。反对当代人毫无顾忌地追求今世的发展，而剥夺后代人享有同等发展权利的做法。②保存和维护选择多样性的重要性。生态系统中的各个成分相互关联，单一的功利观点可能无法全面考虑资源的真实价值。因此，维护多样性有助于保持生态系统的稳定性和适应性，从而更好地满足当代和未来的需求。故而当代人在解决问题时，应意识到他们所面临的挑战是建立在前代人遗留下的资源基础之上的。另外，保存多样性为创新提供了基础。各种不同的资源和观点可以激发创造性的解决方案，帮助解决当代和未来的难题。多样性是社会进步的动力，保存和维护多样性是可持续发展的一部分。这不仅关乎满足当前需求，还关乎确保未来世代有权利享受与当代人同样的多样性，而不因资源过度耗竭或环境破坏而受限。③保持和提高自然和文化资源质量，在发展中选择恰当的生产和生活方式，以防止环境污染和文化破坏。当代人有责任以可持续的方式利用自然资源，如森林、水资源、土壤等，确保不耗竭资源或损害生态系统。总的来说，保持资源质量和防止环境污染、文化破坏是一个全球性的使命，需要社会各个层面的共同努力，以确保后代能够继承和享有丰富的自然与文化遗产。

20 世纪 60—70 年代的环境保护运动标志着环境伦理学的兴起和可持续发展观念的形成。在这一时期，人类意识到发展与环境之间的紧张关系，开始在不同的研究领域中进行探索。1980 年，联合国大会首次正式引入了"可持续发展"的概念。1987 年，世界环境与发展委员会发布了《我们共同的未来》研究报告，这是可持续发展概念首次被明确定义的里程碑时刻。根据报告的定义，可持续发展被描述为一种发展方式，既能够满足当前人类的需求，又不会对后代人满足其需求的能力构成危害。这一定义包括两个关键概念：首先是"需要"，强调满足贫困地区人民的基本需求应当被放在优先考虑的位置，这体现了对社会公平和人权的关注；其次是"限制"，指的是技术状况和社会组织对环境满足当前和将来需求的能力施加的限制。最后，这一时期的可持续发展理念与环境伦理学的关系凸显了它们的共鸣。环境伦理学强调了空间维度和时间维度的考量，与可持续发展理念相辅相成。环境伦理学关注人类与自然环境的道德关系，而可持续发展理念在实践中体现了对这种道德关系的具体关切，通过平衡当前需求和未来需求，以确保环境的可持续性。

环境伦理在实现可持续发展中发挥着重要作用，主要体现在以下几个方面。

（1）培养环保意识：环境伦理通过教育和宣传活动，有助于提高人们的环保意识，使人们更加关注环境问题，促使可持续发展理念在社会中深入根植。首先，实施可持续发展战略代表着一场深刻的变革，涉及世界观、价值观、道德观的转变，以及人类行为方式对环境、经济、社会关系处理方法的全面变革。这种变革的成功取决于公众的认知水平、接受度和参与度，因此培育和发展保护环境的道德意识和伦理精神是至关重要的。可持续发展作为一种全新的发展观，本质上体现了"公正、和谐"和"尊重自然"的理念，与环境伦理教育的核心价值一脉相承。其次，环境伦理致力于消除人与自然间的异化状态和非平衡状态，将人与自然的和谐共处视为最高价值目标，内含着丰富的环境公正和和谐发展思想。因此，环境伦理不仅是一种新兴的伦理观，更是一种引领人们构建与自然和谐共生关系的理念。最后，在这个背景下，环境教育的目标在于将生态意识和价值理念融入社会主体的实践观念中，从而推动环境正义的实现，确保可持续发展目标的实现。环境教育不仅仅是知识传递，更是一种引导行为和推动变革的力量，旨在激发社会成员对环境保护和可持续发展的深层关注，并促使他们在日常生活和决策中更积极地追求和谐共生的理念。

（2）实践导向的环境伦理：实践导向的环境伦理关注的核心问题主要集中在环境正义和代际公正上。这要求人们在推动可持续发展时，特别关注人类社会的差异性，制定并实施地区协调发展的战略。当市场失灵导致环境问题时，政府应该运用经济杠杆，建立生态补偿机制，推行环境保护中的"污染者付费"和"环境受益者付费"原则，以及资源开发领域的"开发利用资源者和受益者付费"原则。所以，在处理发展与保护的冲突时，必须充分认识自然规律。过度追求经济发展而忽视环境意识，或者在考虑发展时忽视环境的承受能力，都可能导致经济发展产生的环境压力与环境实际承受能力的失衡。这可能引发生态损害或灾难，最终影响人类的生存。对于已经发生的生态损害或灾难，要进行恢复往往需要付出高昂的代价。

（3）环境伦理在社会规范中的角色：道德和法律是调节人类行为、维系社会和自然生存的两种不可或缺的手段。很多规范从道德准则开始，逐渐演变为社会共识，最终成为法律规定，这似乎是一个不可避免的过程。环境伦理的研究与教育，不仅为制定与生态保护相关的法令和制度提供了价值和道德的基础，也为国家执行与贯彻相关法律和制度创造了相应的社会基础条件。环境伦理不仅是对于环境法治的价值内核，更为其提供了价值导向。通常情况下，环境立法存在问题很少是因为法律本身，而更多的是因为缺乏成熟、稳定、系统化的立法指导思想。环境伦理在这一背景下提供了对环境立法的价值导向，为法治体系的构建提供了有力的理论支持。因此，环境伦理不仅在道德层面上为环境法规的制定提供了基础，也在法治的实践层面上为法律的执行与贯彻提供了有益的社会条件。

3.1.5 工程伦理核心问题剖析

工程活动通常会对自然环境进行改变或破坏，关键问题在于确定何种程度的改变或破坏是可接受的，这需要建立客观的标准，否则将难以具体操作。由于每个工程都处于独特的环境条件下，所以很难使用统一的标准。在这种情况下，除了运用环境评价的技术标准外，还需要运用环境伦理学标准来处理工程中涉及的生态环境问题。然而，由于环境伦理学的理论存在多样性，将这些理论应用于支持工程中对待环境的行为，最关键的是要理解各个理论关注的核心问题。

不同的环境伦理学理论存在差异，因此需要抓住它们关注的核心要素。理解各种理论为何如此主张是至关重要的，这样在具体的工程活动中，人们就能够灵活运用这种思路来处理涉及生态环境的问题。通过把握各种环境伦理学理论的核心观点，人们可以更加清晰地理解其在工程实践中的应用，为寻找合适的环境行为指南提供有力支持。

认可自然界及其事物是否拥有内在价值与相关权利，既是环境伦理学的核心问题，也是工程活动中不可忽视的议题。传统的价值理论将自然界仅视为人类资源仓库，其价值主要基于其对人类的实用性，即仅具有工具性价值。这种观念鼓励了对自然不加约束的开发，成为导致环境危机的重要原因，促使人们对自然界进行过度掠夺。然而，随着对自然界认知的不断深化，人们逐渐认识到自然界呈现出的价值远非仅仅具有工具性。自然界展现出多样性的价值形态，不仅仅是对人类有用的资源。因此，人们需要建立一种新的信念，重新审视自然界，并以现代科学的视角评价其各种价值。在这一理念下，可以建立人与自然的新型伦理关系，这种关系能够为工程活动遵循环境伦理原则提供必要的支持和评价标准。这一新型伦理关系应该能够平衡人类的需求与自然的多样性价值，推动可持续的工程实践。

自然界的价值分为工具价值和内在价值。工具价值指自然对人类的有用性，而内在价值是自然界及其事物自身所固有的，与人的存在无关。争议的焦点在于是否承认自然具有客观的内在价值，这取决于不同的价值观。主观价值论者以人类理性与文化为自然界价值的出发点，认为自然的价值在于满足人类需求。客观价值论者从生态学角度评价自然的价值，强调自然界的价值独立于人的存在。从人与自然协同进化的观点看，应承认自然界生物个体及整体自然的多样价值，这种协同进化的价值观在当今生态实践中更为合适，强调了对自然多样性的尊重。

价值主观论者以人类理性与文化对自然界价值进行评价。他们认为人作为自然价值存在的主体，自然对人类需要的满足程度越高，其价值就越高。但价值客观论则认为自然和人相互独立，只要对地球生态系统的完善和健康有益的事物就有价值。从人与自然协同进化的观点看，没有人类，就没有人类中心主义的价值理论，也不可能有大规模的价值观转变。

自然界具有对人有用的外在工具性价值，同时也有不依赖于人的内在价值，内在价值是工具价值的基础。那么，为什么人类中心主义不承认自然界具有内在价值？这是因为从伦理学视角来看，内在价值与道德权利是密切联系的，即人们有道德义务维护自然事物，使其能够实现自身的价值。就自然界而言，各种生物或物种都有持续生存的权利，其他自然事物如高山、河流、湿地，都有其存在的权利，它们拥有按照自然生态规律持续发展的权利。

为什么人类中心主义不承认自然界具有内在价值？这与伦理学视角有关，因为内在价值与道德权利紧密相连。如果承认自然事物具有内在价值，就自然而然地认同了其道德权利，即人们有责任维护自然事物以实现其内在价值。环境伦理学将承认自然界的价值作为出发点，主张将道德权利扩大到自然界其他事物，要求赋予自然事物在自然状态中持续存在的权利，特别是在生态规律下生存的权利。

河流的内在价值通过其连续性、完整性和生态功能展现，河流在地球生态系统中扮演着关键角色，维持着水圈的循环和平衡。作为自然生态系统的一部分，河流由水流、水生动植物、微生物及环境因素相互作用构成，形成了一个由源头、湿地、湖泊以及支流和干流组成的有机整体。河流还是开放系统，存在大量物质和能量的交换，各因素共同维护着河流的健康。

河流的权利主要表现为生存和健康的权利，其中保障基本水量是维持其生存的关键。河流的生存权利要求在利用其资源时，充分考虑其连续性、完整性等特性，不夺取其基本水量，不人为分割水域，且所有行动须符合河流的生态规律（雷毅，2009）。河流的健康生命指的是其整体性未受损害，系统处于正常和基准状态。评价河流健康可以通过指标，如河道过流能力、水质、河口湿地健康、生物多样性和两岸供水满足程度等进行判断。保障河流的健康生命权利需要维护其自我维持能力、相对稳定性以及自然生态系统与人类基本需求的平衡（雷毅，2009）。赋予河流这些基本权利也意味着人们有责任对其进行尊重，而非仅将其视为开发利用的资源。

3.2　工程中的环境伦理

3.2.1　工程产生的环境影响

人类的工程活动通常涉及对自然环境的干预和改变，因此，任何工程都必须对环境负有责任。中国正经历着经济建设的大发展阶段。一方面，通过工程建设来推动经济的增长和发展；另一方面，也需要持续发展，以实现人与自然的和谐相处。在这个过程中，发展经济与环境保护必须同等重要，这使得人们对工程与环境的关系提出了新的更高要求，同时也引发了对环境伦理问题的关注。

在追求经济增长的同时，人们必须认识到环境的脆弱性和有限性。工程活动对自然环境的影响可能导致生态系统的破坏、资源的过度利用以及污染等问题。因此，人们需要在经济建设中采取可持续发展的理念，确保其行为不会对环境造成长期不可逆转的损害。

同时，环境伦理问题凸显了在进行工程活动时需要考虑道德和社会责任的重要性。工程师和决策者在规划和实施工程项目时，应该深入思考项目对环境的潜在影响，采取有效的环境保护措施，并尊重当地社区的需求和文化。这需要在工程实践中融入伦理原则，以确保经济发展与环境保护之间能够取得平衡，实现可持续发展的目标。

3.2.2　工程实践中的环境伦理原则

在工程中，环境伦理不仅要考虑人类的利益，还必须关注自然环境的利益，并将两者的利益置于系统整体的考虑中。通常情况下，工程活动中人的利益被视为首要目标，而自然环境作为资源往往被边缘化，仅当其看似会影响或危害人类利益时才会被考虑。然而，现代工程的价值观要求实现人与自然利益的双赢，即使在利益冲突的情况下也需要平衡，这就需要人们将自然利益的考虑提升到合理的位置。以下是一些原则，可作为行动的准则和评价标准。

可持续发展原则：确保工程活动不仅能满足当前的需求，还要考虑对未来世代的影响，以保障自然资源的可持续利用。

人类与环境构成一个相互依赖的整体，这要求人们在开发和利用自然资源时必须充分考虑整体自然环境的状况，尤其是生态系统的利益。任何在工程活动中只关注人类利益的行为都是错误的（李肖强，2010）。环境伦理将促进自然生态系统的完整、健康和和谐视为最高价值。因此，工程师在工程实践中需要考虑动机、程序和后果等方面，而在这个过程中，对后果的评价显得尤为重要，因为它直接关系工程活动对人与环境关系的影响。

综合利益原则：在考虑人类利益的同时，必须综合考虑自然环境的利益，确保两者之间的平衡与协调。

人类与环境形成一个相互依赖的整体。这意味着，在确定自然资源的开发和利用时，人类必须充分考虑自然环境的整体状况，特别是要重视生态利益。环境伦理将促进自然生态系统的完整、健康与和谐看作最高价值的道德善。只有进行全面的评价，从动机到程序再到后果，才能更全面地展现出合理性。

生态保护原则：保护生态系统的完整性，防止对生物多样性和自然风景的不可逆损害。

工程活动如果以严重损害自然环境为代价，就是错误的。自然拥有内在价值，因而有自身的善和利益诉求，这要求在工程活动中不应该严重损害自然的正常功能。因此，应该充分考虑到正常的工程活动对自然生态的影响，并确保影响是可以弥补和修复的。当自然生态系统遭受损害时，责任人有责任重新恢复自然生态平衡。如果某人的行为破坏了人与环境之间的正常平衡，那么他必须为错误行为负责，并承担由此带来的损失。例如，工程造成的污染不仅违反了环境伦理，也违反了人际伦理的公正原则。另外还有一种情况，虽然违反环境伦理，但是给环境带来的影响相对于给人类带来的巨大利益微不足道，那么此时人际伦理就应该优于环境伦理。例如，在修建一条需要穿越高山或森林的铁路时，自然的利益和人类的利益存在冲突，在这种情况下，人们可以根据一组评价标准对哪种原则具有优先性进行排序，并通过应用排序后的原则来判断行为的正当性（郝少英，2012）。

预防原则：采取预防措施，减少对环境的潜在负面影响，而不仅仅是事后进行修复。

预防原则是环境伦理中的一个重要准则，在工程活动开始之前，应进行充分的综合规划和设计，考虑环境的自然特征、生态系统、地质条件等因素。其核心思想是在工程活动中采取积极的措施，以减少对环境的潜在负面影响，而不仅仅依赖事后修复。这个原则体现了在工程规划、设计和执行的全过程中，提前考虑和防范可能的环境问题的必要性。

社会参与原则：促进社会参与，确保在工程活动的决策过程中纳入当地社区的声音和需求。

社会参与原则是环境伦理的一个核心原则，这一原则旨在建立开放、透明、公正的决策过程，以便更好地理解和满足当地社区的期望，最大限度地减少对社区的负面影响。首先，在工程活动开始之初，应当向工程当地社区提供充分、准确的信息，包括项目的目的、影响、可能的利弊以及决策过程的相关细节。其次，鼓励项目决策的过程中进行协商和合作，确保各方的权益得到平衡。最后，积极实施社会参与原则，可以使工程活动更好地融入当地社区，更好地了解当地社区的需求和期望，从而制定更贴近实际的决策，减少潜在的社会冲突，提高项目的社会接受度和可持续性。

这些原则不仅作为行动的准则，也成为评价工程行为正当性的标准，确保工程活动在满足人类需求的同时，最大限度地尊重和保护自然环境。

3.3　工程师的环境伦理

工程师的环境伦理是指工程师在从事工程活动时，对环境及其可持续性的考虑和道德责任。环境伦理对工程师的行为和决策提出了一系列的道德原则和指导方针，旨在保护和尊重自然环境，同时满足人类的需求。

3.3.1 工程共同体的环境伦理责任

工程是一种复杂的社会实践活动，它涉及技术、经济、社会、政治、文化等多个方面。特别是在现代工程中，工程被视为整个工程共同体的群体行为，其中每个组成部分都应该承担起环境伦理责任。

工程是由工程共同体组织和实施的，而工程共同体是工程活动的主体。因此，确保工程活动不损害环境，甚至有利于环境保护，必须重点关注工程共同体在工程活动过程中的地位和角色。在此基础上，需要清晰理解工程共同体、工程和环境之间的关系，并赋予工程共同体相应的环境伦理责任（肖显静，2009）。其中，工程共同体的环境伦理主要指在工程过程中应切实考虑自然生态及社会对其生产活动的承受性，需要综合考虑工程行为是否会引发公害、是否导致环境污染、是否浪费自然资源等因素。这要求人们公正地对待自然，限制对自然资源的过度开发，以最大限度地保持自然界的生态平衡（肖显静，2009）。

在这一方面，国际性组织环境责任经济联盟（Coalition for Environmentally Responsible Economics，CERES）为企业制定了一套改善环境治理工作的标准，作为工程共同体的行动指南。这一指南涉及环境影响的各个方面，包括但不限于保护物种生存环境、对自然资源进行可持续性利用、减少制造垃圾和能源使用、恢复被破坏的环境等。

工程共同体包括项目投资人、设计者、工程师和工人。在这个团队中，项目投资人、设计者和工程师的角色远比工人更为关键，因此他们在工程的环境影响上负有主要责任。项目投资人是决策的关键，应确保项目符合环保标准、鼓励可持续性发展，并考虑社会和生态系统利益。设计者负责规划和设计，应采用绿色设计原则，减少对周围环境的不良影响。工程师在实施阶段有直接掌控权，应确保工程活动符合环保标准，最大限度地减少对环境的损害。尽管工人在执行计划中发挥作用，但相对而言，他们对整个工程的环境影响相对较小。整个团队应共同努力，以积极的环境伦理行动推动工程活动的可持续发展。

工程决策是关键环节，其目标在于避免和减少生态破坏。当面临两个选择时，一个项目可能导致环境污染，短期投资较少但可能长期导致生态破坏；另一个项目具有绿色环保效益，短期投资较大但长时间内对环境有积极作用。在经济和实用的考量下，投资者可能偏向选择前者；然而，从环境伦理的角度看，更应选择后者。这凸显了环境伦理在当今社会经济发展和工程决策中的重要性。因此，将环境伦理观念纳入决策过程不可或缺，以确保人与环境协同的绿色理念真正融入各级政策、规划和管理中，显得至关重要而迫切（李全庆，2010）。唯有通过制定有效的法规和综合的环境经济评价制度，绿色决策才能真正成为主流。

工程设计是工程活动的关键起始阶段，对工程可能产生的各种影响具有决定性的作用。伦理问题在工程实践中经常源于设计阶段的决策。近年来，随着对环境影响关注的增加，特别是大型工程的日益增多，可持续发展和环境保护成为全球关注的焦点，工程设计中的环境伦理问题日益凸显（董水平，2011）。

传统上，设计者遵循一般原则，如功能满足、质量保障、工艺优良、经济合理和社会使用等，然而，这些原则通常围绕产品自身属性考虑，对产品的可回收性则关注较少。如今，设计更强调环境标准。现代设计活动关注产品的全生命周期，包括设计、制造、销售、使用或消费、废弃处理。在这些过程中，强调将环境目标与其他设计要素并行考虑，追求"绿色设计"标准。设计者不仅有避免致命毒害、损耗和环境破坏的消极责任，还有积极的责任和义务创造有价值的人类生活环境，将健康和良好的生活环境传承给后代。这强调了在设计中综合考虑产品的功能性、经济性、质量和环境友好性，以实现可持续发展的目标。

今天的工程设计已经超越了人类中心主义的观念，强调设计者须认识人与自然的相互依存关系。虽然人类能够主动改变自然，但仍然是自然界的一部分。工程既展示了技术力量，也应彰显人类的智慧和道德精神。在改变自然的过程中，人类不仅应展现技术实力，更要尊重自然，追求人与自然的和谐共处。这反映了工程设计已经在追求可持续性和环境友好性的同时，注重维护整个生态系统的平衡。

3.3.2　工程师的环境伦理责任

工程活动对环境影响深远，因此，在设计和实施工程时，工程师须综合考虑工程本身、雇主利益以及公众利益，并对自然环境负有责任。工程师的使命在于确保工程技术活动朝着有利于环境保护的方向发展。在这一过程中，环境伦理对工程师尤为关键，因为工程师直接参与并实际建造工程，对环境影响至关重要（李全庆，2010）。随着工程对自然的干预能力不断增强，工程师需要培养一种新的责任意识，即环境伦理意识，从而确保在工程目标达成的前提下对环境影响最小。

工程师在工程活动中扮演多样而复杂的角色，可能与投资者和管理者有交集，也可能是纯粹的技术人员。作为独特的职业，工程师通过专业知识和技能为社会提供服务（李荷君，2012）。然而，他们同时也是改善或损害环境的直接负责人员。例如，建设化工厂可能导致环境污染，兴建水坝可能改变河流或淹没农田，兴建煤矿工程可能破坏自然生态。在这种背景下，工程师不仅需要遵循职业道德，还必须承担环境问题的道德和法律责任。

传统的工程师伦理强调对雇主的忠诚是工程师的首要义务，认为出色的工程师应该在工程内部事务中充分发挥专业职能。然而，环境伦理责任作为一种崭新的责任形式，要求工程师突破传统伦理的限制，对环境具有全面而长远的认识，承担环境伦理责任，维护生态健康发展，保护环境（李娟，2012）。如今对工程师的评价标准已不仅关注其工作是否出色，更注重其是否做出有益的工作，即通过工程促进经济发展的同时避免对环境造成破坏。工程师的环境伦理责任包括维护人类健康，使人免受环境污染和生态破坏带来的痛苦和不便；同时，维护自然生态环境，避免其他物种承受破坏带来的影响。鉴于这种责任，工程师如果意识到其工作可能对环境产生负面影响，那么有权拒绝参与或中止正在进行的工作。从伦理角度看，工程师的责任与其权利和义务是相一致的。

工程师面临许多实际问题，包括如何中止责任、何时中止责任以及如何在工程目标和环境保护之间取得平衡。当面临潜在的环境问题时，工程师还需考虑在何种情况下对客户保密。每个工程项目都有独特的目标和实施环境，因此在处理这些问题时，情况各异。工程师在处理这些复杂问题时不能仅依赖直觉和良心，还应学会运用环境伦理的原则和规范。在没有明确规范的情况下，可以借助相关法律法规来解决问题。这强调了在工程实践中，环境伦理的指导原则和法律规定的合理运用对于解决问题至关重要。

参 考 文 献

曹苗. 2016. 哈格洛夫环境伦理思想中的审美问题: 环境伦理和环境美学的本体论. 江苏社会科学, (4): 173-178.

董水平. 2011. 工程主体的伦理责任研究. 昆明理工大学硕士学位论文.

甘绍平. 2002. 应用伦理学前沿问题研究. 南昌: 江西人民出版社.

郝少英. 2012. 跨国水体和谐开发法律问题研究. 长安大学博士学位论文.

康芒纳 B. 1997. 封闭的循环. 侯文蕙译. 长春: 吉林人民出版社.

雷毅. 2009. 为河流伦理辩护. 南京林业大学学报(人文社会科学版), 9(4): 12-17.

李荷君. 2012. 高校卓越工程师的伦理教育策略研究. 合肥工业大学硕士学位论文.

李娟. 2012. 工程师的环境伦理责任研究. 合肥工业大学硕士学位论文.

李培超. 2001. 自然的伦理尊严. 南昌: 江西人民出版社.

李全庆. 2010. 土地伦理理论与实践研究. 南京农业大学博士学位论文.

李肖强. 2010. 河流管理的伦理维度研究. 人民黄河, 32(3): 1-3, 140.

李星苇. 2021. 中国环境伦理研究的文献计量可视化分析. 荆楚理工学院学报, 36(6): 49-57.

李晔, 苗青. 2007. 伦理思想中的"类"与"共同体"范畴: 从"亲情伦理"、"普世(普遍)伦理"到"环境(生态)伦理". 晋阳学刊, (4): 75-78.

李真真, 杜鹏, 黄小茹. 2008. 环境伦理的实践导向研究及其意义. 中国科学院院刊, 23(3): 239-244.

李正风, 丛杭青, 王前, 等. 2016. 工程伦理. 北京: 清华大学出版社.

潘玉君, 段勇, 武友德. 2002. 可持续发展下环境伦理与原则. 中国人口·资源与环境, 12(5): 36-38.

舒马赫. 1984. 小的是美好的. 虞鸿钧, 郑关林译. 北京: 商务印书馆.

肖显静. 2009. 论工程共同体的环境伦理责任. 伦理学研究, (6): 65-70.

支点军事. 2018. 下一个需要处理的垃圾场:地球同步轨道. https://www.sohu.com/a/225683807_6 28941[2020.02-18].

Barau A S, Stringer L C, Adamu A U. 2016. Environmental ethics and future oriented transformation to sustainability in Sub-Saharan Africa. Journal of Cleaner Production, 135: 1539-1547.

Li Y J, Wang Q. 2018. The intellectual features and cultural backgrounds of modern environmental ethics in China. Environmental Ethics, 40(1): 5-20.

Randall A. 2013. Environmental ethics for environmental economists. Encyclopedia of Energy, Natural Resource, and Environmental Economics, 3: 25-32.

Tufa R A. 2015. Perspectives on environmental ethics in sustainability of membrane based technologies for water and energy production. Environmental Technology & Innovation, 4: 182-193.

van Wynsberghe A, Donhauser J. 2018. The dawning of the ethics of environmental robots. Springer Open Choice, 24(6): 1777-1800.

第4章 工程实践中的价值伦理

4.1 工程价值概述

4.1.1 价值与工程价值

1. 价值的概念

价值，作为生产和生活实践中活动客体满足主体需求的衡量尺度，其本质在于客体属性与主体需求之间的契合程度。基于客体满足主体需求的实际状况和效果，价值被明确地划分为正价值、零价值和负价值。从这一深入剖析中不难发现，价值是客体所固有的一种属性，它能够满足主体（无论是个人、组织还是社会）在物质和精神等多方面的需求，这体现了价值的客观性。

因此，价值的实现离不开客体属性与主体需求之间的和谐统一。如果忽略了客体的属性，比如一个工程项目丧失了其应有的功能，那么价值就失去了其赖以存在的客观基础，自然无法满足主体的需求。同样，如果脱离了主体的需求以及满足需求的方式，比如产品已失去市场，那么价值也将无从谈起。只有当客体的属性与主体的需求相互匹配、相互满足时，价值才得以充分体现和实现。

与价值紧密联系的一个概念是利益。利益可以简单地理解为"好处"，而这种好处又常常与人的"需要"联系在一起，所以也可以认为利益是能够给人带来快乐和幸福的东西。利益和价值的关系可以概括为具象与抽象两个层面。

理性的人总是以明确的目标为导向，引领他们的行动。在这些目标中，利益目标是具体而实在的，是行动的直接追求；而价值目标则更为抽象，是行动所追求的深层次、普遍性的意义。可以说，利益目标是价值目标在现实生活中的具体体现，而价值目标则是利益目标的抽象提炼和升华。

在人的行动目标系统中，利益与价值紧密相连，互为表里。利益是外在的、可见的一面，而价值则是内在的、不可见的一面。从生命的本质来看，创造利益的同时也在创造价值，因为每一次的获得都意味着价值的实现；同样地，创造价值也是在创造利益，因为价值的实现必然伴随着利益的获得。

在人的生命旅程中，利益和价值总是相互交织、相互渗透的。没有脱离利益的价值，因为价值总是以某种利益的形式表现出来；也没有不产生价值的利益，因为任何利益的获取都蕴含着某种价值。因此，在分析和理解价值的过程中，人们无须将利益和价值的概念进行过于严格的区分。它们是人类行动的两个重要维度，共同构成了人们丰富多彩的生活世界。

2. 工程价值的概念

工程价值，顾名思义，是指工程活动及其所取得的成果与人的需求之间所建立的一种满足关系。作为拥有特定属性和功能的客体，工程只有在满足个人、企业乃至社会的多元需求时，其价值才能得以体现。与一般价值概念相比，工程价值具有独特性，它源于并实现在工程活动的广阔领域中。

可以毫不夸张地说，工程价值是工程活动的灵魂和动力。没有工程活动的实践，工程价值便无从谈起；而缺乏价值的工程，也难以在现实世界中立足。人们在进行工程活动时，总是以工程价值的预期目标为导向，不仅进行工程的规划和实施，还对其进行全面的评价。

然而，由于工程活动的复杂性和多样性，任何一项工程都不可避免地具有正负两面价值。正价值指的是工程在满足人们需求、推动社会进步等方面所做出的积极贡献；而负价值则可能表现为对环境的影响、对资源的消耗等负面影响。在工程实践中，工程主体总是努力规避或减少负价值，追求更大的正价值，以实现工程价值的最大化。

4.1.2　工程价值的特点

1. 工程价值类型的多元性

由于各类工程承载着多样化的属性和功能，它们所满足的需求也各不相同，所以工程价值自然涵盖了多个类别。根据工程在满足不同主体需求层面上的差异，可以将工程价值细分为多种类型，如工程的经济价值、政治价值、生态价值、军事价值、社会价值以及人文价值等。

不同领域的工程活动通常有其主导价值。在经济领域中，与农业生产、工业生产相关的工程，其核心追求在于工程的经济价值，即通过提升生产效率、优化资源配置等方式，为经济发展注入动力。在政治领域，工程活动往往承载着特定的政治目的，强调其政治价值，如推动国家基础设施建设、增强国家综合实力等。在环保领域，工程则侧重于改善生态环境，凸显其生态价值，如生态修复等。在军事领域，工程则注重提升打击与防卫能力，首要考虑的是其军事价值，如军事装备的研发、军事设施的建设等。在社会领域，工程的价值更多地体现在对民生的改善和对社会问题的解决上，例如，旨在解决住房困难的安居工程、缓解城乡居民用水难的引水工程等，都实现了工程的社会价值，为人民群众的生活带来了实实在在的便利。此外，对于人本身而言，工程还具有人文价值，即为人类提供更优质、更舒适的生活环境，促进人的全面发展。

2. 工程价值诉求的多样性

工程活动置身于一个错综复杂的利益关系网络中，其中涉及多元主体，包括工程投资者、公众、方案设计者、工程建设者等。在评估工程价值时，这些主体都会基于自身的利益，对工程所能带来的价值进行衡量。由于各类主体的性质、目的和能力各不相同，其对工程价值的诉求自然也存在差异。

以房地产开发项目为例，业主作为项目的核心投资者，期望工程能够满足企业的长期战略目标，追求使用价值、经济价值、环境价值和社会价值的和谐统一。他们关注的是项目能否为企业带来可观的利润回报，同时兼顾社会责任和环境保护。

承包商作为工程建设的执行者，他们的主要目标是按时按质完成工程建设，因此更加关注工程的经济价值。他们期望通过高效的管理和技术创新，降低建设成本，提高项目的经济效益。

用户作为最终受益者，他们最关心的是能否获得优质的产品或服务，因此更加关注工程的使用价值。他们期望项目能够为他们提供安全、舒适、便捷的居住环境或工作空间。

当然，各类主体之间并非只有差异，他们在某些价值诉求上也存在共识。然而，由于利益关系的复杂性，也难免会出现价值诉求的冲突和矛盾。所以，在工程活动中，需要各方主体进行充分的沟通和协调，寻求共同利益的最大化，实现工程价值的全面提升。

3. 工程价值客观与主观的统一性

在工程领域，人们会依据自身需求和期望设定相应的价值目标，这些目标无疑是主观的。然而，值得注意的是，这些主观设定的价值目标，特别是工程的设计指标，能否顺利实现却受到客观条件的制约，并不完全取决于人的意志。

如果工程建设的技术指标设定得过高，超出了实际可行的范围，那么这些目标便难以实现。这不仅可能导致资源的浪费，更可能使得整个工程面临失败的风险。

因此，为了确保工程的成功，必须设立科学和理性的价值目标。这要求在设定目标时，既要充分考虑主观需求，也要深入评估客观条件，实现主观与客观之间的和谐统一。只有这样，才能确保工程的价值目标既符合人们的期望，又具备实现的可行性。

4. 工程价值的双重性

工程价值具有正、负双重属性，也就是说，工程价值既包含正面贡献，也伴随着潜在的负面效应。从个体或组织的视角来看，工程的正面价值体现在它所带来的种种益处，比如利润的增加、资源的节约，以及未来就业机会的创造等；而负面价值则指工程对个人或组织造成的损害，如拆迁导致的居民生活不便、工程建设给居民带来的生活干扰等。

从社会的宏观视角分析，工程的正面价值体现在它对社会整体的积极影响，比如提升公众生活质量、标志性工程为城市带来持续的影响力等；而负面价值则涉及工程建设过程中可能产生噪声、废弃物等环境问题，以及与周边环境不协调的建筑风格对景观品质的降低等。

工程的负面价值分为两类：一类是工程建设过程中难以避免的负面效应，如施工噪声和废弃物排放；另一类是由前期规划不充分等人为因素导致的额外负面效应。在项目管理中，若只关注正面价值而忽视负面价值，将是一个严重的失误。任何工程的建设都会对个人、集体和社会产生不利影响，且长期看来，某些负面效应的影响可能远超其正面效益。然而，在多数工程的规划和后评价阶段，对负面价值的评估和总结往往被忽视。例如，1940 年 7 月，美国华盛顿州的塔科马海峡大桥正式通车，这座耗费巨资的桥梁，却在通车仅 4 个月后在狂风中轰然倒塌，成为工程史上的著名事故。事故发生的主要原因是设计师为了追求美观和节省成本，采用了较为激进的窄钢梁设计，却忽视了空气动力学的影响，使得大桥在轻风中也会剧烈摇晃。1940 年 11 月，一场狂风袭击了塔科马海峡，大桥在狂风中剧烈扭曲、断裂，最终轰然倒塌。因此，对工程负面价值的忽视可能会导致工程效益的折损，甚至直接导致工程的失败。

4.1.3   工程的价值体系

工程的价值体系是一个全面且深入的框架，它综合了人们对工程价值的多元追求，并抽象地概括了工程的总体作用、影响以及各相关方的利益诉求。这一体系不仅反映了工程的独特性和整体特性，还涵盖了工程目的、工程使命、工程准则和工程总目标等多个核心要素，如图 4-1 所示。这些要素共同构成了工程价值体系的基石，为工程的规划、实施和评估提供了坚实的理论支撑和实践指导。任何一个工程，都需要建立自身的价值体系，用于指导工程的价值实现和分配，在这个过程中需要充分考虑工程的价值伦理。

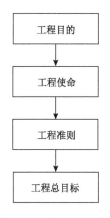

图 4-1　工程的价值体系

1. 工程目的

工程起源于一个明确且具体的目的，这一目的必须是科学、健康且理性的，它不仅是工程建设的坚实起点，更是推动工程发展的"原动力"，深远影响着工程的每一个环节。工程的建设源自人类社会对于经济、文化、科学和生活需求的不断追求和满足。

工程的根本宗旨在于深入认识自然、科学改造自然、合理利用自然，以满足人们日益增长的物质文化需求，进而推动社会的可持续发展。对于每一项具体的工程而言，其目标是通过精心的设计和实施，为社会提供高质量、符合需求的产品或服务，以解决人类社会经济和文化发展中遇到的各种问题，满足人们在社会、经济、科研、军事等方面的多样化需求。这些需求不仅体现了工程的社会价值，也彰显了工程在人类文明进步中的重要作用。

2. 工程使命

工程使命，作为一种重大的责任，深深植根于工程的目的之中，并由现代工程所承载的深远影响所引导。工程使命涵盖了功能性责任、社会责任和历史责任这三个核心方面。从投资者到承包商，再到设计和施工人员、制造商等，所有参与工程的人员都应深刻领会并肩负起自己的使命。

鉴于现代工程通常涉及巨额投资，消耗大量的社会与自然资源，其对社会产生的影响也极为显著，同时工程完工后的运营周期往往较长，因此，工程承担着巨大的社会责任和历史责任。

首先，功能性责任要求工程必须满足业主、用户或其上层系统（如国家、地区、城市、企业）的需求。工程的核心价值在于通过其成功运行，为业主、用户或上层系统提供符合标准的产品或服务，以解决问题、满足需求或实现战略目标和计划。如果工程失去使用功能，便无法实现这一基本使命。

其次，社会责任是现代工程不可或缺的一部分。鉴于现代工程的高投入、高资源消耗以及深刻的环境影响，它必须为社会做出贡献，而非成为负担。这要求工程在运营过程中不污染自然环境，不破坏社会环境，并充分考虑社会各方面的利益，赢得社会的广泛支持和信任。

最后，历史责任是工程必须面对的挑战。由于一个工程的整体建设和运营过程可能长达几十年甚至数百年，所以，一个成功的工程不仅要满足当代人的需求，还必须经得起历史的考验，持续符合未来的需求，展现出其历史价值。同时，工程还需达到设计寿命，实现其最终的使命。

3. 工程准则

工程准则作为在工程决策、计划、控制以及处理各类工程问题时所秉持的基本原则，对工程的目标和行为具有直接的规范和指导作用。因此，这些准则应被明确地体现在工程总目标之中，成为衡量工程成功与否的重要尺度。同时，这些准则也应具体化为工程伦理，作为工程参与者的道德指南，用以约束和规范他们的行为。

工程准则种类繁多，包括但不限于技术选择的经济性原则和效率原则、风险分配的公平原则，以及工程招标的公开性原则等。在面对工程与自然、工程与人、工程与社会等重大议题时，这些准则显得尤为重要。特别需要在工程准则中明确阐述，在处理重大问题时，应如何遵循和运用这些基本原则，以确保工程的顺利推进和可持续发展。

通过这些明确的工程准则，人们不仅能够确保工程目标的实现，还能在工程实践中强化工程伦理的约束作用，促进工程行业的健康发展。

4. 工程总目标

工程总目标是对人们预先设定的工程最终达成状态的全面描绘，它具体体现了工程的价值追求和期望成果。工程总目标不仅彰显了工程目的和工程使命，更深刻地反映了工程所遵循的准则，是价值体系中最具实践性和操作性的组成部分。在工程管理的宏观视野中，工程总目标扮演着至关重要的角色，如同核心命题，引领着各专业工程的实施、各阶段的进展以及各项管理职能的运作。

具体而言，工程总目标包含多个维度和因素，它们共同构成了工程成功的基石。首先是功能和质量的保障，确保工程能够按照设计要求提供高效、可靠的产品或服务；其次是经济效益的追求，要求工程在投入产出的经济性上达到最优化；时间要求的遵守则体现了工程管理的效率和时效性；相关者满意度的提升，意味着工程在满足各方利益和需求上取得了平衡；最后，可持续性作为现代工程的重要考量，要求工程在环境、社会和经济等多个层面实现长期、稳定的发展。

综上所述，工程总目标是工程管理的核心和灵魂，它指引着工程的方向，激励着工程团队的奋斗，是确保工程成功不可或缺的关键要素。

4.1.4 工程的价值

工程价值历经工程建设及发展的全程，其形成、发挥作用以及最终的消退与工程系统自身的演进轨迹高度契合，展现了一种独特而有序的规律性。这种规律性不仅体现在价值随着工程进展而逐步累积与释放，也体现在其随时间和环境变迁而发生的微妙变化。因此，深刻理解并把握这种规律性，对于确保工程价值的最大化实现至关重要。工程价值的实现过程包括工程价值规划、工程价值形成、工程价值实现以及工程价值灭失四个阶段，如图 4-2 所示。各阶段的工程价值主体的界定和范围是动态的，各阶段的价值评价标准也各不相同。

图 4-2　工程价值的实现过程

1. 工程价值规划阶段

在工程价值的规划阶段，投资决策方进行深思熟虑的战略考量，以确保工程价值的产生基于合理性和理性。此阶段的核心任务在于明确并确定工程各价值主体的具体价值需求，包括需求的内容、规模和传递方式。为实现这一目标，需要进行详尽的市场调研和利益相关者分析。通过深入了解工程价值主体的价值诉求，决策者能更有效地平衡各方利益，寻求共赢之道，从而最大化利益相关者的整体价值。

在这一阶段，工程的价值主要呈现"潜在价值"的形态，即工程的潜在能力和待开发的价值。这些潜在价值代表了工程中尚未被充分利用的资源或机会，是决策者期望通过工程实施能够实现的目标。值得注意的是，此时工程物在物理上尚未实际存在，它仅仅是决策者和设计者心中的蓝图。尽管如此，这一阶段的潜在价值也具有重要的意义，因为它孕育着将蓝图转化为实际价值的可能性，并经过工程团队的精心策划和实际操作，最终将成为有价值的现实客体。

2. 工程价值形成阶段

在工程价值的形成阶段，工程利益各方依据价值规划的蓝图，积极投入工程建设,逐步将规划中的价值转化为实际的价值实体。这一过程标志着价值规划成果的物化,工程开始具备提供产品和服务的能力。在这一阶段,工程物的潜在价值转化为内化价值,即工程物已经具备产生实际价值的现实可能性。

内化价值体现了工程物对于主体的实际作用效应的内在潜力。随着工程建设的不断推进,这些内化价值逐渐显现,决策者所期望的工程所带来的各项功能或效应逐步得以实现。这一过程不仅展现了工程建设的成果,也为后续阶段的价值实现奠定了基础。

3. 工程价值实现阶段

价值实现阶段标志着工程已正式投入运行,开始为相关主体提供实质性服务并产生实际价值。在这一阶段,工程不仅满足了预期的功能需求,还通过不断的更新改造实现增值,进一步提升了其服务能力和价值贡献。此时,工程物的价值已完成了从内在潜力到现实价值的转化。

现实价值,作为这一阶段的核心体现,是指在当前社会条件下,工程物对主体产生的直接、可感知的实际效应。这种价值是潜在价值经过内化价值的孕育,最终被人们所发现和认识的自为价值,它不仅反映了工程物的实际价值,也体现了工程在推动社会进步和满足人们需求方面的重要作用。

4. 工程价值灭失阶段

价值灭失阶段是指随着工程的废弃或者拆除,工程失去了实现相应功能并提供价值的阶段。在此阶段,工程不仅丧失原有功能价值体系,还面临资源残留、环境风险等负面效应。此时,工程物的价值完成了从现实效用向消亡残留的质变,需通过科学处置实现价值重构或再生平衡。在这一阶段,价值经过功能衰退、环境异化等过程的逆向演变,最终形成资源负资产或社会负担的退化形态。它不仅反映工程生命周期的终结状态,也倒逼人类对工程全生命周期管理、资源循环利用及可持续发展路径进行深度反思。

4.2　工程价值的伦理问题

4.2.1　收益与代价的合理分配问题

工程的建设和运行会带来正向的价值,可以称之为收益;获取工程的正向价值也就是收益的过程中需要付出相应的成本,可以称之为代价。另外工程的建设和运行还会产生一些负向的价值,这也是工程的代价。工程涉及众多的主体,会存在收益与代价承担者的不一致,也会存在收益与代价数量上的不匹配。如何使收益和代价在不同主体间的分配符合道德的判断就是工程价值伦理要解决的主要问题。工程中收益和代价的分配之所以是一个伦理难题，是因为以下几点。

1. 工程作为一项社会实验，收益和代价本身具有很大的不确定性

工程本身犹如一场精心策划的冒险，它充满了试验性特征，是众多不确定因素的交织和碰撞。这一过程中，各方力量相互较量、不断妥协，共同塑造着工程的最终面貌。因此，工程的最终结果往往充满了不确定性，这种不确定性既是其独特魅力的一部分，也是挑战和机遇并存的表现。这种不确定性使得人们很难在一开始就对收益和代价做出准确的估算，并形成分配方案。随着工程进展而产生的各种可能收益及代价需要人们不断地去发现，并据此重新进行收益和代价的协商谈判，对新产生的收益及代价如何进行分配是对工程各参与主体的考验。

2. 工程涉及主体能力的差异性，使得收益和代价分配需要超越收益代价对等原则

当风险来临时，人们的应对方式千差万别。面对同样的工程风险，有的人能迅速调整并恢复，有的人却可能因此陷入困境，这主要源于不同主体在应对风险时展现出的能力差异。这种差异不仅体现在风险大小对个体造成的伤害程度上，更在于他们各自承受代价的能力不尽相同。

首先，从生理层面看，不同主体的身体素质和心理素质各异。比如，老人、小孩、妇女与成年男子在身体素质上就存在显著差异，这些差异直接影响了他们对工程风险的承受能力。

其次，经济实力也是决定个体应对风险能力的重要因素。财力雄厚的个体在面对风险时，往往有更多的资源和手段来抵御风险，而财力薄弱的个体则可能因此陷入困境。

最后，智力和知识水平的差异也会影响个体应对风险的能力。不同主体从事的职业、知识理论水平以及所处环境的不同，会导致他们在抵御工程风险时所掌握的知识和技能存在差异。这种差异进一步影响了他们应对风险的能力。

因此，在面对风险承受能力各异的个体时，如果简单地按照收益和代价对等的原则进行价值分配，不仅难以实现社会公平，还可能引发道德和良心上的质疑。为了构建一个更加公平、和谐的社会，人们需要充分考虑不同主体的实际情况，制定更为合理的风险应对和价值分配策略。

3. 收益和代价定义的模糊性，给收益和代价的分配形成难题

要全面评价一个工程的价值，首要任务是明确区分工程活动中不同利益群体的存在，并识别出他们各自独特的价值追求。只有深入了解这些群体的立场和诉

求，才能在不同利益群体之间做出合理的权衡。

在工程实践中，多个主体往往承担着不同的责任，这使他们倾向于从各自的角度出发来考虑利益问题。因此，对于同一项收益或代价，不同主体在数量评估上往往存在显著差异。这种差异使得在收益和代价的分配过程中，各主体可能各执一词，难以形成统一且有效的分配方案。

为了克服这一难题，需要建立一个公平、透明的评估机制，确保所有利益群体的诉求都能得到充分考虑和平衡。同时，加强沟通和协商，促进各主体之间的理解和合作，也是实现有效分配的关键。通过这样的方式，人们才能更准确地评价工程的价值，并确保其惠及所有利益相关者。

4.2.2　工程活动的外部性与邻避冲突问题

1. 外部性的概念

"外部性"这一概念，最初由经济学家阿尔弗雷德·马歇尔和阿瑟·塞西尔·庇古在 20 世纪初共同提出，它描绘了一个经济主体（无论是生产者还是消费者）在其经济活动中，对除自己以外的其他个体或社会整体产生的非直接性的、有利或不利的影响。这种影响带来的利益或损失，往往并不直接由该经济主体所享受或承担。简而言之，当个人或企业的行为未能完全承担其行动的全部成本或享受全部收益时，便产生了外部性。

外部性可以被细分为正外部性和负外部性。正外部性表现为一个经济主体的活动为社会或他人带来了额外的、无须支付成本的利益；而负外部性则是指某个经济主体的活动对社会或他人造成了额外的损失，而该主体并未为此承担相应的成本。

负外部性因其直接损害他人利益的特点，往往会引起受损者的强烈反对，从而受到社会各界的广泛关注。一个常见的负外部性例子是，一个化工厂与养鱼场分别处于同一条河流的上下游。当化工厂排放的废水污染了河流，导致下游养鱼场的产量大幅下降时，这种污染便构成了对养鱼场的负外部性。而如果化工厂未能采取有效的污染治理措施，其生产规模的扩大将进一步加剧这种负外部性，即"损人利己"的程度将更为严重。

1962 年，蕾切尔·卡逊的《寂静的春天》一书问世，该书深刻揭示了现代工业对自然环境的破坏，唤醒了社会对环境保护的强烈关注。自此以后，人们开始审视各种现代设施对环境和周边居民的生活质量、身体健康乃至生命财产的影响。在这种背景下，反对在自家附近建设或运营可能带来负外部性影响的设施的"邻避冲突"现象逐渐增多，成为现代社会面临的重要议题之一。

2. 邻避设施

邻避设施作为服务于一定区域公共效用的设施，其潜在的负外部性影响主要集中于周边社区，导致周边居民不得不额外承担这些负面成本，因此常遭到居民的反对。邻避设施具有如下鲜明特点。

（1）负外部性影响的争议性。除了健康风险外，邻避设施的负外部性还可能表现为财产价值下降、社区阻止其他不受欢迎的土地利用行为的能力的削弱、噪声、交通拥堵、生活质量下降、社区形象受损、社区服务和预算额外增加，以及设施本身不吸引人等。然而，对于这些影响的评估，政府官员、开发商、技术专家和公民之间往往存在分歧。开发商倾向于低估这些影响，公民则可能夸大其危害，以在谈判中争取更有利的条件。

（2）成本效用分配的不均衡性。邻避设施的公共效用通常惠及广大地区，但其成本却往往集中在设施周边的局部地区。这种不均衡性使得设施周边居民对其持反对态度，因为他们尽管并未独占这些设施带来的利益，却不得不承担大部分的负面成本。

（3）周边居民的强烈反对。由于邻避设施的成本效用分配不均衡，加之居民对潜在风险的感知，周边居民通常对邻避设施持反对态度。这种反对的激烈程度与感知风险的严重性成正比，且随着与设施距离的缩短而加剧。当设施的风险和危害威胁到居民及其后代的生存环境、健康和安全时，反对声将尤为强烈且持久。

（4）不限于新建设施或公共设施。邻避设施并非仅限于新建设施或公共设施。随着社会经济技术的不断发展，一些已运行多年的设施，由于人们对其负外部性认识的加深或公民意识的提高，也可能成为邻避抗争的对象。此外，存在潜在危害的私人企业同样可能成为邻避抗争的目标。

3. 邻避冲突

邻避冲突是在特定的社会政治经济技术背景下，由成本效用分配不均衡的设施所引发的利益冲突。这类设施尽管其公共效用惠及区域内广泛成员，但其负外部性影响却高度集中在设施周边地区，迫使周边居民承担包括生活环境破坏、财产价值受损、健康乃至生命安全受到威胁在内的负外部性成本。这些负面影响是周边居民强烈反对设施建设的核心原因。

邻避冲突是一个涉及多元利益主体博弈的复杂议题，因此，其治理需要多元主体的共同参与和协作。为了有效治理邻避冲突，需要从以下几个方面着手。

首先，优化公共政策制定，特别是在设施选址过程中引入"邻避风险评价制度"，确保决策的科学性和公正性。

其次，建立针对利益受损主体的补偿激励机制，通过合理的补偿和激励措施，减少他们的经济损失和心理压力。

最后，构建有效的信息公开和协作交流机制，增强信息的透明度，降低公众的恐慌和抵触情绪，提高公民对邻避设施的心理接受度。

综上所述，通过多元协作治理，人们有望找到平衡各方利益、实现邻避冲突有效治理的可行路径。

4.3　工程价值伦理的原则

工程价值伦理关注的就是价值的分配问题，或者说是收益和代价分配问题，这就需要确定分配的标准。

4.3.1　帕累托最优原则

在 20 世纪初，意大利经济学家维尔弗雷多·帕累托在研究社会福利时，提出了具有深远影响的帕累托最优状态定律。这一定律定义了一个理想的经济状态：如果不可能重新分配资源使得至少一个人变得更好而不使任何其他人变得更糟，那么当前的资源分配状态就被称为帕累托最优状态。简而言之，在资源有限的情况下，如果一个企业或一部分人通过资源的有效配置改善了自己的状况，而并未对其他企业或人群造成负面影响，这就构成了帕累托改进。进一步说，当资源的任何重新分配都无法使某个个体或群体受益而不损害其他个体或群体时，即达到了帕累托最优状态。用更通俗的话来说，就是"不损人则不能利己"的状态，即为帕累托最优状态。

帕累托最优状态定律已被广泛接受为衡量经济行为公正性的重要原则，它与"利己不损人"的道德准则相契合。在工程领域，这一定律同样具有指导意义。它要求人们在工程的价值创造过程中，不能以牺牲一部分主体的利益为代价来实现另一部分主体的利益追求，应确保资源的分配和工程的实施能够惠及所有相关方，实现真正的公平与公正。

4.3.2　卡尔多-希克斯效率原则

卡尔多-希克斯效率，这一经济理论的核心概念，最初由英国杰出的福利经济学家尼古拉斯·卡尔多在 1939 年提出，后经过经济学家约翰·希克斯进一步阐释和完善，形成了今日人们所熟知的理论体系。卡尔多-希克斯效率的核心观点在于，若一项变革带来的益处能够充分补偿其造成的损害，那么这一变革就被视为卡尔多-希克斯改进。当某种状态已经达到无法再实现此类改进的程度时，称这种状态为卡尔多-希克斯效率。

与帕累托最优原则相比,卡尔多-希克斯效率原则在条件上显得更为宽松。在帕累托最优状态下,即使微小的变革导致任何一个人的利益受损,整个社会的变革都将被视为不可行。然而,卡尔多-希克斯效率则允许在增加社会总财富的前提下,即使部分人的利益受损,只要其损失能被其他受益者的增益所补偿,变革仍可进行。卡尔多-希克斯效率实际上强调的是总财富的最大化。

在工程领域中,人们时常会遇到集体(社会)利益与个人利益的冲突。在这种情况下,需要审慎地权衡是遵循帕累托最优原则,还是采用卡尔多-希克斯效率原则来设计工程的价值体系。这不仅需要对两种原则的深刻理解和灵活运用,更需要具备高度的社会责任感和人文关怀,以确保工程的发展既能推动社会的进步,又能保障每个个体的权益。

4.3.3　公平正义原则

公平正义即公正,是现代政治文明与工程伦理共同坚守的基石。在伦理学的广阔天地中,公正不仅是一种价值判断,更是一种道德规范、行为准则和至高无上的"律令"。它蕴含着利益均等和机会均等的深刻内涵,成为衡量一切行为的价值尺度。

工程作为人类智慧的结晶和创造力的体现,始终在公正原则的考验下前行。美国伦理学家理查德·乔治提出的补偿公正、惩罚公正、分配公正和程序公正四种类型,为人们理解工程领域的公正问题提供了宝贵的视角。其中,分配公正更是工程伦理中不可或缺的一环。

在工程领域里,基本的分配公正意味着:首先,工程活动应当尊重并保障个体与特定人群的基本生存与发展需求,不得对其构成威胁;其次,不同的利益集团和个体应当公正地分担工程活动所涉及的成本、风险与效益,确保各方权益的均衡;最后,对于因工程活动而处于相对不利地位的个人与人群,社会应伸出援手,给予他们必要的帮助和合理的补偿。

工程伦理中引入公平正义原则,旨在确保利益和风险的均衡分配,使工程成果能够惠及社会的每一个角落,不偏不倚。这种公平不仅体现在当代,更需兼顾未来与后代。应当铭记,地球上的资源是人类共同的财富,既属于当代人,也属于未来的子孙后代。因此,当代人在追求发展的同时,有责任为后代留下足够的生存空间和资源,确保他们能够在这片土地上继续繁衍生息。

4.3.4　补偿性原则

从工程的本质——服务于人类社会的角度出发不难发现,任何工程的实施都是一把双刃剑：一方面，工程无疑会给社会的部分人群带来直接的、显著的益处，并且这种益处往往能辐射至更广泛的人群，让他们从工程的长远效益中间接获益；另一方面，也必须承认工程实施过程中往往难以避免地会侵害到另一部分人的利益。

在追求工程利益的同时，确保不伤害他人利益，这一看似简单的原则，在实际操作中却异常艰难。这是因为工程本身就蕴含着风险，这些风险有可能转化为负面效应，直接或间接地损害一部分人的利益。所以，在享受工程带来的种种好处时，也不能忽视其可能带来的负面影响。

简而言之，工程在实施过程中，既是利益的源泉，也是风险的载体。人们需要在追求利益的同时，充分评估并妥善管理风险，以确保工程能够在造福社会的同时，最大限度地减少对他人的伤害。

基于人人平等基本认识，作为社会的一分子，每个人都有追求幸福生活的权利，每个人的财产、生活方式也都受到国家法律的保护。因此为了保证工程的公正性，应该对承受损失的人给予一定的补偿，通过补偿尽可能使工程所涉及的所有人都能从中获益。

补偿公平虽然不能消除损失，但是能在很大程度上提高人们对风险的容忍度。补偿的方式应该多元化，以利益受损者的需要为导向，可以进行货币补偿，如以占用土地等资源的市场价值进行补偿；也可以进行服务补偿，如在垃圾焚烧厂旁边建设休闲娱乐设施对周围民众进行补偿，以保证公平；还可以是政策性补偿，如免除建设垃圾填埋场区域周边居民的一部分税收及垃圾处理费。

补偿性原则旨在确保项目工程对当地居民造成的经济损失能够得到合理弥补，使他们的经济利益恢复到受损前的水平，并可能因损失而获得公正的额外补偿。该原则通常分为两类：完全补偿原则和不完全补偿原则。完全补偿原则强调依据对利益受损的全面评估结果进行全额补偿，确保居民的经济权益得到全面恢复；而不完全补偿原则则基于实际情况，对损失进行非全额但合理的补偿，旨在达到公正与公平。

4.3.5　利益协商原则

在工程活动的广阔舞台上，并非所有参与者都拥有无差别的统一利益，而是存在利益差异乃至利益冲突。依据工程价值伦理中的公平正义原则，每一个利益主体的权益都应得到充分的重视和保障。然而，如何确保这些利益主体的权益得到切实保护呢？

美国学者小詹姆斯·R. 格伦在探讨决策伦理时强调，决策过程中参与者的选择和决策内容的确定都至关重要。他提出的"谁在决策桌旁和什么放在决策桌上"的问题，深刻揭示了利益相关者参与决策的重要性和深远影响。他们的参与不仅影响着决策过程中各方的博弈策略和过程，更关乎最终决策的性质和方案选择（格伦，2001）。

因此，为了确保工程活动中各利益主体的权益得以实现，必须推动工程决策的民主化。这要求人们从程序上设计和实施一种适当的机制，让利益相关者能够参与决策过程。这正是利益协商原则的核心所在。

利益协商原则的实施，首先要确保利益主体的知情权。虽然工程风险是客观存在的，但通过预防手段可以降低其影响。而提高工程透明度，让公众了解工程的风险、利益、建设时间过程以及相关的建设者、设计者等信息，是预防工程风险、争取公众理解的关键措施。在重大工程决策前，应及时、全面地通过各种渠道向公众传递相关信息，为公众提供决策所需的必要信息基础。

其次，要保障各利益主体的同意权。这意味着在工程决策过程中，相关主体应在无暴力威胁、无欺骗的情况下，自愿同意参与试验或同意工程的建设和使用。美国工程伦理学者马丁认为，有效的同意须满足三个条件：一是自愿性，二是基于充分且可理解的信息，三是同意者具备处理信息和做出合理决定的能力。因此，从制度上保障大众的同意权，将更多的工程相关主体纳入决策者范围，是避免"专家咨询，政府决策，民众接受"现象的有效途径（代亮，2015）。

参 考 文 献

代亮. 2015. 迈克·W. 马丁工程伦理思想研究. 中国科学技术大学博士学位论文.

格伦 J R Jr. 2001. 决策中的伦理. 季大方译. 北京: 中华工商联合出版社.

第 5 章　工程师职业伦理

5.1　基　本　概　念

5.1.1　工程师定义

　　工程师，作为社会中独具特色的一群从业者，其发展历程已有 3 个世纪。"工程师"这一术语源于古拉丁文中的 ingenero 一词，指的是那些富有才华和创造力的个体，他们具备融合实践试验和理论研究的能力，秉持着运用大自然资源以保护、维护和改善人类生活的信念。"工程师"一词在 18 世纪的欧洲开始流行，最初是指从事制造作战武器和执行服务于军事目的的工作的个体。1672 年，第一个专业工程师组织诞生于法国的军队。此后，1794 年，法国巴黎综合技术学校（由拿破仑建立，归属于法国国防部）首次授予工程学位。在美国，西点军校成为第一个授予工程学位的学校（何放勋，2008）。

　　在中国古代语境中，存在着对工程的表述，但是"工程师"作为对英文 engineer 的翻译，是在洋务运动时期才开始出现的。这表明，职业工程师的出现是近现代社会经济发展、工程活动规模扩大、科学技术进步以及社会分工细化的结果。

　　根据《现代汉语词典》和《简明不列颠百科全书》的定义，工程师是一种技术干部的职务名称，是具备能够独立完成某一专门技术任务的设计和施工工作的专业人员。在这一职业范畴中，工程师的内涵涉及多个方面，如设计、施工、研究与发展、生产和操作等。工程师的主要职能可概括为：研究与发展、施工和生产、操作、管理和其他职能。

　　综合而言，工程师被定义为拥有科学知识和技术应用技巧的主体，参与设计、研发与生产施工等活动，致力于人类改造物质自然界、建造人工自然的全部实践活动。

　　工程师的伦理责任在演变过程中逐渐扩展，从早期主要集中在对所属机构和权威的忠诚，逐渐转变为更加综合和全面的视角，强调对公众、环境和人类发展的责任。随着现代经济和社会制度的变化，工程师的雇佣关系也发生了变化，许多工程师成为不同类型公司的雇员，将忠诚于受雇公司视为最重要的伦理原则。然而，随着科技对社会和自然环境的影响日益增加，社会对工程活动的负面影响进行了深刻的反思，挑战了传统的工程伦理观念，认为工程师的伦理责任应更为强调对公众、环境和人类发展的责任。现代工程伦理需要平衡技术创新和经济效益与社会、环境和道德的要求，工程师应以更加综合和全面的视角看待其伦理责任，为社会和人类的长远利益做出积极贡献。这种转变强调了社会责任的重要性，推动工程实践朝着更加可持续和社会责任导向的方向发展。工程师在面对技术创新和商业利益时，必须认识到其行为可能对公众、环境和人类发展造成的影响，并积极采取措施来最大限度地降低负面影响。工程师应该参与决策过程，促使技术和工程项目符合社会和环境的需求，同时遵循道德和伦理准则。

为了实现这一目标，工程教育需要更加注重培养工程师的伦理意识和社会责任感。工程师应该接受全面的培训，了解伦理原则和决策过程，以及工程实践中的社会和环境影响。同时，行业组织和政府机构也应加强对工程师的指导和监管，确保他们遵守伦理准则并承担起社会责任。

综上所述，工程师的伦理责任已经从仅仅忠诚于雇主扩展到更广泛的社会和环境责任。这种转变将推动工程实践朝着更加可持续和社会责任导向的方向发展，为公众、环境和人类发展做出积极的贡献。

5.1.2　职业伦理学

在一般意义上，职业伦理学首先指向一定职业活动者对自身责任的关注。德国学者马克斯·韦伯认为，生活在人类社会的每一个人都存在于各种不同的社会关系中，在与他人交往的过程中需要对他人和自身的行为担负相应的责任。职业生活是大多数人的一项重要生活，在职业生活中所要负的责任就成了一种极为重要的责任，这就求社会公民将自己视为行为主体，积极主动地承担与自己行为相对应的责任。韦伯将这种主动承担责任的意识视为一种社会道德底线，他认为应提倡这种预防性责任伦理意识。责任伦理主要研究的是从业者"应当"做什么的问题，从业者在道德意识的引导下勇于承担责任，为自己的行为负责，为失职行为补偿。这时职业责任是一种外在的他律性的伦理规范，具备道德强制性和道德理性，将抽象的伦理价值转化为具体的伦理规范，规定从业者的职业行为。韦伯主张的从业者对他人负责的观点是职业伦理学基础，也是工程师职业伦理发展的一个理论基础，要在此基础上研究我国工程师职业伦理需要负责任的对象和所要遵守的准则（韦伯，2020）。

近年来，随着职业活动中的权利、责任和自由等伦理问题的频繁出现，职业伦理逐渐受到我国学者的关注，职业伦理学已成为一门独立的研究学科。职业伦理学是研究职业道德的一门学科，那么，职业伦理就是指从业者在工作过程中所需要遵守的职业道德。职业道德是规范某项工作从业者的行为准则，调节着从业者在职业活动中涉及的各种关系。不同的职业具有不同的职业道德，职场中的人与不同社会角色打交道时都应按照特定伦理准则行事，对从业者最基本的约束就是尽职尽责。拥有职责的同时往往也会拥有权力，这种权力如果滥用，就可能侵犯他人利益。妥善处理职责与权力的关系是很重要的。因此，明确工程师职业道德的重要性，可以更清楚地认识职业伦理规章制度制定的重要性，从职业伦理准则制定的层面上理解我国各个历史时期所侧重的工程师职业伦理。

职业伦理学的研究对于工程师职业伦理的意义在于促进工程师职业伦理意识的形成，强化工程师的责任观念，并规范他们的职业行为。工程师的工作常常涉及公众的安全、健康和福祉，因此他们所承担的责任也相对重大。通过研究职业伦理，可以帮助工程师理解和明确他们在职业活动中所需承担的伦理责任和遵守的伦理准则。如果将工程伦理学分为微观工程伦理学和宏观工程伦理学，那么，其中涉及职业伦理研究的是微观工程伦理学。通过微观工程伦理学的研究，可以提高工程师的职业道德水平，促进他们在工程实践中遵守伦理准则，确保他们的行为符合公众利益，并为社会和人类福祉做出积极贡献。

5.1.3　工程师职业伦理概念

伦理是处理人际关系的规范，而工程伦理准则是为了指导工程技术与社会关系而设立的规范。这一准则不仅是工程建设领域必须遵守的职业规范，更是对工程活动和工程师行为的引导与要求，包括正确的目标价值追求和各种规范准则。工程伦理学的基础在于工程和工程师对人类进步和福祉的追求，用以限制工程从业者的决策方式。

在工程伦理的研究中，工程师作为主体人员，凭借其专业技术能力和对工程一线建设的直接管理，引起了社会的广泛关注。伦理问题涉及工程从业人员在道德层面上的规范和行为规范，而对于工程师而言，处理企业、监理、建设方及各分包单位的要求和责任成为常态。

由于各方利益的不一致性，工程师往往受到不同要求和责任的制约。在职业道德方面，工程师对公司和职业的忠诚度往往与企业利益产生矛盾，这使他们在个人角色和精神选择上面临困难。

作为工程建设项目的技术控制人员，工程师在质量、成本和工期等方面扮演关键角色。面对可能的贿赂、拉拢、逼迫等手段，工程师在工作中坚守社会伦理责任感显得至关重要。工程师的职业道德素养和社会责任感决定了工程项目对社会的影响。因此，提高工程师的工程伦理素质是促进工程建设优质化的必然途径。

5.2　工程师职业伦理发展及现存问题

5.2.1　工程师伦理发展脉络

1. 清末时期

随着西方的近代科学技术逐渐传入我国，我国出现了早期的专业工程师，他们善于研习新式科学技术，并且希望凭借西方新式科学技术改变中国内忧外患的命运。这些早期工程师和一些思想开明的学者试图将西方工程技术的伦理思想移植到我国，其中也包含了一些工程师职业伦理思想。清末时期，我国工程师职业伦理既受到西方工程伦理思想的影响，又继承了我国传统"以道驭术"的伦理观念，进而形成适应近代技术发展的特定新规范。

在这一时期，尽管工程技术人员可以研究和应用新的科学技术，以发展民生和经济，但是其实践活动必须保障人与自然的和谐统一，防止误国害民的后果发生。清末时期的工程师职业伦理正是在这一指导思想下形成的，并出现了以詹天佑、徐寿等为代表的工程师的职业伦理精神。

在国防军事装备欠发达、社会上整体思想较落后的清末时期，这些率先觉醒的工程师奋战在救国图存的第一线，将对国家和民族的利益负责作为最重要的职业伦理准则。他们所进行的工程活动旨在保卫国家、改善民生。作为清末时期觉醒的代表人物，詹天佑等工程师所提倡的工程师职业伦理既超越了传统的以道驭术，又注重传统道德和兴国安邦使命，形成了我国工程师职业伦理思想的雏形。

2. 民国时期

民国年间，很多海外学子学成归来加入我国工程师团体，他们不仅带来了先进的科学技术，而且将西方工程伦理思想引入中国。随着中国工程师团体日趋壮大，中国工程师职业伦理也以章程的形式体现出来。这个时期的中国工程师职业伦理思想既继承了中国传统伦理思想的精髓，又受到西方工程伦理思想的影响。整体来看，这个时期的工程师在工作中坚持着认真踏实、按章办事、讲求信用的原则。不可忽视的是，民国时期的中国正处在动荡阶段，在这种特殊的历史时期，一大批爱国工程师出于工程救国的思想奋斗在工作岗位上，他们时刻关注着国家命运、百姓安危。因此，民国时期的工程师职业伦理的核心思想是为国家和民族的利益甘愿舍弃自我，每个工程师都要为国家和民族的利益负责。下面以民国年间我国最大的工程师自治团体——中国工程师学会以及当时典型的工程师代表为例，详细阐述这一时期的工程师职业伦理。

例如，桥梁专家茅以升处理工程活动中的各种伦理问题时，一向遵从以人为本的准则。他认为，工程师与工程师之间、工程师与企业之间的关系是复杂的，只有处理好这些关系才能实现企业和社会的进步。茅以升的工程伦理思想具有一定的超前性。他指出，工程建设要与环境相协调，满足社会需要。首先，要"做好的工程"，这要求工程师在工程建设中考虑社会因素、环境因素与所建项目的关系，要对环境有益，促进社会的和谐发展，保障人类的利益。其次，茅以升还提出要"把工程做好"，这要求工程师尊重自然规律，重视客观事实，对工程进行严谨的测量和考察，对本职工作尽职尽责，确保工程项目的质量和品质（茅以升，1984）。

总体上，民国时期工程师的言行折射出民国年间工程师的爱国主义情结。爱国主义是他们工程活动中不畏艰险的原动力。在职业活动中，舍弃小我，胸怀国家，时刻准备着为国家和民族的利益献身，是当时工程师首要的职业伦理精神。

3. 中华人民共和国成立后

中华人民共和国成立后，我国的工程事业很长一段时间都是在计划经济体制下进行的，加之受国内政治因素影响，当时我国的工程师职业伦理整体上体现"又红又专"的特征。工程师需要具备高度的政治觉悟和精深的技术水平，全身心地投入社会主义建设事业，热爱祖国、无私奉献，舍弃小我的思想，注重工程活动中的集体主义精神，都和当时所处的社会环境是分不开的。

当时的政治舆论导向要求工程师承担起对社会、对上级、对专业、对同事的责任，工程师在职业活动中需要负责的对象变得更加广泛，我国工程师职业伦理也体现出集体主义的倾向。但是，工程师在"征服自然"的科技导向下，被要求全心全意投入到生产建设活动中，努力做到增产增收，试图通过对自然不合乎常理的改造带来更大的收益。这种征服自然、改造自然的指导思想使工程师忽视了对自然环境的责任。

中华人民共和国成立后，国家重新组建了一批学会组织，中国土木工程学会就是这批成立的学会之一，学会的组织运作归国家管辖，工程师职业道德建设的主要方式就是宣传国家政策、对工程技术人员进行思想教育，提高工程技术人员的思想觉悟，号召广大工程师团结一致、多快好省地建设社会主义新中国。计划经济时期，工程师团体的职业伦理意识同思想政治教育相结合，职业道德强调坚决拥护党的领导，具备端正的思想品质。

4. 改革开放以来

伴随着科学技术的突飞猛进和工程教育体系的日臻完善，我国工程界对工程师职业伦理的研究也更加深入，更加顺应时代的发展。

我国已有中国土木工程学会、中国水利工程学会、中国化工学会、中国计算机学会、中国机械工程学会等六十余个工程社团。从各个工程社团的章程来看，大多数工程社团没有制定专门的工程师职业伦理准则，缺乏对工程师职业道德方面的具体规范，对工程师职业道德的规范一般通过学会宗旨体现，如遵守社会公共秩序和法制、用专业技能为社会建设服务，并没有对社会公众利益负责和保护生态环境的有关规范。有些工程师社团提出工程师应承担对环境和人类的责任，如中国水利工程学会提到工程项目要实现人与自然和谐相处，中国机械工程学会提到工程活动须坚持以人为本的理念，实现造福人类的目标。

随着政策和法规的完善，我国的注册工程师制度已经确立了工程师的职责和义务，包括遵守法律法规、保证质量、保守秘密等。虽然工程项目的主要目标是实现经济效益，但作为具有职业伦理道德的工程师，应该从社会责任的角度出发，以公平和公正的态度实现工程的经济价值和社会价值。

5.2.2　工程师伦理责任的演变

1. 由绝对忠诚转向普遍责任

18 世纪，工程活动经历了由军事向民用的转变，工程师也由军士演变为建造者。尽管工程师的身份发生了变化，但工程活动仍然由政府主导，工程师依然是政府的雇员，强调对雇主的绝对忠诚和责任。到了 19 世纪，随着产业革命的兴起，技术密集型企业崛起，工程师的地位得以提升。然而，随着工程师数量的激增，他们开始追求独立和自主，引发了所谓的"工程师叛乱"，追求更广泛的责任，包括对经济、社会以及可持续发展的普遍责任。

工程师责任的扩大对社会产生了深远影响，引发了技术主导社会的运动。然而，由于技术被过分夸大，经济基础被忽视，而且受到工程师自身政治局限的制约，工程师对于普遍责任的追求最终以失败告终。工程师所需的普遍责任在实现上面临着重重难题，因为尽管他们在技术方面颇具造诣，却缺乏政治家那种敏锐的政治思维，导致难以全面承担责任。这一过程揭示了工程师在社会责任方面的复杂挑战，强调了综合技术和政治素养的重要性。

2. 由普遍责任回归社会责任

在实践过程中，工程师逐渐认识到工程技术的复杂性和不确定性，这使得他们对责任的理解变得更为有限。工程活动中的未知性难以预测，而在追求人类福祉的过程中，工程师往往忽视了潜在的负面效应。工程事故的发生引发了对工程质量和技术安全的关切，迫使工程师进行反思，将原本追求的普遍责任重新聚焦于社会责任。

工程师的使命由最初对雇主忠诚演变成为组织和人类谋求福祉。这种变化要求工程师不仅在本职工作中表现出色，还需关注整个人类的安全与福祉。因此，在承担伦理责任时，工程师被要求将"公众的安全、健康和福祉"置于首位，对社会负有有限的伦理责任，包括对工程技术活动、雇主以及公众安全等方面的责任。这一有限的责任不仅清晰地定义了工程师在实践中的伦理责任，还规定了工程师在工程活动中对社会公众应尽的伦理责任。这种责任观念的演变体现了工程伦理在面对实际挑战时的适应和发展。

3. 由社会责任向自然责任延伸

随着人类对居住环境要求的提高，工程师逐渐需要对自然环境负责。这种责任是伦理责任的延伸和扩展，既是在改造和征服自然中不可避免的责任，也是世界工程组织联合会、美国土木工程师协会等组织在制定伦理规范时纳入的内容。

工程师伦理责任在时代的进步中不断演变，这种演变受到社会进步、技术创新等因素的影响，从只对雇主负责扩展到对社会和自然负责。这种变化将引发工程师伦理责任问题，并促使基本规范的调整。

5.2.3　工程师伦理责任的基本规范

伦理道德规范是工程道德实践中逐步形成的行为准则，比道德原则更具有指导性和约束力。与职业规范不同，伦理道德规范关注的是在工程活动中的行为规范，而职业规范主要关注胜任工作所需的资格和条件。

在工程活动的三个阶段（选择、论证、决策阶段；组织、实施阶段；验收、检查阶段），学者从系统论的角度进行了分析。基于这三个阶段，工程师伦理责任的基本规范涉及决策规划、计划实施和验收检查等不同阶段。这些规范为工程师提供了指导，确保他们在工程活动中遵循道德准则，包括在决策规划阶段做出负责的决策，在计划实施阶段按照计划进行工作，以及在验收检查阶段确保工程质量。通过遵循这些基本规范，工程师能够更好地履行伦理责任，保证工程活动的合法性、安全性和可持续性。

1. 工程决策中的伦理责任

在工程活动中，伦理责任的核心问题在于工程决策规划阶段的伦理责任承担。这一阶段要求工程师对工程设计和规划进行正确评估，通过系统分析和数据评估选择最优方案，因此必然需要承担相应的伦理责任。

在工程决策中，工程师应遵循三项基本伦理准则。

以人为本：工程师应将人道主义思想作为工程项目建设和规划的指导原则。

他们应关注人类的健康、安全和福祉，确保工程项目对人类的利益最大化。

为社会发展谋福利：工程师应积极促进有益于人类发展的工程项目。他们应该发挥主观能动性，设计和规划对社会有益的工程方案，为社会发展和人类未来谋取福利。

趋利避害责任：工程师需要对工程活动的后果负有趋利避害的责任。在决策时，他们应考虑工程项目对人类利益和社会的影响，避免明显有损公共利益的项目，确保工程活动对人类和环境没有负面影响。

工程师在项目决策中不仅需要具备专业技术能力，还需要具备在伦理困境中做出道德判断和选择的能力。在决策时，将"人类健康、安全和福祉"置于首要位置，对明显有损人类利益或社会的项目应提出建设性意见，并设法拒绝参与。然而，工程师由于受雇于投资人，可能面临对利益的考虑。在这种情况下，工程师应勇敢冒险成为"告发者"，不为利益所动，以维护社会和自然的利益。只有通过这样的行为，工程师才能真正履行其伦理责任，为社会和人类的福祉做出贡献。

2. 工程实施中的伦理责任

技术伦理责任方面，工程师应当关注产品的安全可靠性，并始终坚持安全可靠原则，将产品性能和安全纳入技术设计的考虑范围。工程师还有责任告知公众潜在的不利后果，确保公众对工程安全有知情权。公众的知情同意是工程活动受到监督的前提，因此，开放和透明的沟通有助于建立公众对工程活动的信任。

主体伦理责任方面，工程师在与管理者、工人和同行互动中有责任维护伦理标准。对于管理者而言，工程师应当在决策、管理和监督工程实施过程中保持道德标准，并对决策方案进行评估和预测。对于工人而言，工程师应积极与他们沟通、合作，听取他们的意见并改进方案，充分利用他们的技术知识和创新能力。在与同行合作方面，工程师应遵循诚实、公平和尊重的原则，分享知识和经验，促进行业内的合作和发展。

通过履行技术伦理责任和主体伦理责任，工程师能够在技术创新和产品开发中实现平衡，推动可持续发展，并为人类社会带来更大的福祉。此外，履行这些伦理责任还能建立可靠的合作关系，提高工程质量，树立良好的职业声誉。工程师的伦理责任不仅仅是一种义务，更是对社会和人类的承诺，旨在确保技术的积极影响并最大限度地减少负面影响。因此，工程师应当时刻保持警觉，不断提升自身的伦理意识和责任感，并将其贯彻于工程实践的方方面面，为构建更加可持续的未来做出贡献。

3. 工程验收中的伦理责任

工程产品的合规性在验收和评估过程中非常关键，而工程师在此过程中不仅仅是技术的执行者，更肩负着伦理责任。首要的是，工程师应当本着关爱自然的原则，将自然环境视为评估工程合格性的至关重要的标准。在评价体系中，必须全面考虑经济效益、环境效益和社会效益，将其纳入评估的综合指标之中。这种全面的考虑有助于确保工程不仅仅在技术层面达到要求，同时也对环境和社会产生积极影响。

其次，工程师必须切实遵守职业准则，严格按照规章制度把控产品质量。在这个过程中，工程师绝不能被利益驱使，因为不合格的验收可能会对最终使用者造成严重的伤害。只有严格按照验收标准进行把控，才能确保工程产品的质量和性能符合预期，并避免因追求经济利益而带来潜在风险。

此外，对于技术转移这一特殊情况，工程师在此过程中不仅需要考虑自然和个人伦理责任，还需兼顾新技术在特定社会环境中的适应性。这包括考虑当地的信仰、传统和禁忌等因素，以确保技术的引入不会对社会造成不良影响。在技术转移的过程中，工程师要以综合性的视角审视其行为，既要推动技术进步，又要确保新技术与社会价值观相协调，实现可持续的发展。这种全面的伦理考虑是工程师在面对工程产品合规性时不可或缺的一部分。

5.2.4　工程师伦理面临的困境

1. 工程师责任泛化和责任追究困难

近年来我国工程领域曾发生过重大安全事故，这一现象引发了对从业人员素质和专业技术能力的关切。研究发现，工程活动通常是一个团队合作的过程，需要团队进行决策和协商，确定责任时存在困难。现代工程技术的复杂性使得预测社会后果变得困难，而责任的归结和分配也具有挑战性。个体行为的聚合效应和工程项目的组织结构使得个人责任难以明确定义。此外，在复杂的技术环境下，以事后追究个别过失者或责任人为导向的责任观念面临困难。在这种情况下，需要更系统和综合的方法来处理工程责任问题。这可能包括借助先进的技术和管理手段，以及更为细致入微的法规和标准，来更有效地确定和分配责任。同时，建立完善的团队协作机制，强化团队责任感，这也是提高工程责任认知和执行的关键。

教育和培训是提高工程从业人员伦理责任认知水平的重要途径。工程师应该接受伦理责任的教育，了解在决策和行动中应考虑的伦理因素，包括产品安全、公众利益、社会影响等。同时，强调团队合作和沟通的重要性，以及与管理者、工人和同行之间的伦理责任关系，也是必要的。这种教育应该贯穿工程从业人员的整个职业生涯，并与技术培训相结合，以确保工程师具备全面的素质和能力。综合应用技术、管理、法规和伦理等多个层面的措施，可以提高工程从业人员的伦理责任认知水平,预防安全事故的发生,并推动工程行业的可持续和安全发展。这需要各方共同努力,包括政府、工程教育机构、工程企业和工程师自身,共同推动伦理责任教育的实施,并建立起一个培养和强化工程伦理责任意识的体系。只有这样,才能更好地保障工程活动的安全性和社会的可持续发展。

2. 工程师个体伦理意识缺失及影响因素

工程师的伦理责任履行应该是一种主动自觉的过程,而非仅仅依赖外在力量的强制。道德自律意味着工程师内在地认可道德行为对个人利益和需求的重要性。然而,实际情况中确实存在工程师伦理意识缺失的问题,包括蓄意欺骗、信息压制、不履行公众知情权等行为。这些行为的发生可能是由于各种因素的影响,如外界社会压力,缺乏刺激和挑战性的工作环境等。解决这些问题需要采取综合措施。

首先,伦理教育是至关重要的。通过加强伦理教育,可以提高工程师的伦理意识和责任感,使其更加自觉地履行伦理责任。这包括在工程教育中强调职业道德和伦理规范,培养工程师的道德观念和职业道德意识。其次,组织文化建设也是关键。建立积极的组织文化,鼓励员工诚实守信,可以有效地推动伦理责任的履行。组织应该倡导诚信和透明的价值观,并为员工提供良好的道德引导和激励机制。再次,监管机构的有效监督和严格执法也是防范伦理缺失的重要手段。监管机构可以制定明确的法律规范和监管标准,为工程师提供明确的行为规范,并对违反伦理责任的行为进行惩罚。最后,社会整体环境的影响也不可忽视。社会的道德水平和价值观对个体的行为具有重要的引导作用。因此,全社会都应该共同努力,通过教育体制改革、职业伦理教育和培训、宣传职业道德规范以及加强社会监督和法律法规的制定与执行等方面的努力,共同创造一个促进工程师道德行为的良好环境。

解决工程师伦理责任缺失的问题需要综合考虑伦理教育、组织文化建设以及监管措施等方面。只有通过全社会的共同努力,才能提高工程师的伦理水平,并最大限度地减少伦理责任缺失的发生。

3. 政府、企业权利主导性对工程师伦理的影响

目前,工程师伦理责任规范存在一系列问题。这些问题包括规范内容不够全面、划界不清以及伦理章程的作用有限等。解决这些问题需要从工程师自身、规范内容和教育等多个层面出发。

首先,需要明确规范的内容,使其涵盖全面的伦理原则和责任要求。这样可以为工程师提供明确的伦理指导,使其在实践中能够清晰地了解应遵循的伦理标准。同时,规范的划界和标准的统一也十分重要。行业内的合作和协商可以制定出更为普适和一致的伦理准则,以适应不同领域的需求。其次,强化伦理教育非

常关键。通过加强伦理教育，可以培养工程师对伦理责任的认知和自觉理性。这需要在工程教育中强调职业道德和伦理规范，培养工程师的道德观念和职业道德意识。除此之外，还可以通过持续的职业培训和伦理讨论等方式，提高工程师对伦理责任的理解和应对伦理困境的能力。再次，政府在权力行使上的透明和公正也至关重要。政府应该建立起有效的监督机制，确保权力的合理行使，并对违反伦理责任的行为进行严肃处理。这样可以减少政府权力对工程师伦理实践的不正常影响，增加工程师在实践中的自主性和责任感。最后，全社会都应该共同努力，加强对伦理规范的宣传和推动。这包括企业、政府和从业人员都应更加注重伦理原则的遵循。通过宣传伦理准则、加强伦理教育和提高社会对伦理问题的关注，可以促进整个工程领域的健康发展。

综上所述，解决工程师伦理责任规范存在的问题需要从多个层面共同努力。通过明确规范的内容、强化伦理教育、加强监督机制和全社会的参与，可以建立起更为完善、普适和具有指导性的伦理准则和责任规范，促进工程师对伦理责任的理解和履行。

5.3　工程师职业伦理实践困境的对策

5.3.1　完善伦理责任准则

1. 推进伦理章程法治化建设

法律规范在工程领域的作用至关重要。因此需要加强工程伦理相关法律法规的建设，以提高工程行业的伦理水平，确保工程师在实践中承担伦理责任，并为追究责任提供明确的法律依据。

在推进伦理章程法制化建设方面，需要政府和相关部门加强对工程伦理相关政策法规的研究。通过科学的研究和分析，可以制定适应工程发展需求和技术变革的伦理责任法规。这样可以确保法规的实施与工程发展的步伐相适应。此外，完善法律体系也是重要的一步。借鉴国际成功经验，结合中国工程领域的实际情况，制定科学、实用和现实的工程伦理责任法律法规。这需要细化规定伦理责任的各个方面，使法规更具可操作性。同时，对于已得到业界认可的伦理责任章程，可以考虑将其上升为具有法律效力的伦理章程，以进一步强化伦理规范的约束力。

除了法律法规建设，还应注重宣传和培训、建立监督机制、行业组织和专业协会参与以及国际合作与交流等方面。通过宣传和培训，可以提高从业人员对伦理责任的认知和理解。监督机制的建立可以确保法规的有效执行和对违规行为的追究。行业组织和专业协会可以发挥重要作用，促进工程伦理责任的倡导和实践。

国际合作与交流可以借鉴其他国家和地区的成功经验,共同推动工程伦理的发展。

总之,加强工程伦理相关法律法规的建设对于确保工程师在实践中承担伦理责任至关重要。这需要政府和相关部门的积极参与,借鉴国际成功经验并结合中国国情和工程领域特点,推动伦理章程法制化建设。同时,还需要注重宣传和培训、建立监督机制、行业组织和专业协会参与以及国际合作与交流等方面的综合措施,以提高工程行业的伦理水平和伦理责任的履行。

2. 加强伦理道德规范建设

如果说法律规范是外在约束,那么道德规范便是内在约束。在工程行业中,确立明确的伦理准则对工程师承担伦理责任至关重要。类似于美国工程师协会提出的五大基本准则,这样的准则帮助工程师明确其职业责任和行为准则,引导他们在工作中遵循道德原则,从而保护公众的安全、健康和福祉。除了明确的伦理准则,建立良好的道德环境同样至关重要。强化伦理规范建设有助于塑造工程师对良好道德的意识和追求崇高道德品质,激发工程师自觉承担伦理责任。社会和行业应该提供一个支持和激励工程师履行伦理责任的外部环境,鼓励并奖励诚实、诚信和专业的行为,并制定相应的惩戒机制以确保伦理规范的有效约束和引导。法律规范和道德规范在工程伦理责任中都发挥着重要作用。法律规范作为外在的强制力,为工程师提供了明确的行为规范;而道德规范则是内在的导向力,通过强化伦理准则建设和创造良好的道德环境,促使工程师更好地承担伦理责任,推动工程行业的可持续发展和进步。

5.3.2 完善评价体系

工程评价体系的建立是通过对工程的单元项目进行评价,从而达到对整个工程的有效管理和控制,实现建设目标。对工程项目的评价经历了一个长期的发展过程,从评价内容上看主要包括工程项目绩效评价和工程项目社会评价。

1. 工程项目绩效评价

在资本主义初期,私人资本投资主导了大部分工程项目,其核心目标是追求利润最大化。因此,工程项目评价体系着重关注如何实现最大化的经济利润,并基于一个假设,即经济环境在政府自由放任政策下处于完全竞争状态。这一时期的评价体系主要侧重于经济效益,而其他方面的影响因素较少受到关注。

在我国计划经济时期,工程项目评价体系经历了转变。评价的重点逐渐从追求经济利润转向对实际施工的技术方案可行性的评估,强调了工程技术目标的达成。在这个时期,政府在工程项目中扮演主导角色,项目评价更多关注于实现国家计划和战略目标。改革开放后，我国逐渐转向市场经济体制，这导致了工程项目评价体系的再次调整。评价的焦点逐渐从技术方案转向了财务评价。经济学家开始参与项目投资决策分析，强调资源的优化配置和社会福利的改善。费用效果分析和费用效益分析等经济分析方法逐渐成为评价体系中的重要工具。

然而，随着市场经济的发展，工程界存在多种项目评价模型，这些模型大多关注自身组织和客户的利益。例如，关键绩效指标（key performance indicator，KPI）评价体系虽然包含了安全指标，但更加关注工程进度、生产率和利润率等指标。这反映了在市场竞争中，企业更加关注项目的经济效益和效率，而其他方面的因素相对次要。因此，工程项目评价体系在不同时期受到了经济体制、市场环境和主导利益等因素的影响，其重点逐渐从经济利润、技术可行性向财务评价等方向转变。在今后的发展中，应综合考虑经济、社会、环境等多方面的因素，建立更为综合的项目评价体系，以更有利于可持续的工程发展。

2. 工程项目社会评价

20 世纪 30 年代的经济大萧条迫使各国政府介入经济事务，经济学家开始将社会效用、资源配置和社会福利纳入项目评价范围。20 世纪 80 年代后，各国加强对建设项目宏观评价研究，重视社会评价和综合评价，特别是大型建设项目，注重环境保护和可持续发展，并制定了国际标准。

我国已初步建立了工程项目社会评价体系，主要包括相互适应性分析、社会影响性分析和社会风险性分析。相互适应性分析考察项目与当地社会环境的适应关系。社会影响性分析从国家、地区和项目层面评估项目对社会环境和经济的影响。社会风险性分析识别和排序可能影响项目的社会因素，预测潜在风险并提出预防措施。例如，在大面积房屋项目中，需要分析住户安置和补偿问题，以避免引发社会抵触情绪和项目风险。这些评价方法旨在以人为本，综合考虑社会影响、相互适应性和社会风险，以确保项目与社会环境的协调发展，最大限度地实现预期的社会效益。

不论是工程项目的绩效评价还是社会评价，在实践中仍然存在一些问题，需要更为完善的评价体系，对工程项目进行综合评价。一些改进的方向和考虑包括如下内容。

（1）扩大评价范围。目前我国的评价范围相对有限，应该在现有基础上进一步扩大，涵盖更多类型的工程项目。除了大型和特大型项目，还应考虑中小型项目的评价，因为它们对当地经济和社会发展同样具有重要影响。

（2）综合考虑各方面因素。评价体系应该综合考虑经济、社会、环境等方面的因素，确保项目在各个层面的综合效益。除了经济效益，还应关注社会效益、环境效益、可持续性等因素，以实现项目的可持续发展和社会责任。

（3）提高客观性和准确性。评价体系应该追求客观性和准确性，摆脱对经济利益的过度追求。评价应基于科学的方法和数据，确保评价结果能够真实反映项目的实际情况和潜在影响。同时，评价过程应透明公正，减少主观性和潜在的利益冲突。

（4）强化社会效益导向。评价体系应更加注重项目的社会效益和公益性质。社会评价应关注项目对社会公众、当地居民和其他利益相关方的影响，确保项目符合社会发展需求，促进社会公平和公正。

总之，为了更好地管理和控制工程项目，需要不断完善评价体系，并确保评价过程的客观性、综合性和社会效益导向，以实现工程项目的可持续发展和社会效益最大化。

5.3.3　加强伦理责任教育

工程伦理责任教育是一个终身教育过程，包含两个层次的内容。

首先是一种前期的伦理责任教育。对于高校大学生而言，需要培养未来工程师在工程实践中完成任务所需的能力。这包括专业基础知识和职业道德品质的培养。学生应该学习并理解专业道德准则、职业行为规范，以及工程实践中的伦理问题和挑战。他们应被教育和引导，以养成正确的职业道德观念和行为习惯，为日后的工程实践做好准备。

其次是一种后期的伦理责任教育。对于已经从业的工程师而言，主要对他们进行风险防范教育和环境伦理责任教育。工程师需要了解和应对工程实践中的风险和安全问题，并学习如何进行风险评估和管理。此外，他们也应该接受环境伦理责任教育，以理解和应对工程活动对生态环境的影响，并采取措施保护环境和促进可持续发展。

通过这样的伦理责任教育，工程师可以不断提升自己的伦理意识和责任感，确保在工程实践中遵循道德准则，保护公众利益，确保工程的安全性、合法性和可持续性。

1. 对大学生进行职业伦理责任教育

责任教育是践行工程师伦理责任的重要途径。工程伦理责任教育是不可或缺的，高校应该紧密围绕工程师这一职业，加强对学生专业知识和伦理责任的教育。具体可以采取以下措施。

（1）纳入德育目标考核体系。将工程伦理责任教育纳入德育目标考核体系是确保高校对大学生进行全面教育的重要手段。通过设立明确的德育目标和考核指标，高校可以将工程伦理责任教育纳入学生综合素质评价的核心要素。这有助于高校更加重视工程伦理责任教育,将其融入教育教学的全过程,提高学生的伦理素养。

(2)开设工程伦理相关课程。设计专门的工程伦理相关课程,培养大学生的责任认知能力。这些课程可以涵盖工程伦理的基础知识、案例分析、伦理决策等内容,为学生提供系统的工程伦理教育。通过课程设置,可以促使学生在工程技术和伦理素养方面取得平衡发展,培养工程师的人文素养和伦理意识。

(3)加强社会实践。通过加强大学生的社会实践,培养工程道德实践能力。社会实践是将工程伦理责任教育与实际工程活动相结合的重要方式。通过参与工程实训、科研项目和社会调研等实践活动,学生可以亲身体验工程活动中的伦理困境,并通过自我实践和思考来提高道德实践能力。高校应提供相应的实践机会和支持,帮助学生在实践中积累工程伦理经验,加强工程伦理责任的内化和培养。

2. 对工程师进行社会伦理责任教育

社会教育在塑造道德规范、建设文明社会和倡导工程师的正确伦理道德观方面起着重要作用。工程师的社会伦理责任教育应重点关注工程伦理风险和道德选择的培养。工程伦理风险具有不可预测性,涉及人类、自然和社会的利益,因此,提高工程师的工程伦理风险意识和伦理责任感至关重要。社会舆论监督和公众评价可以确保工程师在良好的社会经济和科技创新环境中切实履行和承担伦理责任。舆论监督通过提高公众参与度、借助大众传媒等手段和组织内部的相互监督,培养工程师的责任感和承担伦理责任的自觉性。

社会评价机制是一种有效且直接的方式,用于评估工程师履行和承担伦理责任的程度。社会评价是指公众、组织或个人对工程师履行伦理责任的评估,这种评价可能具有客观性,也可能带有一定的倾向性,可以是正面的,也可以是负面的。通过这种评价,工程师可以了解符合社会要求的负责任行为,并树立承担工程伦理责任的意识。在社会主义市场经济体制下,应该正确引导工程师的利益观和物质观,并建立一套工程师承担伦理责任的奖惩制度。一方面,工程师职业组织应该表彰那些在工程实施中表现突出、在伦理行为方面树立典范的工程师,并给予实质性的奖励。另一方面,对于那些在工程项目中不负责任、表现较差的工程师,应该予以一定的惩罚,例如吊销工程师职业资格、解除工程师职位等。通过这样的奖惩制度,可以增强工程师承担责任的意识,使他们自觉地履行伦理责任。

参 考 文 献

何放勋. 2008. 工程范畴的历史演变与工程师伦理责任教育. 高等工程教育研究, (1): 39-43.

茅以升. 1984. 茅以升文集. 北京: 科学普及出版社.

韦伯 M. 2020. 新教伦理与资本主义精神. 林南译. 南京: 译林出版社.

第6章 信息与网络安全伦理

6.1 信息与网络安全对社会的影响

随着互联网的飞速发展,信息作为一种无形的资源,被广泛应用于政治、军事、科研等各个领域,其重要性与日俱增,但随之而来的安全性问题也越来越多。网络信息安全是一个广泛而抽象的概念,所谓信息安全就是关注信息的安全,以防偶然的或未授权者对信息的恶意泄露、修改和破坏,从而导致信息的不可靠或无法处理等。互联网与网络安全引起了人们的生产和生活方式以及思想观念的巨大改变,对社会发展也产生了深刻的影响,自此,人类赖以生存的社会场域已经发生了翻天覆地的变化。

近年来,我国信息产业发展迅速,通信网络规模和电子信息产品制造业综合实力发生了质的飞跃,信息技术的应用范围不断扩大,以 5G、大数据、区块链、互联网、智能制造和人工智能等为主要代表的数字技术蓬勃发展。网络用户与日俱增,互联网产业及互联网企业成长迅速。截至 2024 年 6 月,我国互联网普及率达 78.0%,网民规模达到 10.9967 亿人,图 6-1 为近几年来我国互联网网民规模及互联网普及率发展情况图。网络和信息资源已经成为重要的生产要素,在促进经济发展、促进产业结构升级和提高居民生活水平等方面都发挥出了重要作用。

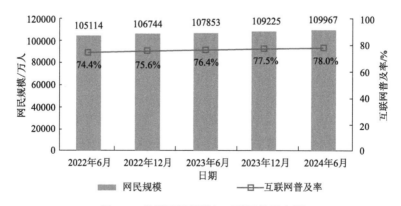

图 6-1 我国网民规模与互联网普及率图

资料来源:第 54 次《中国互联网络发展状况统计报告》

与此同时，互联网作为一个开放的信息平台，全世界任何团体和个人都可以在网络上方便地获取和传送各种各样的信息，由此带来的网络信息安全问题也日益突出。互联网出现以来，各类网络信息安全犯罪屡有发生，从事违反道德和法律的计算机犯罪和黑客攻击网络的行为时有发生，对各国主权、安全和社会稳定造成了威胁。此外，在大数据时代，信息多以邮件、聊天等方式传播，垃圾信息传播不断出现，造成电信诈骗、盗取机密、政治误导等严重后果，这些信息错误不但可能会对使用者的价值观念产生影响，也带来用户和国家信息泄露的风险。信息与网络安全关系到国家总体安全，关系到每个网民的个人利益，已经成为国家安全管理的重要内容。

信息与网络安全问题出现的原因主要包括用户信息安全意识薄弱、计算机网络存在漏洞、网络管理制度不规范以及黑客入侵等方面。首先，用户在使用计算机的过程中会应用到相关软件，软件的使用会留下痕迹，这些痕迹很有可能会造成网络信息安全问题，给不法分子留下可乘之机。因此，不仅要加强用户的信息管理，还要加强痕迹清理，如果信息管理人员或用户的安全意识薄弱，将会产生严重后果。其次，计算机在连接共享网络时，非常容易受到病毒威胁导致机密信息泄露问题，会给计算机网络安全带来安全隐患。根据工业和信息化部网络安全威胁和漏洞信息共享平台的数据，2024 年上半年，共收集整理信息系统的安全漏洞 20548 个，其中新增安全漏洞 11075 个，高危漏洞 4787 个。最后，黑客是专门从事计算机犯罪的人群，在各国的严厉打击下仍然存在着不少黑客。黑客的攻击对网络信息造成了破坏，甚至会造成系统的瘫痪，还有各类钓鱼网站的频频出现，更加说明了网络管理系统和网络管理制度存在不足。只有建立完善的网络信息管理制度来保障计算机网络信息安全，才能保护用户的个人隐私和财产安全。

2011 年，美国国防部发布了《网络空间行动战略》，这一战略明确提出将网络空间与陆、海、空、太空并列为五大行动领域。党的二十大报告指出，"健全网络综合治理体系，推动形成良好网络生态"（习近平，2022）。我国作为一个拥有超 10 亿网民的现代化网络大国，必须将网络信息安全完全纳入国家安全层面进行战略考量。习近平总书记指出，"没有网络安全就没有国家安全，没有信息化就没有现代化"；"当网络空间成为国家继陆、海、空、天之后的第五疆域，保障网络空间安全就是保障国家主权"；"网络安全和信息化是一体之两翼、驱动之双轮，必须统一谋划、统一部署、统一推进、统一实施"；"做好网络安全和信息化工作，要处理好安全和发展的关系，做到协调一致、齐头并进，以安全保发展、以发展促安全，努力建久安之势、成长治之业"（人民日报，2019）。信息与网络安全的重要性不言而喻，我国已经采取了政府、企业等多方主体协同管控的方式来应对网络信息安全问题。与此同时，各高校增设网络安全专业，加快网络安全人才机制来满足网络行业的发展需求。总之，没有网络安全就没有国家安全，筑牢国家网络安全屏障是网络风险防控的必然要求。

6.1.1 信息与网络安全的特点

互联网的问世是 20 世纪人类社会的一个重大创新成果,之后的几十年,互联网的发展触角基本遍及了世界的每个角落,带来了革命性的影响,主要源于网络和信息的以下四个特点。①互联网是全新、全方位开放的新型大众媒体,网络被视为报纸、广播和电视后的"第四媒体",主要表现在网络容量的无限性、传播的双向性、空前开放性和相对平等性以及传播手段的多样性。②网络拥有超强的扩张速度,使用人数达到 5000 万人的媒体才能称为大众传媒。这一标准的实现,广播用了 38 年,电视用了 13 年,而互联网只用了 5 年时间。③网络信息具有开放性与共享性,互联网具有天然的低成本、大范围的信息传递功能,人们可以通过网上论坛、通信软件、电子邮件、新闻组等方式向众多网民传播信息。④网络信息具有可操作性及脆弱性,网络信息缺少权威性和公信力。任何人都可以在网络上发布信息,甚至成为具有一定影响力的"网红"。网络的走向越来越趋于平民化的同时,存在部分别有用心的个人和组织在网络上发布假消息,制造假新闻等,进一步引发了网络信息安全问题。

信息与网络安全是一个国际性、多领域、技术性和长期性的问题。相关的概念主要包含"信息安全"、"网络安全"及"网络空间安全"。其中信息安全的保护对象是信息及其系统,包括信息设备安全、内容安全、数据安全和行为安全。网络安全适用于设备的安全,涉及设备、服务或应用及最终与用户相关的管理活动的安全,以及通信链路的传输安全。由此,"信息安全"问题主要基于"信息","网络安全"基于"网络",网络安全是基于信息安全新挑战所提出的概念,更加倾向于网络系统中的数据是否遭到破坏、泄露和更改,以及系统是否能正常运行。网络空间安全指的是保护信息的保密性、可用性及完整性,2020 年发布的 ISO/IEC TS 27100:2020 中的技术规范指出,网络空间安全是要保护人民、社会、组织以及国家免受网络风险,意味着要将风险保持在一个可容忍的水平。随着技术的变革和时间的推移,网络空间所代表的范围已经远远大于传统的网络的概念,还包括各种信息网络,如物联网和工控网。网络空间拥有了和陆海天一样的全球空间性质,是国家安全的重要组成部分。

网络安全根据其本质的界定,应具有完整性、保密性、可用性、不可否认性和可控性这五大特征。从用户的角度,他们希望涉及个人和商业的信息在网络上传输时受到机密性、完整性和真实性的保护,避免其他人或对手利用窃听、冒充、篡改、抵赖等手段对自己的利益和隐私造成损害和侵犯。从网络运营商和管理者的角度来说,他们希望对本地网络信息的访问、读写等操作受到保护和控制,避免出现病毒、非法存取、拒绝服务和网络资源的非法占用和非法控制等威胁，制止和防御网络黑客的攻击。由此，对网络安全提出了具体要求。

（1）完整性。是指信息在传输、交换、存储和处理过程中保持非修改、非破坏和非丢失的特性，即保持信息原样性，使信息能正确生成、存储、传输，这是最基本的安全特征。

（2）保密性。指信息按规定要求不泄露给非授权的个人或实体，或提供其特征，即杜绝有用信息泄露给非授权个人或实体，强调有用信息只被授权对象使用的特征。保密性是在可用性和可靠性基础之上，保障信息安全的重要手段。

（3）可用性。指网络信息可被授权主体正确访问，并按要求能正常使用或非正常情况下能恢复使用的特征，即在系统运行时能正确存取所需信息，当系统遭受攻击或破坏时，能迅速恢复并能投入使用。可用性是衡量网络信息系统面向用户的一种安全性能。

（4）不可否认性。指通信双方在信息交互过程中，确信参与者本身，以及参与者所提供的信息的真实同一性，即所有参与者都不可否认或抵赖本人的真实身份，以及提供信息的原样性和完成的操作与承诺。

（5）可控性。指对流通在网络系统中的信息传播及具体内容能够实现有效控制的特性，即网络系统中的任何信息要在一定传输范围和存放空间内可控。除了采用常规的传播站点和传播内容监控这种形式外，最典型的如密码的托管政策，当加密算法交由第三方管理时，必须严格按规定实现可控性。

保密性、完整性和可用性是信息安全的三大要素。

此外，网络安全还具备以下特点。①网络安全是一个复杂的系统，不仅包括技术问题，还涉及安全管理、法律约束等管理问题。②网络安全是多等级、多层次的，不同层次和等级有着不完全相同的网络要求，因此也需要采用不同等级和层次的手段进行安全防护。③网络安全是动态变化的，服务和应用的改变需要相应的安全技术支持，因此总是会对网络安全提出新的要求。④网络安全是相对的，而不是绝对的，正如黑客现象在一定程度上加速和推进了网络技术和网络安全系统及管理制度的演变一样。安全防护手段并不能保证网络的绝对安全，其作用在于尽可能地防护和降低损失，无法杜绝所有的侵扰和破坏。

大数据时代下，信息安全还有着规模安全、隐性安全和跨越安全等特点。首先，网民在网上的所有行为都会成为数据，规模安全就是在巨大信息规模下的安全问题。由于信息数量庞大，通过互联网对汇集在一起的数据进行整体操作，大大增加了信息安全风险的规模，与传统的信息安全相比，大数据时代下的网络信息安全规模更大，危险程度也更深。此外，由于网络是虚拟的，因此网络安全问题也是隐形发生的。典型例子就是"病毒"和"木马"都是一段看不见摸不着的代码，却对网络信息安全起着重要的影响作用。最后，大数据也加快了全球化的进程，资源共享、信息共享的全球化也带来了跨越性的安全问题，如果不加强信息安全保护，就有可能对整个国家，乃至全球的经济发展带来影响。

6.1.2　信息和网络带来的社会变革

网络时代带来了虚拟世界的快速扩展，网络不仅渗透到政治、经济、文化、社会交往和国家安全等各个领域，更重要的是掀起了一场深刻的社会变革。随着信息化时代的到来，网络与人们的日常生活息息相关，信息网络的普及彻底改变了人们的消费、出行、娱乐等方式，互联网带来方便快捷的同时也产生了很多负面影响和冲击，需要加以重视和管理，否则会影响人们的身心健康和经济、社会效益，甚至给国家安全带来威胁。

（1）经济方面。在网络时代，一个最深刻的转变就是数字化，信息作为最重要的资源，不论对于商务成本的降低、集约化水平的提高，还是对于产业结构调整、管理体制改革均产生了深刻的影响。信息的流通在很大程度上减少了信息不对称带来的供求问题，信息和网络按照每个消费者的特殊需要生产个性化的产品，大大解决了有效需求不足的问题，从而带来了传统的企业生产和经营战略的根本改变。据国家统计局数据，2024 年上半年，我国网上零售额达 70991 亿元（国家统计局，2024）。据中商情报网数据，截至 2024 年 6 月，我国网上外卖用户规模达 5.53 亿人（观研天下，2024）。我国已经涌现出了一大批新的"互联网+"商业发展模式和互联网独角兽企业，互联网平台成功推动消费新发展，助力构建发展新格局。

社会经济对网络信息的高度依赖也存在一些负面影响，网络的安全是经济平稳运行的基础，国际上围绕信息获取和控制的斗争愈演愈烈，"信息控制权"成为国家竞争能力的体现。良好的网络安全体系能够避免国家处于经济金融风险和信息战的威胁和不利地位中。另外，网络交易的便捷性也致使人们不顾及自身经济水平而疯狂消费，引发不良网贷、网络诈骗等金融问题。由此看出，国家经济的运行与网络安全紧密相关。

（2）政治方面。网络是一种新的资源，更是一种政治资源和政治影响力。互联网在政府和人民群众之间打开了有效的沟通渠道，网络民主更具有平等性、直接性和快速性。网络政务处理不仅降低了管理成本，还提高了政府的事务处理能力及运转效率，推动了政府管理模式向服务型管理的转变。《美国电子政务考察报告》显示，1992—1996 年，美国在电子政务方面员工减少了 24 万人，简化了 3.1 万多页行政法规，关闭了近 2000 个办公室（电子政务网，2012）。我国近年来也积极推动互联网政务服务工作，着力打造"数字政府"和全国一体化政务服务平台。

网络发展给政治带来的挑战主要体现在政治制度、意识形态、国家主权以及传统政治秩序四个方面，涉及网络信息下的政治渗透等问题，网络技术被一些国家用作政治领域斗争的一个主要武器，这些国家利用高科技手段从他国窃取资料，甚至引发意识形态冲突。此时，网民无意中成为其情报源。随着全球化浪潮的到来，信息霸权对国际社会的和平与稳定构成新的威胁，民族主义、恐怖主义以及不同文明间的差异成为政治安全的主要威胁。信息成为一些西方强国宣传其意识形态、价值观念、政治思想和文化的重要载体。

（3）文化方面。信息和网络的发展催生了新兴的文化形态，网络文学、网络游戏、网络影视和网络动画等逐渐走进了大众的视野，方便快捷的网络信息依托高效的信息传播，拓宽了人们获取信息的途径，缩短了文化的距离，从而有助于人的知识、智能以及经验的积累，也为文化繁荣和文化交流提供了一个平台。

但是，由于短时期内可能会收到爆炸性的信息和消息，人无法及时区分信息的真假，从而造成垃圾信息和谣言遍布的局面。作为一个开放的平台，互联网在加速各国文化相互融合的同时，也带来了令人担忧的文化入侵，网上消极颓废的信息与健康信息鱼龙混杂，黄色页面随处可见，这将会对人们的思想和是非观念产生冲击，引起道德意识下降和社会责任感弱化以及社会伦理问题。网络不是法外之地，不仅需要广大网民提高警惕和具有辨别是非的能力，还需要加强网络监管，坚决抵制低俗不良和有害的网络文化，尤其要为青少年思想价值观的正确树立提供一片网络净土。

（4）社会交往方面。互联网正在改变着整个社会的交往方式，在拓展交往领域、提高交往效率和扩大交往范围方面起到了不可替代的推动作用。网络视频、网络直播、即时通信的流行极大地丰富了人们的沟通和交往方式。根据腾讯控股发布的 2024 年第三季度财报，微信及 WeChat 的合并月活跃账户数已达到 13.82 亿（ITbear，2024），线上交流的方式尤其受到年轻群体的欢迎。

网络发展也给社会交往带来了一些负面影响，造成了"网络困境"，这成为影响现实社会秩序发展的重要因素。伴随着线上线下的高度融合，信息网络带来了一个更加深刻的问题，即对已有的道德伦理的挑战。互联网是一个具有隐匿性、开放性的数字空间，网络技术的特性为人类本性的释放提供了完美的"遮羞布"。

互联网技术与人性结合引发的社会秩序问题早已显现，在网络平台下，人们一方面享受着互联网发展带来的便利，进行着情感交流和宣泄，使网络成为他们的一片精神"栖息地"；另一方面，人们还面临着网络犯罪猖獗，网络谣言、网络过度依赖、网络诈骗、网络色情等网络带来的社会问题。信息安全与信息可以自由获取之间的矛盾冲突、信息公开与保护个人隐私之间的矛盾冲突、知识开放共享与知识产权保护之间的矛盾冲突，必然会引发人们对工业文明价值观的质疑和思考。必须要完善信息管理制度，规范网络行为，从而形成新的、正确的道德和伦理观念。

（5）国家安全方面。数字化的信息系统是一个复杂的庞大系统，网络信息安全技术是保护国家安全的重要武器。根据国家互联网应急中心的数据，我国互联网仍存在着很多安全威胁和网络攻击。根据《2020 年上半年我国互联网网络安全监测数据分析报告》，2020 年上半年我国约 7.4 万个网站遭篡改，被篡改的政府网站有 318 个（国家互联网应急中心 CNCERT，2020）。

由于信息网络系统的逻辑、协议和接口的繁杂，部件与程序设计也可能存在漏洞，需要不断地打"补丁"，这也为黑客攻击留下了隐患，给国家网络安全带来了极大的风险。信息战是国家网络安全的一个重点关注对象，是基于对当前技术脆弱和信息技术的依赖而实施的，主要表现为通过操纵和破坏计算机网络，对敌方的电网、国家资金系统等系统进行打击。网络安全同样也是应对信息战的重要武器。

网络环境的复杂和多变性以及信息系统的脆弱性决定了网络安全威胁问题的客观存在。随着我国不断扩大开放及经济全球化的推动，加强网络安全监管，建立网络安全保护屏障成为必然选择。人们越来越认识到信息安全问题涉及国家的国防安全和政治安全，同时涉及国家的经济安全和金融安全。可以说，在信息化的社会里，信息安全的保障就是国家安全的重要屏障。

6.2　网络安全问题

6.2.1　常见的信息与网络安全伦理问题

利用网络空间的优势，在政治、经济、军事、文化、舆论等领域享有话语权，服务于国家间的竞争与对抗，已成为国际社会的普遍做法。近年来，国际社会种族冲突、地区争端、意识形态对抗频繁发生，一再证明网络空间已成为掌握国际社会主导权、展示国家综合实力的重要体现。

随着信息技术的发展和应用，网络犯罪越来越多。据最高人民检察院 2024 年 12 月 5 日新闻发布会消息，2024 年前三季度，全国检察机关起诉电信网络诈骗犯罪 4.7 万余人、与电诈"洗钱"密切相关的帮信罪 6.5 万余人（袁瑜晨，2024）。

即使各国陆续出台了若干法律法规，网络安全还是存在着很多问题和风险，仍然存在很多不确定因素，每天依旧发生着大大小小的"安全事件"。网络行业从业人员除了遵守国家法律法规以外，还需要重视信息与网络安全伦理的问题。

1. 软件编程工程伦理问题

软件编程工程伦理是个复杂的问题，存在着方方面面的因素。软件编程中常常遇到的问题是安全漏洞，安全漏洞的产生通常都是在软件设计、编程实现阶段遗留下来的，如果软件测试阶段没有成功检测到并解决安全漏洞，就为软件正式运行留下了安全隐患，可以为黑客或者不怀好意者所发现和利用，从而给所在单位造成网络安全损失。

许多软件公司都采用了过程管理方法，针对不同的编程语言制定了编码标准和测试标准，在一定程度上提高了软件工程的成熟度和控制力度，但软件工程是一种新的经济模式，不同于传统的工厂流水线，软件模块的设计和编码结果依赖于程序员个人的独立思考，软件开发公司很难控制程序员内部的思维逻辑，从而造成只能尽量降低软件漏洞出现的概率，而不能完全避免，包括国际知名公司如微软、苹果都不能保证其软件结果没有漏洞。

站在工程伦理角度上讲，安全漏洞可以分为程序员故意设置的后门、设计开发不严谨无意中留下的隐患、引用第三方开源软件或代码产生的漏洞等。

故意设置后门，在业内也很常见，可能是利益驱使，也可能是出于仇怨、报复、经济、军事、政治等原因，例如，在微联数据库被删除事件中，微联公司负责运维的程序员在离职后通过预置后门将数据库删除，导致大面积的服务集群无法响应，生产环境和数据被破坏。微联数据被删除，店铺无法访问被迫关闭，店主遭受重大损失，事情发生后，微联蒸发市值十多亿港元。此外，美国中央情报局（CIA）还在加密设备中隐藏了一个后门，以实现全球监控。据外媒报道，至少从 20 世纪 90 年代开始，美国联邦调查局就一直通过控制瑞士加密设备制造商 CRYPTOAG 来解密数据，该公司为世界许多国家的外交和军事机构提供硬件设备。但它也可以在加密设备中内置后门，让美国中央情报局及其德国合作伙伴德国联邦情报局（BND）在需要时解密加密通信或机密文件。

考虑到由粗心设计和引入第三方软件而导致的软件漏洞，很可能是由工作懈怠、粗心大意、逃避责任、风险转移和侥幸造成的。还需要从工程伦理的角度进行宣传，确保软件开发过程中质量意识的统一。在集成测试阶段，需要通过提高技能、加强培训、使用漏洞发现工具等技术手段发现并解决问题，尽可能降低漏洞产生的概率。

2. 漏洞及安全工具使用的问题

安全工具也是程序员根据一定的安全特性，比如软件 bug，针对一些需要而开发的安全软件，通常这些安全工具的开发水平非常高，需要程序员具备非常高的软件编程技能和全面的网络安全知识。还有一些使用 1Day 或 NDay 开发的工具，它们通常很昂贵。另外，也有一些根据网络安全协议特性开发的通用安全工具，如网络扫描器，它可以被所有网络安全管理人员用作日常运维管理工具等。上述常见的安全工具通常可在互联网上下载和使用。

网络安全工具就好像是一枚硬币的两面，一面可以为人们的生活带来便利，另一面却可以使人们的生活陷入危险之中。行业内的企业一般对工具的安全管理十分严格，严格限制其在正规渠道销售和应用，然而还是有很多相关安全工具在黑市上流通。黑市流通中的零日漏洞和安全工具对全球信息基础设施构成巨大的安全威胁。2017 年 4 月，美国中央情报局的网络武器库被泄露，给全球信息系统造成了极大的危害和损失，针对"永恒之蓝"漏洞的勒索软件就是其中的典型工具之一。

网络安全漏洞的出现和网络安全工具的使用，使得很多工具使用场景都超出了研发人员的主观意愿，导致网络安全工具的滥用和被恶意使用，造成网络秩序混乱，所以我国国家互联网信息办公室及时发布网络安全审查措施和网络安全漏洞管理措施等，但是，黑市流通的漏洞和相关工具的情况仍需要严厉打击。

3. 黑客与白客的问题

黑客与白客是对网络虚拟世界中的人的俗称，黑客通常指通过所掌握的网络安全技能暗地做坏事的人，苟且钻营，唯利是图；白客通常是利用高超的网络安全技能保障网络安全秩序的人，在网络世界中伸张正义、行侠仗义。他们在现实世界中表面上都是普通人，从事着各种各样的职业，例如酒店服务员、公司职员、理发师、工人等等，一度在网络虚拟世界中纵横穿梭，享受无限自由。

黑客与白客，在网络虚拟化世界中遨游，他们的行为无法用现实法律法规进行充分约束，存在着典型的工程伦理问题。黑客与白客，产业界又称"黑帽子与白帽子"，成道成魔，通常就是一念之间，其中不乏亦魔亦道之人。例如"熊猫烧香"的作者就是典型。网络安全行业中，"无间道""谍中谍"更是每天都在上演。

我国网络安全行业主管部门对白帽子建立了备案制度，针对他们的工作内容进行日常管理和约束，针对黑客的行为开展经常性的严厉打击，甚至通过刑法进行严厉处罚，以维护网络世界中的和平秩序。

4. 伦理道德观念冲突与个人数字身份问题

随着网络和信息技术的发展，其在社会治理、国家管理等领域的应用逐步深化，并能产生极其重要的影响。然而，由于制度、法律和相应标准的限制，人们的道德观念、价值观和伦理观念仍然滞后。不同文化背景的人对同一件事情的看法和评价不同，网络的开放性形成了网络行为一致性与多样性的矛盾，也导致了网络伦理道德观念的冲突。人们的网络伦理道德观念既有相似之处，也有分裂与冲突之处。

随着新一代信息技术的发展，人们的真实身份信息不断被披露，网络世界中的信息不断被可视化、具象化、实体化。从网络设置的身份信息识别出现实生活中的身份信息，这种新技术可以探究互联网用户的真实身份信息。互联网数字身份与人类实际社会身份的融合，使得数字身份成为社会身份在互联网上的映射，因此对数字身份的保护应与对社会身份的保护相同。

6.2.2　大数据时代产生的新问题

网络空间道德主体自我迷失、道德规范缺乏约束、道德关系不断异化，道德实践欠缺张力等因素，导致一系列新问题的出现。信息与网络安全伦理大数据技术带来的伦理问题主要包括以下几方面。一是隐私泄露问题。大数据技术具有随时随地保真性记录、永久性保存、还原性画像等强大功能。个人的身份信息、行为信息、位置信息，甚至信仰、观念、情感与社交关系等隐私信息，都可能被记录、保存、呈现。在现代社会，人们几乎无时无刻不暴露在智能设备面前，时时刻刻在产生数据并被记录。如果任由网络平台运营商收集、存储、兜售用户数据，用户的个人隐私将无从谈起。二是信息安全问题。个人所产生的数据包括主动产生的数据和被动留下的数据，其删除权、存储权、使用权、知情权等本属于个人可以自主的权利，但在很多情况下信息安全难以得到保障。一些信息技术本身就存在安全漏洞，可能导致数据泄露、伪造、失真等问题，影响信息安全。此外，大数据使用的失范与误导，如大数据使用的权责问题、相关信息产品的社会责任问题以及高科技犯罪活动等，也是信息安全问题衍生的伦理问题。三是数据鸿沟问题。一部分人能够较好占有并利用大数据资源，而另一部分人则难以占有和利用大数据资源，造成数据鸿沟。数据鸿沟会产生信息红利分配不公问题，加剧群体差异和社会矛盾。据此，可以将大数据时代下产生的新问题总结如下。

1. 数据安全伦理问题

大数据行业的崛起，为传统产业的发展注入了新的活力。大数据的应用本身是在公共安全、政府、税务、交通等行业开始的，为各级政府的数字治理提供支持。然而，在大数据收集和应用的过程中，个人隐私泄露、数据安全问题越来越突出，通过大数据开展网络诈骗的事件越来越多，在一些案件中，大数据已经成为网络诈骗的帮凶。互联网 App 应用成为个人数据泄露的主要渠道，通信、银行、社保等领域也相继发生了个人隐私数据泄露事件，导致个人信息被滥用、垃圾短信泛滥，个人信用数据、社保数据被违规催收机构获取和应用，给社会造成了非常恶劣的影响。

大数据应用建设过程中的工程伦理问题，越来越得到行业主管部门的重视，尤其是近几年《中华人民共和国数据安全法》《中华人民共和国个人信息保护法》的颁布，针对"大数据杀熟"的问题，国家市场监督管理总局对相关公司都进行了高额处罚。对于典型"数据泄露安全"事件，国家更是出重拳进行了惩治。

所以，在国家鼓励大数据产业发展的同时，工程技术人员也要遵守相关法律法规要求，注重工程伦理，通过数据加密、数据防泄露、数据脱敏等技术手段，保障大数据产业应用的健康有序发展。

2. 网络空间中隐私权和知情权的冲突问题

随着互联网技术的深入发展，人们对网络的依赖也体现在生活的方方面面，互联网所引发的个人信息安全问题日益凸显，整个社会已经进入"大数据"时代。不管消费者是否愿意，消费者的个人数据都可能在不经意间被企业、个人搜索挪用。这些海量的个人数据对于企业来讲是珍贵的资源，然而数据一旦泄露，用户的隐私将被侵犯。近年来，已经发生了多起用户隐私泄露事件，公民个人隐私数据保护遇到了严峻的挑战。隐私权给予公民保护自己隐私的权利，不让他人接近、侵入、公开和传播私人事务，具有内隐性；知情权给予公民对相关情况了解、知情的权利，以满足其政治与精神生活方面的需求，具有公开性。基于这两者的不同特性，网络空间中隐私权和知情权经常会发生冲突。

例如，现阶段，网购早已成为一种广大公民的主流购物方式，买家在网络上购买某一商品时，常常会小心谨慎，尽可能避免泄露个人信息或兴趣爱好，也希望个人的购买或浏览痕迹等隐私被有效保护。然而，卖家与网购平台为了收集更多的用户信息或资料，以此掌握用户的购物喜好，从而收集用户的个人资料与浏览足迹，并在此基础上将用户可能感兴趣的商品推送给用户，这足以折射出隐私权与知情权之间的冲突。

在大数据时代，对于网络空间中个人隐私数据的收集和使用，应当有法律和道德的双重约束。从法律层面上讲，个人的隐私信息应当受到法律的保护且明确信息的所有权在公民个人，任何商业化的收集和使用均应提前被公民个人知情和授权，否则商业主体就构成了侵权。

造成网络空间隐私权和知情权冲突的原因主要有两个层面。一是内因，即网络空间隐私权和知情权的内涵确证、边界界定仍不十分清晰，天然存在法律和伦理风险。在网络环境下，知情权主要体现为对政务信息、社会信息和有关个人信息这三类信息的知情权，而网络空间中与隐私权产生冲突的主要是有关个人信息这一部分的知情权与隐私权相冲突。二是外因，大数据技术及各类应用的发展是隐私权与知情权发生冲突的客观原因。各类应用通常需要以海量的个人信息数据作支撑，各类应用越是"智能"，就越需要获取和分析更多的个人信息数据，技术的迭代升级无法有效规避信息泄露，获取和处理海量信息数据，不可避免地会触及个人隐私保护这一伦理问题，应用不当带来的不可控因素使得这对矛盾更为凸显。

具体而言，以下四类涉及网络空间的隐私权和知情权冲突表现最为典型。

（1）工作场所雇主知情权和员工隐私保护之间的冲突；

（2）电子商务中消费者隐私权保护与经营者的知情权及商业利益之间的冲突；

（3）自媒体领域个人隐私权保护与公众对信息透明度需求的冲突；

（4）网络招聘中求职者的隐私权保护和用人单位对求职者信息知情权之间的冲突。

3. 网络数据所有权的确权问题

在这个迅速发展的大数据时代，大数据资源已经成为各方争夺的焦点，想更好地发挥大数据资源的优势，必须从立法的角度对数据的权利界定以及权利内容予以明确，依照法律规定切实保护好各主体的网络数据所有权。从客观上讲，数据已成为一种重要资产，其流通和应用必然也涉及数据的所有权问题，明晰数据的所有权，是大数据交易的前提与基础。

以互联网为基础的信息网络虽然促进了数据的共享，但不能确定数据的权利，互联网数据不能产生法定的、明确的价值。网络数据所有权的根源主要是互联网本身带来的技术壁垒。互联网诞生之初首先应用于解决军队之间的通信问题，其存在的意图是分散的，所以最早的网络底层协议是自由开放的，开放的协议本身能让更多的人参与，可以说在互联网发展之初，网络数据所有权抗衡的真正问题还没有被纳入技术发展规则的范畴，这是一个技术障碍。在真实的状态下，数据的所有权无法明确界定，互联网用户为了保护自己的数据所有权需要付出高昂的代价（分布式应用技术的数据存储成本只能由互联网巨头承担），这使得用户无法有效保护自己的网络数据，数据被他人使用、篡改甚至无法避免操纵。

4. 网络自媒体的约束和规范问题

网络自媒体作为技术的创新和不断更新的既有体例，以微信、微博、新闻客户端、视频网站、网络电台等为代表的媒体平台，日益渗透到人们的日常生活中。层出不穷的媒体形成了一个个"超级舆论场"和"超级大舞台"，成为网民获取信息和社会交往的重要渠道，但同时也出现了一些乱象，如部分自媒体和网红主播为追求流量无视道德法律底线，严重损害网络伦理。之所以有突破法律约束、践踏法律尊严，突破道德底线、违背道德伦理的行为，关键在于自身缺乏对自我的约束，也就是自觉遵守法律与道德。因此，增强网络伦理，提升自觉性必不可少。

从内部原因来看，自媒体的独立精神和质疑意识的缺乏，网民正确筛选信息的能力不足，一些人轻信和盲目跟随、迷失自我、麻木和冷漠的非理性状态，使得自媒体打破道德底线和触犯法律红线的事件时有发生。从外部原因看，网络空间的沉默的螺旋效应仍占据一定的市场，人文关怀、道德修炼、科学法治等正能量元素并不总是占据主导地位，这给了部分自私、不义的自媒体暂时的被催眠的机会。

内外两方面的原因综合导致自媒体纠错机制和自净化功能的有效性下降，自媒体对传统新闻标准的不断降低，网络空间的公平、公正、公开受到极大考验等一系列社会问题。因此，提高自媒体的自律性迫在眉睫。如何让网络行为主体既能熟知网络道德标准，又能自觉抵制道德失范行为，成为网络空间道德建设亟待破解的难题之一。

5. 人工智能技术使用伦理问题

网络安全行业已经盛行通过人工智能技术解决未解的网络安全难题，包括解决零日漏洞的自动挖掘、网络安全的攻击监测、网络安全自动化攻击、网络黑客的自动化画像识别、人脸识别认证、声纹识别认证等等。可以说，人工智能技术的应用为网络安全行业开启了一扇通往未来之路的大门。

同样地，也存在黑客可能通过人工智能技术进行网络攻击、数据盗用、网络诈骗、破坏关键信息基础设施等，例如，2011 年，新型计算机蠕虫病毒"震网"就是通过高超的人工智能渗透技术，层层穿透，最终对伊朗核设施的网络系统实施了攻击；2019 年委内瑞拉的一次电网大规模停电就是黑客通过人工智能技术进行的深度破坏；人脸、声音人工智能合成技术已日臻成熟，且通过现有识别手段还无法完全区分；美国中央情报局已经通过人工智能技术构建了网络安全武器库，对现实的网络世界构成了极大的威胁。

目前全球都在大规模推广人工智能技术，这就要求人们更需要高度重视工程伦理，注重并限制人工智能技术的应用，建立人工智能技术应用场景备案制，否则社会秩序乃至人类赖以生存的地球终究会被人类自己发明的人工智能技术所影响。

信息与网络安全伦理关乎社会稳定与和谐发展，伦理失范使网络环境趋于复杂，道德缺失的危害不容小觑，政府和媒体应当正面应对，综合运用各方力量，采取合理的措施共建清朗的网络空间。

6.2.3 数字身份与数据隐私伦理

1. 数字身份及数字身份伦理

数字身份的来源可追溯至互联网开放之初，由人们对在线交易的需求催生而来。数字身份能够根据身份的不同获得不同的权限，它被认为是将真实的身份信息表示为一种数字代码，并且能够通过网络及相关设备被查询与识别。大数据、区块链及元宇宙背景下，数字身份相较于传统身份能够提高整体的社会效率，并最大化地释放市场潜力与用户的价值。目前对于数字身份的理解没有准确的定义，可概述为以下几种观点。

1）基于技术角度

基于技术角度理解数字身份，其代表一种数字签名技术，指在互联网情境中双方或者多方进行数据交换时作为一种安全门户保证身份的技术，是对信息发送者发送信息的有效证明，可以确保身份的真实性，并且能够防止他人伪造身份或篡改数据。

2）基于直观角度

基于直观角度理解数字身份，其代表身份信息在网络上的数字化，例如证件号码、手机号、个人卡号、数字密码等能够以数字形式体现的某个体或某整体在社会系统上的身份证明及定位。进一步来讲，数字身份不仅包括身份信息，还能够表示证明身份及地位的信息，例如职业、学历等社会身份及地位。

3）基于自我表述角度

基于自我表述角度理解数字身份，其代表个人在网络上构建的多元化的虚拟身份，是一种自我表达，同时也包括个人对于社会反馈的需求。数字身份能够突破传统身份的限制，根据个人自我表述的欲望展现自身的情感与诉求，形成多样化的形象。

4）基于更宽泛的角度

基于更宽泛的角度理解数字身份，其代表一种能够将任何个人数据信息包含在内的数字体系，不仅包括个人的基础信息，还包括个人在社交平台发表的信息与评论、购物平台浏览的记录等一切网络活动产生的信息。值得注意的是，这些数字信息如果是公开可循的，将有被他人获取并利用的风险。

数字身份能够将人们的数字信息整合起来，其涵盖的范围不断变大，在为人们带来便利的同时，也带来了潜在隐患。利用大数据等技术能够轻易地通过网络痕迹以及人们忽视的非重视内容逐渐追溯至隐私信息，并且数字身份不同于个人存储的数据能够随时删除，由于互联网的特性，数字身份会永久留下痕迹，并且无法删除，这就意味着数字身份信息随时有被追寻及利用的危险。

数字权利是个人对于数字身份的主权，即用户对于自己的数字身份应该有自我决定与自我控制的权利，这是一种以人民为主体的权利。但由于数据的特性，数据信息往往并不掌握在个人手中，所以实际上个人对于数字身份信息缺少实际的控制权，无法自由地使用与决定这些数据信息。相反，企业或商家并没有合法拥有用户数字身份信息的权利，却能够不经用户同意直接使用数据信息，这就导致了个人数字身份的数据权利被侵害。具体可以从数据人格权与数据财产权被侵害两部分来论述。

（1）数字身份能够承载个人的身份信息以及社会地位等，因此拥有数字身份的个人拥有人格权利，通常可以将其分为知情同意权、修改权、封锁权与遗忘权四种。事实上，数字权利意味着个人应当掌握自身数字身份信息的各种权利，企业或商家未经个人同意对其数据信息进行收集、整理、修改和利用等都是侵权行为。在实际情景中，一些企业或者商家会在使用条款与隐私政策中列出他们对于用户数据的使用要求，但这些条款往往冗长烦琐，大多数用户不会详细地阅读每一条条款，而是直接点击同意，企业声称已获得用户授权合法使用数据，其实是一种投机取巧。另一种常见的数据人格权被侵犯的行为是网络上铺天盖地的虚假信息，一些商家或平台为了博人眼球，不会将事实百分之百地呈现出来，他们将事实情况进行修改甚至臆造出事件，实际上侵害了当事人的数字权利。

（2）数字身份不断发展与增值，所携带的数据信息具有财产性与商业价值，通常可以将拥有数字身份的个人的权利分为采集权、可携带权、查询权、使用权与获益权五种。企业或商家必须尊重数据主体的权利，不得非法采集，不能未经同意随意更改或关闭用户的查询权限、转移权限、使用权限等，同时也没有权力将用户的数据信息授予第三方使用或用于用户未约定的其他行为。企业或商家使用用户数据实现商业化应当向用户提供相应的报酬，但目前还无法落实，这是因为个人的数据信息对于庞大的数据库来说只是九牛一毛，所以缺乏可操作性，并且企业或商家会在条款中注明无须支付的条款，用户在同意使用条款的同时也就默许了企业的行为，这样一来，个人的获益权便被侵害。

2. 数据隐私及数据隐私伦理

数据的广泛使用，让人们意识到数据的巨大价值，同时也更加关注数据隐私问题，隐私数据是用户不想被他人获取的秘密数据，具体可以分为个人隐私数据以及共同隐私数据，包括身份证号、个人银行卡号等识别个人的信息以及历史访问记录、重要的文件数据等敏感信息。用户的隐私数据应当在存储、查询、分析等诸多过程中被加以保护，可采用加密、匿名化等技术来实现。

数据隐私的暴露问题日益严重，由于网络的开放与自由，保护隐私信息更加困难，身份隐私、行为隐私、喜好隐私的暴露是最具代表性的三类数据隐私伦理问题。大数据技术的数据搜集与追溯能力能够轻易获得用户的隐私信息，用户使用互联网时留下的浏览记录与购买信息等，都会成为企业或商家为追求利益而侵害的内容。更为严重的是，将用户的个人信息未经同意非法公布或贩卖给他人，会造成对用户数字隐私的侵权。数据隐私伦理在互联网发展初期与大数据时代有所不同，但又具有一定的相似性。

在互联网发展初期，网络改变了生活与生产的方式，同时，旧的伦理规范也不符合网络环境，数据隐私泄露带来的伦理问题是其中的重点。即使在互联网发展初期，技术还存在诸多限制，但许多咨询企业、销售企业等都开始搜寻个人隐私数据，从而制定策略以抢占市场先机，获得丰厚的利润，忽视了对个人数字隐私的尊重。随着互联网的发展，还产生了一个新的群体，即黑客，他们能够借助高超的互联网技术深入软件内部，获取用户隐私信息从而谋利。而一些互联网用户借助网络的隐匿性与虚拟性，随意搜寻或分享他人信息，窥探并传播他人隐私，造成了恶劣的影响。同时，个人利益与公共利益的矛盾也初步显现，获取个人隐私以取得群体进步还是严格尊重个人隐私成为难以抉择的问题，这在国防安全、科研活动等的一些领域都有所体现。

大数据时代在网络时代的基础上实现了深化发展，提升了网络效率，有利于科技与社会的进步，但同时也使得数据隐私伦理问题更为严重，影响范围扩大，解决难度也大大提升。首先，大数据时代隐私泄露范围的扩大使数据隐私泄露问题更为显著，其中人格尊严被侵害、自由意志受限都是典型代表。大数据技术不仅能够获取个人隐私信息，还能够根据个人信息进行预测，无论是购物、旅游还是阅读等领域都有所涉及。其次，大数据时代，政府责任的履行难度随之加大，事实上，无论是个人还是企业或其他组织在侵犯他人数据隐私时，政府都应当及时制止并作出规范与惩罚，但目前又尚未形成完善的法律体系与伦理准则，使得实际行动受到限制。最后，从更广的视角看，数据垄断与数据鸿沟的出现不仅对个人隐私安全造成威胁，更重要的是会产生社会差距，影响社会公平。

总的来说，数据隐私的伦理问题日益深化不仅与互联网发展初期存在已久的疑难杂症有关，还是现实世界中各种利益与价值观冲突的结果。具体而言，可以从以下三方面来讲。

1）大数据技术自身缺陷

大数据时代能够通过对海量数据进行分析，从而得到最符合目标的结果指导企业的决策与生产，但在进行数据搜集与分析的过程中，不可避免地会存在隐私泄露的风险。例如，在搜集与追寻数据时，大数据技术可以实现从各个方面搜集用户的信息，包括在线时间、浏览记录、社交对象与内容等，通过对这些数据的梳理整合，能够得到用户的敏感数据，挖掘到符合分析目标的数字信息，数据信息未经用户允许直接使用几乎成为业界常态。利用网络进行分享也成为人们的一种日常习惯，这在丰富了生活、满足了需求的背后，也暗藏着数据泄露的风险。

2）伦理规范滞后

互联网以及大数据技术的飞速发展使得生产关系随之改变，但如果没有及时转换符合新的时代背景的伦理规范，就会产生旧的规范与新的社会的冲突，从而造成伦理问题。数据是一种可以被归纳、关联的资源，借助大数据技术能够搜寻用户数据并且对其作出预测，但在旧的规范中，数据隐私是属于数据主体的，这种未经允许擅自使用的行为是一种侵犯行为，并且，过度的预测也会让用户感到数据主权的缺失。同时，企业及商家等利用用户的数据隐私实现商业价值，作为数据隐私拥有者的用户却承受着隐私暴露的风险，并且难以从中获得利益，这实际上是一种利益分配不公。

　　3）道德伦理意识不成熟

　　无论是政府、企业，还是用户个人，道德伦理意识的不成熟是数据隐私伦理问题产生的重要原因之一，尊重他人、履行责任是不论何时都应该秉承的道德规范，但随着互联网、大数据技术的发展，政府、企业及用户个人的道德伦理意识存在较大的偏差，也就造成了数据隐私伦理问题的深化。个人缺乏道德伦理意识与社会责任感，可能会利用一些技术与手段窃取他人数据隐私以此来牟利，侵犯他人财产与信息安全。而政府及企业缺乏道德伦理意识与社会责任感，则可能会为了大部分利益或经济利益而忽视数据隐私的规范。因此，提高各主体的道德伦理意识刻不容缓。

6.2.4　星链计划下的全球信息安全伦理

　　随着产业革命的快速发展及关键技术的更新升级，各国竞争愈加激烈，太空成为国际竞争的关键领域。美国将竞争转移到太空，以保持美国在太空领域的绝对优势，其对于太空的野心与战略，扩大了国际竞争，对于全球安全造成了威胁，给国际安全治理带来了新的矛盾与问题。

　　星链计划是美国太空探索技术公司（SpaceX）在 2014 年提出的一项互联网星座计划，当时预计于 2019—2024 年在太空搭建一个由 1.2 万颗卫星组成的互联网星座网络，其中将有 1584 颗卫星部署于地球上空 550 千米处的近地轨道，最终建设一个覆盖全球、大容量、低时延的天基通信系统。计划分 3 期建成，总规模接近 4.2 万颗卫星。简单来说，星链计划通过构建一个由大量卫星组成的星座，为全球提供高速互联网服务。

　　传统的卫星互联网能够为没有光纤连接的偏远地区提供服务，但费用较为昂贵，且具有较长的延迟，因此全球还有大量没有接入互联网的家庭。而星链计划能够实现廉价上网，这是因为传统卫星处于地球的静止轨道运行，距离地球将近 36000 千米，增加了网络延迟，星链计划则在近地轨道运行，能够减少延迟，并且星链计划大大压缩发射费用与卫星硬件成本，还实现了"一箭 60 星"，加快了实施速度。2020 年，SpaceX 向测试用户提供星链宽带卫星互联网服务，收费标准为硬件套件预订费 499 美元，以及每月 99 美元的服务费，这为 SpaceX 带来了高额的收入。2024 年，SpaceX 首席执行官马斯克表示，星链系统将向全球用户免费提供紧急卫星通信服务。

　　从科技角度来说，星链计划能够大大满足全球互联网通信需求，并且在一定程度上是通信领域的一种突破，但星链计划却可能威胁到世界和平与世界信息安全。星链计划一经实现，能够向全球提供信息化服务，但同时也意味着能随时侵入各国获取隐私信息。星链计划的高网速、低时延的特点使其具备超强的竞争力，但也将会给全球的通信运营商带来极大的挑战，因此，SpaceX 这一项目的进行引起了越来越多国家的警惕，各国纷纷采取措施对其进行防范。星链计划的实施可能会违背全球信息安全伦理，具体可以从以下方面进行论述。

1. 拉大全球信息资源差距

星链计划的实施给其他国家的航空航天事业带来了挑战，大量的卫星抢占了近地轨道，然而卫星轨道是一种稀缺资源，也是一种战略资源，因此对于各国航空航天事业的发展非常重要。目前，轨道资源的分配通常是"先到先得"，静止轨道上的卫星有 10—15 年的设计寿命，卫星寿命到期就会让出轨道上的位置，并将空出的位置分配给其他有需要的国家。但近地轨道不同，大量小卫星组成的网络，其寿命不会直接终止，当一部分卫星受损或寿命结束，可以发射新的卫星进行填补，因此可以说近地轨道资源是"先到永得"。因此星链计划的率先开展能够抢占优质轨道，使轨道资源十分紧张，从而拉大了全球信息资源差距。更严重的情况是，如果星链计划继续扩大规模，占据大部分的近地轨道，其他国家就需要向 SpaceX 购买轨道资源，因此中国、英国、韩国等国家纷纷推出了近地轨道卫星发射计划。星链计划的推出使近地轨道资源变得炙手可热，有能力的国家做出对策抢占轨道资源，但对于一些发展中国家来说，则拉大了与其他国家的差距，之后的互联网服务甚至要依靠其他国家来实现，这也意味着以后需要消耗巨额花费。

2. 违背全球信息化道德原则

信息化的快速发展能为全球带来便利，如星链计划能够帮助一些贫困地区与偏远地区接入互联网，但同时也会使人们的信息更容易被获得，这就导致一些不可避免的违背全球信息化道德原则的现象，可能出现利用网络霸权非法获取别国数据、实施网络攻击的风险。信息化的首要道德原则应该是为人类服务，为全球带来便利，避免人类的利益、主权、尊严受损，要保障个人的数据所有权、隐私权、使用权。星链计划能够轻易掌握全球的信息资源，意味着个人的数据及足迹都有可能被 SpaceX 查看与使用，甚至被泄露或被共享，这将大大违背全球信息化的道德原则。另外，星链计划的 4.2 万颗卫星可能会给地球带来不可控的危险，目前由于回收卫星的技术尚不成熟，报废卫星产生的碎片会加大碰撞的概率，大量的太空垃圾也会威胁其他卫星与航天器的生存，并且可能会造成未知风险。星链计划还会影响对宇宙的观测与探索，受到了大量天文学家的反对，因为其不利于天文学的发展。

3. 造成全球隐私数据泄露

早在 2013 年，"斯诺登事件"的出现就引起了国际社会对美国的不满，这一事件指的是前美国中央情报局技术分析员斯诺登曝光了美国政府的网络监听行为，美国借助微软、谷歌、苹果、雅虎、脸书、YouTube、Skype、AOL、PalTake 等服务商擅自窃取用户信息，威胁到了全球用户的隐私。然而这一事件后，美国仍然肆无忌惮地偷窥他国信息与国内人民的隐私，可以想象，星链计划如果能够实现视频监控、信息监听、信息阻断，其巨大的用户群体都将面临隐私数据泄露的危险，这些数据一旦被利用，将可能损害个人的安全与财产权。隐私保护一直是亟待解决的重点，这需要制定相应的法律并且需要全世界的国家共同努力，否则将会产生无数的信息安全伦理问题。在信息化飞速发展、全球竞争日益激烈的今天，制定全球化、被各国广泛认可的法律措施却寸步难行，法律的制定尚未适应信息化发展的需求。

4. 威胁全球信息公正

数据与信息的商业化、互联网在全球范围的使用，使各个国家紧密联系起来，但和平的全球信息环境只是幻想，一些国家追逐本国的发展与利益，不可避免地会损害另一些国家的利益，虽然越来越多的人关心世界整体利益，但信息不公正的问题仍然接踵而来。星链计划能够为全球各个国家服务，同时也拥有暂停或禁止某些国家使用的权利，这在俄罗斯与乌克兰的冲突中已经初见端倪。SpaceX 宣布免费开通乌克兰的星链服务，加快了乌克兰的数据传输，大幅降低延迟，并且，星链计划能够帮助乌克兰迅速掌握俄罗斯军队的位置并作出战略部署。这说明星链计划对于全球信息公正的威胁，它能够随时影响一个国家的信息与数据传输，如果用于战争，将会极大破坏世界和平，扰乱国际秩序。SpaceX 宣称星链难以被摧毁，因为这需要大量的反卫星导弹，并且 SpaceX 与美国军方始终保持合作关系，这也将加大对全球信息公正的威胁。

5. 影响他国信息主权与信息监管

星链计划具有高网速、低延迟的特点，并且能够覆盖全球，是争夺信息主动权强有力的工具，当星链计划顺利完成，意味着它能够轻易获得全球信息，并掌握全球信息交换的主导权，这将对其他国家的信息安全造成威胁，使信息的监管更加复杂。星链计划向全世界提供互联网服务，将会出现许多跨国信息管理与数据监管的问题，按照已有的规则，除去卫星广播业务，其他国家的卫星可以覆盖本国领土，覆盖本国的境外卫星可以在本国开展卫星互联网业务，并且其卫星将不受被覆盖国的监管，这使得被覆盖国将很难对其进行管理。信息关系着国家的政治安全和经济安全，星链计划的信息优势将影响其他国家的经济、政治、社会，威胁信息主权，弱化对于信息的管理与控制。并且，由于网络是虚拟的，国家无法去管控公民的行为，这也将使国家的管理能力受到限制。

6. 存在信息网络霸权的风险

信息网络霸权主要指信息技术强的国家可能利用自身的技术优势妨碍其他国家对于信息的使用，以谋求政治、经济、军事等利益。一些国家可能会借助自身的强势地位向其他国家进行文化渗透、传输政治观念等，进而影响其价值观念与意识形态，危害其他国家的主权，抑制他国科技发展与海外市场推广，削弱他国的世界影响力，从而维持自己的霸权地位。更严重的情况则是，借助本国对于信息的掌控与优势，侵入他国信息系统，非法获取或改动数据，会使得许多国家被迫做出对策以保护信息安全。信息是互联网时代的重要资源，星链计划能够以其庞大的覆盖范围与极高的信息掌控能力，与互联网深度融合，抢占互联网市场份额，带动经济发展，拓宽应用场景，形成星链产业链。一旦出现信息网络霸权，对于世界各国都是灾难，如种族歧视、民族分裂、歪曲事实等都会严重破坏国家主权与世界和平。

6.3　科技人员的伦理责任

信息管理与网络建设是一项科技活动，而科技活动的主体是科技人员。科技活动的开展、科技成果的运用中存在的伦理问题，总是与科技人员息息相关。众多经验表明，科技本身是包含着价值与伦理特征的，那么科技人员作为科技活动的主体，自然就不应被忽视于道德规范之外，应受一定规范的制约，因此必然会引出科技人员的伦理责任问题。换言之，科技活动是需要在特定的社会条件与环境中进行的，因此从事这项活动的人便与他人、社会具有紧密的联系。科技人员的研究目的和最终成果的应用都应考虑对他人和社会是好的还是坏的，即是善的还是恶的，因此，科技人员的各项活动与他人、社会、自然之间存在伦理关系。

科技人员的社会伦理责任，并非只是发生在科学技术发达的今天。早在古希腊时期，就出现了"希波克拉底誓言"，其中包括对患者、医学知识和医生行为的道德规范。在文艺复兴时期，达·芬奇也曾在笔记本上写道，他不会出版或者透露潜水艇设计方案，以免被那些本性邪恶之人拿去破坏大洋底部。阿基米德也曾担心他的数学成就会被图谋不轨之人用于实际工程，造成不可估量的危险，因而拒绝撰写相关计算论文，只是在受到军事围攻的胁迫时，他才利用一些机械装置解围。

在当代，处于以计算机网络为核心的信息时代，人们的工作、生活与学习中到处都有计算机的身影，甚至人们与计算机是形影不离、密不可分的。伴随着计算机技术的迅猛发展，信息管理与网络技术突飞猛进，网络在提高人们生活质量与工作效率的同时，也为国家与企业带来了无限的商机与巨大的经济效益，同时产生了严峻的信息与网络安全问题，甚至是计算机犯罪。一些科技工作者受到利益的蛊惑，利用其掌握的核心科技与知识进行网络违法犯罪活动，从中牟取非法利益。由于这些滥用科技成果的科技工作者的存在，信息与网络安全问题愈发严重。这就要求从事相关工作的科技人员具有职业道德与社会责任意识。

6.3.1　伦理责任

1. 伦理责任的含义

伦理责任是指人们要对自己可以答复和解释说明的行为负责。相较于法律责任而言，伦理责任具有强烈的前瞻性，它是基于一定评判标准的社会责任，这些标准包括但不限于：善与恶、正义与非正义、公正与偏私、诚实与虚伪、荣誉与耻辱等。从哲学的某些角度来说，责任与因果是紧密联系的。美国社会学家罗伯特·K. 默顿提出"为科学而科学"的说法，该说法将科学家的共同精神气质和伦理规范归纳为普遍主义、公有主义、无私利性、有条理的怀疑主义。发展至后来，有学者进一步将求实认真、理性客观、情感中立、尊重事实、不弄虚作假、尊重他人的研发成果等加入其中。除此之外，还有学者提出科技工作者在科研工作中应遵循人道主义与动物保护主义等原则。实际上，这不仅是科技人员所应遵循的原则，还是其应履行的伦理义务。爱因斯坦成为反法西斯的勇士，居里夫人成为道德高尚的典范科学家，这都是由于他们能够严格遵守伦理原则并履行伦理义务。

2. 伦理责任的特点

1）前瞻性

伦理责任的核心是人们要对自己当前与未来的行为负责，对未来行为负责就表明伦理责任属于前瞻性责任的范畴，也可以称为"预防性责任"。所谓"预防"，要求科技人员尽可能地防范那些可能出现的弊端，或将损失与危害程度降到最低。伦理责任要求责任主体在对已发生事情进行严格把控的同时，还要对其进行科学评估，对未来事件有相应的价值判断与道德考量，体现事前与事后的全面负责，是用发展与长远的眼光来审视人们所承担的整体责任。

2）自律性

伦理责任还具有自律性这一核心特征，强调的是责任主体的自觉、自愿和主动性。任何责任主体都具有清晰认识自己权利与义务的能力，他们具有自由的行为意志，但又必须尊重客观世界自身的运作规律，并自觉承担自己行为所产生的相应责任。

3）自主性

行为主体在恪守责任的过程中，会为自己制定一些道德准则，并自觉遵守这些道德准则，彰显了一种高度的责任自觉性，这是一种自发产生的责任感，是基于对社会发展、人类幸福和自我完善的普遍价值关怀而产生的责任感。

4）宏观性

现如今，人们处于具有错综复杂人际关系的社会中，生产、生活等领域构成了具有复杂交集的综合系统。因此，个体在伦理责任方面容易缺乏对复杂社会网络全方位的了解与把握。所以需要强调伦理责任应是一种宏观性的整体责任，以促进人类社会健康和谐发展为目标，引导人们做出正确的行为。

3. 科技人员的伦理责任意识

科技人员的伦理责任对科学技术的发展至关重要。但是在现实的科学活动中，科技人员在充分、有效地发挥其作用时，也存在许多制约因素，主要体现在四个方面：首先，功利主义是导致科技人员责任感淡漠的重要原因；其次，科技人员对其所研究的科学技术的评价有不同程度的差异，导致科技活动的发展方向难以确定；再次，很多科技人员与民众的距离较远，所以科技人员的许多主张都得不到广大公众的响应甚至理解，另外，不同学科的科技人员之间存在较大的理解障碍，这在很多合作项目中一定程度上削弱了科技人员的责任感；最后，许多科技人员都受到保密制度的约束。面对诸如此类的制约因素，科技人员应具有强烈的伦理责任意识，主要包括以下几个方面。

1）正确的名利意识

"名"主要是指在精神层面具有较高的声望与学术地位或尊严，"利"主要是指物质、金钱方面的好处。科技工作者在面对科研成果时应做到实事求是，不为贪图一时名利而弄虚作假。在市场经济时代，在学术界所获名誉是可以转换为物质财富的，它使人们的兴趣和探索精神与好利心复杂且矛盾地交织起来。而好利心会破坏纯粹的科学精神，具有强烈伦理责任意识的科技人员绝不会为了获得名利而轻率地泄露未经严格论证的研究成果，也不会通过出卖他人的研究信息或成果而获利。在当今社会，为激励科技事业的发展，很多国家为科研工作者制定了众多奖励制度，这些奖励对推动科技事业的发展起到了重要作用，但是仍然有部分科技人员为了争夺名利不惜损害科学精神、违背职业道德，这样的行为不仅损害自身前途，也阻碍了科技的发展。因此，科技人员需要树立正确的名利意识。

2）严谨认真的工作态度

科技的双面性让人们认识到它可以造福人类，也可以毁灭人类，因此，它是什么结果取决于创造它的人与使用它的人是否具有强烈的道德责任感与社会责任感。严谨的工作态度要求科技工作者对待工作一丝不苟、精益求精，不放过有价值的资料，不忽视最真实的信息，保证能够正确选择每一个环节上的技术手段，在每个技术细节上都采取审慎的态度，真正做到让科技和工程造福人类。但有部分科技人员错误地认为，进行细致精确的测量工作不如探究新事物更有价值，但实际上几乎所有成功的创造与发明都是在日常精确的测量工作的基础上取得的，正是科技人员在处理那些细微、枯燥的工作时极为严谨认真的工作态度，才令他们收获了伟大的成就。因此，科技人员要有开拓进取的精神和严谨认真的工作态度，通过不断的学习和经验积累提高专业能力及工作能力，承担起每个阶段所应担负的职业使命。

3）道德责任意识

道德责任是一项普遍责任，它通过社会舆论、良心的安慰或自责来规范或引导。科技人员应清楚地认识到他们不仅要对自己的行为结果负责，还要对整个行为过程负责，甚至要对自己未来的可能行为负责。显然这完全需要由道德责任来规范和保证。道德责任不仅停留在精神层面，还是一个社会实践问题，引导科技人员清楚自己"应该做什么""不应该做什么"，而不仅是"知道是什么"。许多科技人员的行为与意志是依靠道德的力量来规范的，所以科技的发展也在一定程度上依据道德责任来运行。科技人员作为科技活动的主体，他们比普通民众具有更加宽广深厚的知识，他们走在了科技活动甚至是时代的最前沿，占有大量前瞻性信息，他们也比普通民众承担了更多的道德责任。因此，增强科技人员的道德责任意识十分重要。

4）创新的职业精神

开拓创新是科技人员最重要的职业品质之一。探索性是科技活动的突出特征，不断发现客观世界的新现象、寻找客观世界的新规律是科学研究的任务，客观世界对于人类来说是无穷无尽的，而人类实践也可以无限发展，我们基于对客观世界的认识而对世界进行改造。科学之所以有生命力、创造力，就在于人们不断开拓创新。开拓创新具有很高的要求，它拒绝一切思想束缚，这就需要科技人员具有挑战前人与权威的气魄，具备创新的职业精神。

5）风险意识

任何一种科技都不是万能的，无论发展到哪一个阶段，科技都伴随着风险的产生。而且越是先进的技术，越可能伴随着巨大的风险。科技人员如果丝毫不能从道德的角度考量与反省科技活动，没有正确做出风险预防，就容易做出不益于人类发展的决策，这对于社会来说是非常危险的。科技人员在从事科技活动时应清楚地认识到自身是具有意识行为能力的社会人，必须对自己的行为负责。作为研发工作的主体，科技人员对自己的工作现状以及对未来的影响是最清楚不过的，完全有能力通过一定的技术手段评估风险，做出正确的风险决策，这对规避风险来说具有举足轻重的作用。因此，科技人员不仅能够对其活动的目标和后果做出判断，还应该对活动的全过程进行道德审视，对技术手段进行道德控制。

6.3.2　伦理责任规范

科技人员的伦理责任在现代社会中已然成为一个影响科技进步、影响社会发展的重大问题，需要通过更有力、更规范的方法来进行制约和倡导。就目前来看，在科技人员任职的各机构设置强有力的规章制度，也就是完善伦理规范，对科技人员的伦理责任意识的唤醒有重要作用。众所周知，科技人员对其研究的全过程均承担着重要的伦理责任，本书针对研究过程进行分类，分析每个过程中科技人员的伦理责任规范。

1. 研究与开发前科技人员的伦理责任

在完善科技政策与伦理规范的过程中，在科研立项和项目准备方面，科技人员不仅要考虑保证科技在伦理范围内发展，还要充分预测与应对可能发生的风险。除此之外，国家与各科研单位或团队往往会鼓励那些有利于社会及自然可持续发展的先进技术的应用，同时也会淘汰落后的技术与设施。国家会通过立法和政策引导，针对项目发展和成果管理进行控制，科技人员要在政策与法律都允许的范围内选择合适的研究项目进行研究。当前，科技在社会发展中发挥着越来越重要的作用，科技人员作为科技活动的组织者与管理者，肩负着不小的使命，需要对研究过程与研究结果的应用进行把控，避免伦理问题的产生。同时，科技活动的组织者与领导者还应该致力于促进科技资源的公平分配，积极响应国家政策的号召，鼓励发展有利于缩小贫富差距的科学技术，促进实现最终的公平。尤其是在重大项目的决策与管理上，科技人员需要对社会、人民和自然负责，确保所做决策在考虑眼前利益并兼顾长远利益的同时，具备科学性、系统性和实效性，防止主客观因素影响决策，引导科研成果朝着造福人类、社会与自然的方向发展。科技工作者在选择项目时应及时向公众揭示相应的潜在风险，并自觉地遵循伦理价值规范和秉承伦理精神，放弃或封存那些可能损害大多数人利益和社会基本伦理规范的研究项目。同时，当预见某些科研成果会严重危害人民权益时，科技人员也有义务向相关团体甚至全社会发出警示信息。

2. 研究与开发过程中科技人员的伦理责任

任何一项科技活动，其本质是人为活动。因此科技人员的道德素质的重要性便愈发凸显，任何一名科技人员在研发中的每一项决策都受到道德素质的影响。如今人们处于一个信息网络社会，网络成为许多道德缺失者与极端主义者的"大展宏图"之地，这大大增加了信息管理科技人员工作的挑战性。因此，在科研团体、科研单位设立伦理审查与监督机构就尤其重要。对于这些伦理审查与监督机构来说，主要的工作内容是严格筛选研究计划，监督研究项目的实施过程，避免出现伦理问题。科技伦理能够引导科技活动的道德走向，是有效调节科技人员与同行、社会等多种关系之间的道德准则与道德规范。科技伦理虽然不是科技固有的产物，却是科技的一种控制工具，并且可以通过内化于科技人员的工作途径，成为科技的一股内在力量。科技伦理告诫科技人员在研究过程中什么行为是能做的或什么是不能做的，什么样的科技活动是善的，什么样的是恶的。当这些科技伦理被人们普遍接纳，并奉为行为规范时，绝大多数人就都会自觉参照这些行为规范去选择与调整科技活动，自觉抵制不良行为。因此，在研究过程中，科研团体和单位中的管理者要善于对那些被推崇的行为进行赞赏、奖励与表彰，给予不同程度的荣誉，形成人们在长期的社会生活中协调相互关系和行为准则的道德标准。同理，面对那些不利于或危害社会的行为，也应进行惩罚。除此之外，在科技活动过程中，科技人员要善于把科技的研究、开发及应用与人类的利益紧密结合在一起，始终服务人民的利益，不计较个人的利益得失。

3. 成果应用中科技人员的伦理责任

对于科技成果、产品或产出，首先要清楚它们是人们根据自身需求所探索与创造出的外在内容，其存在的意义在于协助人类达到自我实现的目标。但从目前看来，使用很多科技产品时，伴随其效用与结果的往往还会有许多超出预期目标的东西，甚至与预期目标完全相反。科技成果及其应用与最初的预期之间出现了偏差，甚至出现了危及人类、社会或自然的恶果，那么势必会引发众多伦理问题。如人工智能应用存在隐私泄露的风险，可能导致电信诈骗愈发猖狂。许多诸如此类的伦理问题浮出水面，但有部分科技产品较为复杂，在社会应用中极为广泛，所产生的伦理问题并非一目了然，需要进行专业的分析才能看清楚。此外，某些科技成果的应用还可能会反作用于现有的伦理准则。对科研活动的后果做出谨慎的考虑并承担相应的伦理责任，是科技人员投入实践研究的前提条件。通常情况下，科技人员的素养、意图、目标和道德水准将决定科技产品的开发与利用，这被称为价值理性统治工具理性。由于科技人员掌握了其专业领域内丰富宽广的科学知识，他们能够更加准确、全面地预测相关技术的可能应用前景。也正是由于科技人员掌握着专业知识，他们自然也就承担着一种特殊的警示与预防责任，也就是说，他们应该充分评估与预测那些即将诞生的科研成果将会产生的社会影响，并向公众说明其可能带来的负面影响。同时，由于有许多现代科技人员在专业领域内表现出色，他们常被邀请参与政府或者各大企业的重大决策，享有特殊的声望，公众也会格外相信他们的意见与建议。所以，他们更加有责任去评估相关应用的影响，判断其究竟是正面的还是负面的，提出具有科学性的建议。科技成果的滥用、误用现象频发，对科研人员的责任意识提出了更高的要求，科技人员不仅要对研究的直接后果负责，还要兼顾研究过程中的间接后果，他们有责任确保这些科研成果运用于正确领域并不会导致伦理问题的产生。不确定性是科学研究尤为重要的一个特征，特别是对高精尖的科学技术来说，往往是风险和机遇并存，这就要求科技人员具有高度的社会责任感与洞察力，在成果应用过程中出现无法解决的伦理问题时，应及时叫停研究项目，在危害未深时及时止损，勇于和善于承担更多的伦理责任。

参 考 文 献

电子政务网. 2012. 美国电子政务考察报告. http://www.e-gov.org.cn/egov/web/article_detail.php?id=16915[2023-11-16].

观研天下. 2024. 中国外卖行业现状深度分析与投资前景研究报告（2024—2031 年）. https://baijiahao.baidu.com/s?id=1815482515086519175&wfr=spider&for=pc[2024-11-12].

国家互联网应急中心 CNCERT. 2020. 2020 年上半年我国互联网网络安全监测数据分析报告. https://www.cac.gov.cn/2020-09/26/c_1602682854845452.htm[2021-09-12].

国家统计局. 2024. 数据概览: 2024 年上半年消费相关数据. https://www.ndrc.gov.cn/fgsj/tjsj/jjsjgl1/202408/t20240816_1392420.html[2024-11-12].

人民日报. 2019. 迈出建设网络强国的坚实步伐: 习近平总书记关于网络安全和信息化工作重要论述综述. http://jhsjk.people.cn/article/31408992[2024-08-18].

习近平. 2022. 高举中国特色社会主义伟大旗帜 为全面建设社会主义现代化国家而团结奋斗: 在中国共产党第二十次全国代表大会上的报告. https://www.gov.cn/xinwen/2022-10/25/content_5721685.htm[2024-07-13].

袁瑜晨. 2024. 全面深化检察改革！最高检释放重磅信息！. https://www.spp.gov.cn/zdgz/202412/t20241205_675826.shtml[2024-12-05].

ITbear. 2024. 腾讯三季度财报出炉: 微信月活 13.82 亿持续增长, QQ 月活 5.62 亿略显颓势. https://page.om.qq.com/page/OiboraNHVRrAAT2NiKCQ6O0A0[2024-12-15].

第 7 章　核工程伦理

7.1　核工程伦理概述

7.1.1　核工程伦理的基本内涵

核工程伦理研究聚焦于"核威慑与道义"主题，深入研究威慑战略、国际核威慑战略，以及外交博弈中的伦理问题。从现有较为系统的文献来看，核工程伦理虽然涉及伦理学，但其核心关注点在于国际核威慑战略理论，旨在构建一套关于核武器的国际关系的"道义"理论。

传统核工程伦理的研究伴随核武器的产生而兴起，1945 年 7 月 16 日美国进行了原子弹试验，同年又在日本投放了两枚原子弹，造成了大量的人员伤亡。此后苏联、英国等国家开始研制各种类型的核武器，严重威胁着人类的生存和发展，人们迫切希望能够全面禁止制造和使用核武器，因此关于核工程伦理的研究也开始受到科学家的普遍关注。

7.1.2　核工程伦理的特征

研究核工程伦理是为了确保核安全，预防核战争，维护世界和平。在这一实践活动中，技术、经济、管理、生态和伦理等多方面因素密切相连，这些因素相互依存、相互冲突，共同构成了核工程伦理的复杂性。核工程伦理深刻影响着人类的生存和发展，回顾核工程伦理的发展进程，本书认为核工程伦理具有以下基本特征。

（1）研究对象的专一化。核技术的伦理问题，构成了核工程伦理研究的核心。总体而言，这一研究可分为两个主要方面。首先是核工程师与伦理的关系问题。尽管对核工程引发的伦理问题的关注日益增多，但许多核工程师仍未充分重视核伦理问题，而利益冲突是他们面对的主要伦理议题。核工程关乎人们生存环境的变化问题，因此科学家和工程师从幕后走到前台，担负起主要社会责任。其次是核工程的安全发展伦理问题。核工程伦理虽然力图从核伦理学的角度制定适用于核工程安全发展的规范、原则和核伦理秩序，但其涉及的价值困境和由此引发的伦理问题一直备受关注，核工程伦理的必要价值的基础在于如何充分发挥伦理道德的作用，以确保核实践安全无害地为人类社会的发展服务。

（2）研究趋势的国际化、综合化。随着核工程技术的发展和应用，核工程所产生的道德责任不再是某个国家的责任，而是国际社会的共同责任。在核技术发展的过程中，深刻认识核工程的本质，准确把握其关键因素，充分发挥核工程伦理的保障作用，是国际社会共同关注的问题。

（3）非传统核伦理问题开始得到人们的广泛关注。首先是对环境的危害，核武器的试验、使用会对周围环境产生严重破坏，包括水源的污染、对生物的辐射等，有关学者开始探讨核污染造成的社会破坏和环境污染问题。其次，对核电的价值论证及相关伦理问题还存在分歧。有的学者认为核电是一种经济性、环保型的高效能源，而有的学者则认为核电存在巨大的安全隐患。

（4）冷战后，核伦理研究减少，随着核安全形势紧张，相关研究重新兴起。从 20 世纪 90 年代起，有关学者逐渐关注核伦理思想、核伦理理论、传统核伦理问题研究以及非传统核伦理问题研究，核工程伦理的研究领域被拓宽。

7.1.3　核工程伦理研究的重要性

进行核工程伦理研究具有两个方面的重要性，即理论重要性和实践重要性。

1. 核工程伦理研究的理论重要性

核工程伦理研究可以拓宽核工程伦理的研究领域。核工程伦理研究立足于核技术的发展，同时，又会将参与要素与相关要素之间相互影响的伦理问题和道德现象纳入其中，从而全面拓展核伦理学的研究领域。例如，核工程的实践必然会对政治、法律、科技、文化、生态环境等产生影响，正是这种影响导致了一系列的核伦理问题，因而科学客观的核伦理必须要和这些现象进行交叉融合。与此同时，核工程伦理研究将核工程的道德现象纳入研究范畴，在兼顾核工程的同时，考虑到其他核伦理问题，深化了核伦理的具体理论问题的研究。

2. 核工程伦理研究的实践重要性

充分发挥伦理道德在核实践中的保障、约束和指导作用，确保核实践安全无害化，使核工程服务于人类社会的发展，是核工程伦理的实践重要性所在。核伦理是保证核实践安全发展的必要条件，它既可以造福人类，也可以毁灭人类，因此核安全发展面临的难题不是简单的科学问题，难题的解决涉及一系列价值观和伦理判断，核工程伦理的研究可以为核实践的安全发展提供支持，能够在一定程度上提高公众对于核实践的接受度。

7.1.4　核工程伦理发展历程

随着核武器的产生和应用,科学技术与人类社会的关系发生了深刻的改变,人类进入被称为"核时代"的新阶段,核武器以其巨大的杀伤力和毁灭力,给人类的生存和发展带来了重大挑战。正是由于核武器的重大威慑力,科学家对于核工程伦理的研究愈加关注。

1. 萌芽期

最初思考核伦理问题的是进行核技术研究的科学家,核武器显露出来的巨大威力,促使他们开始思考核工程伦理问题。一部分科学家认为核武器具有非常大的毁灭性,应当禁止核武器,建立无核武世界。同时也有一部分科学家认为要通过核伦理宣传和预防核战争,用理性的力量提高人类对核技术的使用。

1945 年 7 月 16 日,美国进行了首次原子弹实验,同年 8 月,又在日本广岛和长崎投下两颗原子弹,造成大量人员伤亡,全世界为之震动。战后,英国、苏联、德国、法国等也开始加入核武器的研制队伍中,尤其是美苏两国研制和生产了大量核武器,使爆发核战的可能性空前剧增,严重威胁人类的生存和安全发展,人们呼吁全面禁止核武器的制造和使用,核伦理的研究逐渐兴起。

1965—1986 年,核工程伦理研究伴随着核威胁战略的兴起而走向理论化(罗公波等,2021)。1955 年,哲学家罗素、物理学家爱因斯坦等联合发表了《罗素-爱因斯坦宣言》,他们以"人类代表"的身份,而不是以个人身份,发表了废除核战争和呼吁世界和平的宣言。1958 年发表的《维也纳宣言》强调了核战争的巨大破坏和核试验对人类和生态环境造成的破坏,并且对科学家的社会责任作出强调。《罗素-爱因斯坦宣言》和《维也纳宣言》对核工程伦理的理论化发展起到了巨大的作用,自此核伦理问题逐渐被科学家及相关领域的研究人员所重视,宣言中提出的纲领基本就是最初的核工程伦理的基本原则。

2. 发展期

科学家和科技工作者对于核武器的巨大威胁的道德思考促进了核工程伦理的理论产生,而人文社会科学工作者的加入,使得核工程伦理走向成熟。20 世纪 80 年代,核工程伦理的研究逐渐趋于成熟,此时科学家普遍认为核武器不应该被用于战争,而是应该作为核威慑来制止战争。1986 年,约瑟夫·奈在总结美国核战略经验的基础上,结合他人的研究成果,出版了《核伦理学》一书,核工程伦理学的研究再次掀起了热潮。进入 21 世纪,世界形势发生变化。2009 年,美国总统奥巴马呼吁建立一个无核世界,并明确表示"在任何情况下使用核武器都是一个严重的错误",这引发了第三次核工程伦理的研究浪潮。科学工作者就核威慑与无核化进行讨论,有人认为世界各国都应削减核武器的数量,最终实现无核世界。

国内关于核工程伦理的研究主要集中在不同时期、不同学者对核工程伦理的主张、核战略思想的比较研究和介绍,而系统的、独创性的核伦理研究成果仍然匮乏,科学工作者对于核工程伦理的研究仍然处于探索阶段。

7.1.5　核工程利弊

核工程的开发有利有弊,如何实现核工程为人类的安全发展做出贡献,同时不会给人类的生存环境带来毁灭性破坏,是当今时代科学工作者最为关心的问题之一。

1. 核工程之利

1) 经济价值

核能与化学能的差异在于,化学能是通过化学反应中原子间的电子交换产生的能量,核能则是由原子核内部的核子重新排列而释放出的能量。因此,核能被认为是一种非常高效的能源,能够产生巨大的能量,为社会发展带来可观的经济效益。核能发电不同于化石燃料发电,它不会释放大量污染物到大气中,从而相对避免了大气污染以及由此引发的一系列不良效应,如温室效应等,不会破坏自然的调节能力。除此以外,核燃料产生的能量比化石燃料高出很多,所以核能成为人们获取能源的重要途径。核电工程项目的形成,对于国内生产总值(gross domestic product,GDP)的增长有重要的影响,以落户浙江省海盐县的秦山核电站为例,1991 年,秦山核电站建成,之后的 20 多年,海盐县政府做了大量工作支持核电、服务核电,使得海盐县在 2019 年从全国落后县成为全国百强县,秦山核电与海盐县已形成相互合作、相互促进、共同进步的良好局面。

2) 政治价值

核工程的开发除了能够推动科技的发展,在提高国家的政治地位以及国防能力方面也具有重大影响。核武器的制造和应用对于全世界范围内的国家和人民都具有巨大的威胁性,这使得核工程在国防军事方面的价值受到质疑,但科学家认为核工程的开发并不是出于核战争的目的,而是利用核威胁来防止战争,这也是目前许多国家研制核武器的原因所在。尽管使用核武器被视为不道德的行为,但在坚守"不首先使用核武器"的道德原则的前提下,核武器的研发和利用在国防军事领域具有重要的战略价值。核武器的存在能够构建对帝国主义、强权政治和霸权主义的核威慑,有助于确保国家、民族的安全与尊严。通过拥有核武器,国家能够提升在国际政治舞台上的地位,增强民族自信心,进而保障国民的安全(冯昊青,2008)。

2. 核工程之弊

人们难以放弃核工程为人类带来的经济价值，但核工程的开发利用过程中隐藏的巨大安全风险同样引起了许多争议。首要问题就是核能利用过程中产生的放射性物质，这些放射性物质会给人类本身，以及人类的生存环境带来破坏，例如，日本大地震伴随的强烈海啸导致了日本福岛核电站辐射水泄漏，这些污染几乎散播全球，给人类的健康带来危害。

同时，由核工程的政治价值引起的风险也不容小觑。世界经济发展的不平衡，导致霸权主义、恐怖主义横行，政治、军事上的不稳定因素依然存在，如果纷争不能得到妥善处理和解决，那么核工程可能会一直处于对安全发展和人类本身不利的混乱状态中。只有厘清核工程的本质，从核伦理的视角出发，才能保障核工程安全发展。

7.2　核工程伦理问题

7.2.1　核工程技术伦理

经过几十年的发展，核能已经达到了相对成熟的工业技术水平，核技术也被应用在电力、医药、农业、太空等诸多领域。虽然核技术得到了迅猛的发展，但围绕其持续长达半个多世纪的争论仍在持续。一部分人认为核能的应用无论在科学研究还是在工业发展方面都有巨大的潜力，特别是考虑到目前全球面临的生态问题，核能可能是向人类提供可持续能源动力的唯一能源。而另一部分人则对目前核专家的结论和建议持怀疑态度，认为核技术的应用会带来一系列负面影响。为了缓解目前针对核技术应用的矛盾，应对核技术应用产生的伦理问题进行思考，在一定程度上保证核技术安全稳定的发展，从而推动核技术的应用。

由核技术应用产生的伦理问题主要体现在核技术自身的风险性上。核技术的应用会不可避免地带来潜在危害与风险，而这些危害与风险也制约着核技术的大规模应用。目前核技术应用引发公众关注最多的三个问题分别是核技术应用的安全问题、生态问题以及核保密问题。

1. 安全问题

1945 年 7 月，由于日本政府在《波茨坦公告》发表后拒绝投降，美国在同年8 月 6 日和 8 月 9 日分别对日本的广岛和长崎进行了原子弹投放，这是人类历史上首次也是唯一一次将原子弹用于实战。原子弹爆炸后，城市被一片耀眼的白光笼罩，高达 6000 摄氏度的热浪瞬间扩散开来，处于爆炸中心的人们甚至还没来得及反应就被瞬间融化,城市也在顷刻间化为废墟。更可怕的是,原子弹爆炸后产生的核辐射会影响人体内部,甚至改变人的基因。因此,即使是在爆炸中幸存的人,大多数也会受到各种病变的折磨。此外,核辐射的影响是长期的,受辐射的人可能将变异的基因遗传给下一代,产生先天畸形等遗传效应。广岛、长崎原子弹爆炸最终导致约 30 万人死亡,而受到其影响的人更是不计其数,这是世界第一次感受到原子弹的杀伤力。然而核弹的恐怖并没有使人们放弃这种武器,反而将其当作在国际局势中制约他人的工具。第二次世界大战结束后,美国和苏联开展了激烈的核武器军备竞赛,当时的人们普遍持有这样的观念:战争的毁灭性越大,就越能遏制战争的爆发。截至 20 世纪 60 年代,美国拥有的核弹数量已经超过 3 万枚,苏联更是拥有超过 4 万枚核弹,这些核武器足够把世界毁灭几千次。因此,核技术在军事领域的应用严重威胁到了人们的生命安全,而原子弹爆炸的阴影更是至今都笼罩在人们的心中。

除了军事领域,核技术在其他领域的应用同样存在安全隐患。以核电厂为例,尽管人们已经认识到安全建立核反应堆的重要性,但在核技术的实际应用中还是出现了安全问题并导致了许多严重的事故,比如美国三哩岛核泄漏事件、苏联切尔诺贝利核电站核泄漏事件以及日本福岛核电站辐射水泄漏事件。随着核技术的发展,目前核事故发生的概率已经从每年每个反应堆 10^{-3} 次降低到 10^{-4},但距离预期的 10^{-6}—10^{-8} 次还有差距(Andrianov et al.,2015)。而几乎每次由核技术造成的事故都会引发严重的后果,切尔诺贝利核电站核泄漏事故造成的直接死亡人数就达到 30 万人,受到核辐射影响的人更是数以百万计,而切尔诺贝利核电站方圆几十千米至今仍是无人区。由于核技术的应用伴随着潜在的安全隐患,且事故一旦发生,造成的后果是极其严重的,所以有必要对核技术的应用进行伦理思考。

2. 生态问题

人与自然的相互关系是生态伦理学探讨的核心议题。生态伦理学倡导在人类与自然之间建立道德纽带,力求寻求一种能够共同享有生命和共同发展的价值观。这种伦理观念强调了人类对于自然界的尊重和保护,以建立可持续的共生关系。这种理念不仅是对道德责任的呼唤,更是对构建可持续未来的一种积极追求。随着人类科学技术的不断进步,其对生态环境的冲击也愈发严重。核技术更是如此,相较于核灾难对人类和自然造成的直接影响,核技术应用更可怕的风险在于核辐射的长期影响。核辐射对于生态环境的危害是非常大的,受核辐射污染的区域其大气、水源、土壤以及周围生物都会受到影响,且危害持续时间长。切尔诺贝利核电站核泄漏事件发生后,有专家预测该地区两万年内都将不适合人类居住;而受福岛核电站辐射水泄漏影响的区域,其生态环境也遭到了严重的破坏。受核污染的植被产生了变异,不仅个头比正常的大数倍,形状也是千奇百怪;海里的鱼类也发生了变异，或是体型变大，或是产生各种畸形。而且由于核辐射影响范围广、持续时间长以及生态系统的复杂性，人类对于核辐射造成的生态环境的影响还无法做出全面、准确的评估。此外，在核技术应用的过程中，核废料的产生是不可避免的。然而目前的技术水平还无法实现对核废料的完全处理，只有30%左右的核废料可以用于再加工，而剩余的核废料则要暂时储存起来。且核废料的放射性同样很高，一旦出现泄漏，对生态环境的影响也是不可估量的。2021年，日本政府决定将100万吨核废水排入太平洋而受到国际社会的强烈谴责，因为核废水一旦排入海洋，其中的放射性物质首先会对海洋里的生物产生影响，破坏海洋生态系统。其次，由于洋流的作用，放射性物质会随着洋流不断扩散，届时会有更多区域受到核污染的影响。所以，在核技术未来的发展与应用中，必须完善相应的生态伦理道德，在应用核技术推动社会经济发展，带给人们便利的同时，将其对生态环境的影响降至最低，实现人类与生态环境的协同进步。

3. 核保密问题

美国投放于日本广岛、长崎的两颗原子弹爆炸后，人们深刻认识到原子弹的杀伤力及危害，由此国际上拥有核武器的国家就防止核扩散达成一致，签署了《不扩散核武器条约》，致力于避免核战争的发生，保障全世界人民的安全。然而，在世界范围内彻底控制核材料以及核技术是很困难的，即使在各国政府以及国际社会的共同监控下，依然时常有核走私案的发生，甚至存在着规模较大的核黑市。根据国际原子能机构的统计，1995年以来世界范围内发生的核走私案超过2200起（金显毅，2019），而且走私的核材料日趋专业化。这给国际社会的稳定以及人民的生命安全都带来了极大的威胁。如果制造核武器的材料以及核技术被不法分子得到，后果将不堪设想。由于核能蕴含的巨大能量和潜在的风险，关于核技术的研究与应用已经不只是政治和科学问题了，更是伦理道德问题。因此，各国应做好核材料的控制以及核技术的保密，避免核技术出现不当应用。

7.2.2　核工程"人"伦理

1. 核科学家伦理

科学家是科技活动的主体，也正是科学家的不断探索，使得人类科技水平得到了空前的发展。然而，科技是一把双刃剑，它既可以帮助人类认识世界，并通过促进经济与社会发展造福人类，也可能在一定条件下对人类的生存与发展造成危害。随着人类对科技依赖程度的不断增加，科学家在社会各领域的重要性也愈发显著。因此科学家理应对其研究成果承担一定的伦理道德责任，针对核能这样高风险、难以控制的技术更是如此。1942 年 6 月，美军开启曼哈顿计划，召集上千名顶级科学家研制原子弹。而科学家研究原子弹的初衷主要是尽快结束战争，并希望原子弹能够更合理地解决国际上的冲突。历时三年，原子弹研制成功，然而广岛与长崎的原子弹爆炸却震惊了科学界，随后的核军备竞赛更是让整个世界都陷入对核武器的恐惧中。在曼哈顿计划中，科学家的出发点是好的，但他们的研究成果在战争中却造成了空前的灾难。科学家在研究活动中不仅要承担作为学者的责任，更要承担作为世界公民的社会伦理责任。如果科学家对核技术的研究不受社会伦理的约束，未来的核技术可能会彻底超出人类的控制范围，对人类以及自然界造成极大的威胁。因此，核科学家应肩负社会伦理责任，全面地考虑核技术对整个世界的影响。

2. 核工程决策者伦理

在核工程的决策中，可能会遇到一些两难的抉择，而伦理作为社会行为规范，在一定程度上可以帮助决策者理清思路，为决策提供方向指引。然而在现实中，由于伦理对决策影响的"显性"不足，一些决策者就忽略了伦理的重要性，从而导致了严重的后果。在历史上几次重大的核事故中，大多数都有人为的因素存在。1986 年的切尔诺贝利核电站核泄漏事故是人类历史上最严重的核事故之一，而此次事故就是人为造成的。首先，切尔诺贝利核电站存在设计缺陷，其反应堆结构不合理，为事故埋下了隐患。其次，事故发生当天，切尔诺贝利核电站在进行一项测试，而之前的几次测试都以失败告终。于是操作人员为了通过测试就没有按照规定流程操作，导致了反应堆的爆炸。此外，在事故发生过后，苏联政府并没有第一时间疏散群众，而是选择封闭消息，直到一周后才出动大量人力物力参与救援，可此时已经错过了最佳救灾时机，核辐射更是已经扩散到上千千米以外。最终，此次事故使几百万人受到核辐射影响，对其后代的影响更是无法估量。切尔诺贝利核电站所在的普里皮亚季城也因此次事故被遗弃，成为一片禁地。切尔诺贝利核电站核泄漏事故发生的原因就是其决策者在做决策时缺少伦理考量，从核电站的设计到事故发生前的测试再到事故之后的应对措施，决策者都只是从利润或效率的角度上考虑，而缺少对人类福祉以及自然保护的考量。作为人类历史上另一次严重核事故，福岛核电站辐射水泄漏的直接原因是地震造成了输电塔的倒塌，破坏了核电站的冷却系统。这次事故看似是天灾，但在事故发生后的处理环节上，一些人为因素导致此次事故的影响被扩大。在事故发生后，东京电力公司的工程师建议冷却核反应堆，避免事态扩大。但管理层却犹豫不决，直到 20 多个小时后才采取补救措施，可为时已晚。由于冷却不及时，3 个反应堆发生了不同程度的爆炸，并引发了核燃料的燃烧，再次加重了事故的影响，此次核泄漏事故等级也由一开始的 4 级提高到了最高等级 7 级。东京电力公司对于此次事故的处理方式可能是出于成本或是社会舆论的考量，但无论是出于什么立场，都不应该以人类安全以及生态环境的稳定作为代价。因此，作为核工程的决策者，在其决策过程中应该遵守一定的伦理原则，确保核工程向着有利于人类健康发展的方向前进。

7.2.3　核工程外部伦理

1. 核工程保障机制

随着科技的发展，人类在一定程度上已经战胜了自然，而这也使人类产生了对自然的优越感以及对科技的过度自信。这样的想法往往会使人类淡化科技带来的风险，对核技术也是如此。在切尔诺贝利核电站与福岛核电站发生事故的第一时间，当局都没有立即报告或是采取紧急措施，这可能是出于对核技术掌握的自信，认为凭借其技术水平可以将事故保持在可控范围内，但这两次事故最终都造成了极其严重的后果，也说明了对于核技术的应用不能有半点的侥幸与大意。因此，对待核工程这样关系到国家乃至世界安全的活动，应制定完善的应急保障制度，在事故发生的第一时间可以做到快速响应，从而最大限度地降低负面影响，这也是核工程活动从业人员应该具备的社会伦理责任。此外，作为关系到国计民生以及世界局势的重大活动，核工程也应该受到政府的监管。在福岛核泄漏事故中，东京电力公司的处理方式存在明显的问题，而日本政府却没有及时地对其进行有效管理，从而导致事件的影响不断扩大。因此，在涉及核工程这样关系重大的项目时，政府应制定完善的监管制度，对核工程项目的审批、建设、管理等过程进行严格的评估与监管，确保核工程的安全运行。这不仅是对本国民众的责任，更是对整个世界安全、稳定的伦理责任。

2. 公众核知识的普及

随着对核能研究的深入，核技术已经可以应用在社会的多个领域，而无论利弊，受核技术应用影响最深的还是普通民众。作为核技术应用的利益相关者，公众对于一些核工程的开展应享有知情权，并在一定程度上参与决策（肖姝，2012）。然而，受核武器以及核泄漏事故的影响，目前多数民众对于核技术的认识还停留在"谈核色变"的阶段，不能正确认识到核能对于社会经济发展的影响，这也在一定程度上限制了核技术的发展与应用。因此，在发展核技术的同时，有关部门也应该兼顾对公众进行核知识的普及，帮助普通民众正确认识核能的影响。

7.3 核工程发展的伦理原则

核工程及项目的开发一直以来犹如一把双刃剑，一方面可以造福人类，另一方面，如果不加以注意，它也会给社会带来巨大的危害。综合考量核工程安全发展的伦理原则实际上是控制核工程风险，降低其社会危害的主要途径，而要实现这一考量过程，我们必须要知道有哪些影响因素。通过长久以来的核工程研究发现，重要的影响因素主要来自三个方面，即"核工程技术"、"核工程决策者"以及"外部环境因素"。首先，由于核工程的特殊性，无论是核工程的经济价值还是生态、安全风险，这些都是由核工程技术的掌握程度决定的。其次，核工程的成功与否自然离不开决策者的决定，工程决策者的道德、知识、社会责任水平又影响了其所做出的决定。最后，与核工程相关的制度、法律以及人民对核工程的接受程度等外部环境因素也影响着核工程的决策与发展过程。

虽然在核工程的实施与发展方面我们会遇到诸多问题和挑战，但是由于工程实施最终的决定权仍然在人类的手中，所以我们总能找到方法去防范和消解这些问题。社会学专家研究指出，对于争议性伦理问题的解决，最好的办法就是制定相应的伦理原则和法律法规来约束问题执行人的行为，并规定其享有的权利和所需承担的义务。核工程伦理原则的确立，不仅为核工程决策者消解伦理困境提供了依据，而且为决策者在核工程的实施过程中提供了行为准则。对于某些可能有巨大风险的核工程项目，正确的伦理原则可以帮助决策者预防甚至杜绝严重灾害的发生。

7.3.1 风险预防原则

核工程虽然具有不可控的风险性，但是最终它的实施与否还是掌握在人类的手中。而人类对风险有判断能力并且也有规避风险的手段，风险预防原则的存在就是为了让决策者规避由核技术的风险所带来的核工程伦理困境。

风险预防原则被广泛运用于环境保护领域，作为一种风险处理原则，其主要用于在潜在损失发生之前识别并减少可能导致损失的各类因素，以预防或降低损失。核工程伦理中的风险原则指若一项核工程所采用的技术可能带来巨大的风险和伤害，如果这种风险和伤害出现的原因还不能被清楚地论证出来，那么人们就选择其他的方案来代替这种技术，或者是弃用此种技术方案。对于核工程这样可能有重大风险和不确定后果的项目来说，风险预防原则是非常适用的。

7.3.2 责任原则

核工程项目决策是巨大风险和利益共存的决策，项目过程中各种不确定的后果可能为项目的各个客体带来巨大的影响。此时，人们需要对项目决策者的道德以及责任意识有严格的要求。在确保核安全的过程中，将责任精准分配到每个人，让每个人都能清晰地认识到自己的职责所在，高效完成本职工作，确保可以更加安全稳定地开发和利用核能。建立起合理的核工程决策责任原则，可以更好地帮助核工程决策者应对面临的伦理困境（韦瑶瑶，2018）。

1. 新时代核工程的责任原则具有更强的时空跨度性

随着经济全球化、信息一体化的推进，世界上每一个国家和地区都已经不是简单独立的个体了，大家需要有更强的责任意识来推动世界核工程的发展。新时代互联网高速发展，信息传播速度加快，可能一个很小的突发事件就会带来不可估量的后果。所以传统意义上只考虑近距离的责任已经不能满足人们的需求了，需要一种与时俱进的责任原则。具体到核工程来说，它需要核工程决策者在进行项目决策时，首先，不应该只考虑自己身边人或事的利益，而应该站在更高的角度，考虑工程对整个地球生态圈的影响，为人们赖以生存的自然环境考虑；其次，众所周知，核工程一旦出现事故，那么造成的影响就不是一时的，切尔诺贝利核电站事故造成人员、财产的重大损失，并且污染了环境，尽管30多年过去了，它的余害仍然没有完全消除。这也告诉核工程决策者，在进行决策时，不仅要考虑为当前的人或物负责，也要为后代负责，从更长远的角度来思考问题。

2. 新时代核工程的责任原则有系统性

核工程无论是哪一种类型，都是一个巨大的工程，往往需要多个部门与团体合作完成，是一个复杂系统。一个项目可能需要地质、交通、安全、信息、气象等多个部门的工作配合，如果此时人们只从单纯个体的责任伦理原则来看，各个个体之间也许会产生冲突，因此更需要以群体为单位的责任伦理观。人们需要将整个项目的所有参与成员看作一整个责任主体，所有的风险和责任需要大家共同承担。

7.3.3 公正原则

人们在核开发和利用过程中应该坚持利益获取和风险承担相匹配的原则，即在核工程开发的利益分配上，应该同时考虑整个过程中风险的承担，承担风险者应该获得与之相匹配的利益。一定要防止出现最大的获利者因为所处的环节或者职位的优势，而承担很小的风险，甚至不承担风险，最大的风险反而转到最少的利益获得者身上的情况。公正原则体现了社会最基本的公平、公正的伦理精神。

在此原则框架下，人们更加关注对那些承受风险的个体或群体的利益，并且该原则充分考虑了核能开发与应用工程的独特性质。在核开发利用的过程中，除了产业链上不同部门所承担的风险完全不同外，由于产品的特殊性，许多核产品也并不能完全市场化。就如同核电产业链中，所有部门中最大的获利主体其实是核电站，但是往往其拥有着最高的经济效益以及先进的技术防护，所承担的污染风险却是最小的。相反地，核废物贮存与处理的后续部门承担着巨大的核污染风险，却不能直接享受核电带来的利益。还有那些生活在核电站、核废物处理中心附近的普通民众，他们并未从整个核电产业链中获得任何利益，但在没有任何防护的情况下承担了极大的核污染风险，这些都是整个核电产业链中公正性不足的表现。这样的结果从经济学上考虑是很不公平的，它也违背了人道主义精神，如果一直保持这样的情况不做改变，那么就会在无形中增加许多本来可以减少的核能利用风险，进而对整个社会造成影响。公正原则就是社会公平性的体现。如果人们能坚持公正原则，那么在产业链上的利益获得者在转嫁自己所承担的风险时也需要让出相应的利益，当其将大部分风险都转嫁出去后，自身所获得的利益必然也应相应地减少。而决策者总是逐利的，他们往往不愿意放弃本应属于自己的利益，这就会促使他们通过发展科学技术、改变管理模式等手段来进一步减少承担风险对自己的危害，进而从源头上降低整个核安全风险。并且这一原则也更有助于推动整个核工程产业的积极发展。

7.3.4　生态和价值原则

对于核工程这一领域来说，生态和价值往往是两个需要放在一起考虑的问题，核工程项目所产出的结果到底对人类是有价值的还是有危害的，是人们在核工程项目开展之前不得不考虑的问题。

一个良好的生态环境是人类可以更好地生存和发展的基础，但人类在发展过程中，有时会对生态环境产生许多伤害。有的人只考虑自己的利益，去主动做一些明知会给生态系统带来巨大伤害的行为。比如有的国家为了能在核能征税中获得经济利益，不择手段地去争夺对于核废料的处置权，从而对生态环境造成污染、破坏。当今核能在生物改良上的应用，也对整个生态圈的生物多样性造成了破坏。大自然已经默默接受并包容了这一切，如果人们不对自己的行为加以改变，终有一天，自然界会以各种形式对人类进行"报复"。

就如核电项目旨在为人类社会提供一种既便捷又高效的清洁能源解决方案，以此改善人类的生活环境，其本质体现了在能源开发利用过程中追求成本效益最优化。然而，必须指出的是，核能的开发伴随着显著风险，包括核泄漏和核污染等，这些会对人们的生存环境造成无法逆转的重大损害。人们在面对核能利用的这种"双刃剑"效应时，必然要趋利避害。但是也要明白，以人们目前所掌握的核技术，创造价值与风险规避之间是存在冲突的。如果人们为了安全去打造高标准、严要求的核电项目，那必然会提升项目的成本，从而减少核电项目带来的经济价值总量。如果人们盲目地追求经济价值总量的最大化，而无视核技术带来的风险，那生态环境必然会遭到破坏。

生态和价值原则要求人们在生态与价值之间寻求一个平衡点，尽可能在坚持对生态无害的原则上实现核技术的利用，如果两者之间出现不可调和的矛盾，还是应该尽可能给予生态环境更多的保护。由于人类对核技术知识的探索还十分有限，并不能完全杜绝危险的发生，但是人们可以尽力将这种危险降到最低。对人们还没有完全掌握和可控的核技术，避免将其运用到会对生态环境造成污染的领域。对已经掌握和了解的核技术，在运用之前要进行充分的生态价值论证，保证能有一个良好的生态环境供人类继续发展。

7.3.5　公开透明原则

一直以来，核能对于普通人来说好像过于遥远，而核技术又显得过于晦涩难懂，公众对其知之甚少。留给公众印象最深的不是核能给人类生活带来的便利，反而是核技术给人类带来的巨大危害，如原子弹爆炸、核电站泄漏等。而公开透明这一原则就可以缓解这一现状，此原则是指核工程的整个开发利用过程中，在不泄露国家机密以及保护知识产权的前提下，可以向社会积极、全面、清晰地公布核工程的进展信息，并保证信息的准确性，使信息公开透明。这可以很大程度上消除民众对于核技术的抵触心理，改变一直以来的误解，保障核工程在外部社会环境上顺利消除阻力。核工程只有获得了公众的认可，公众才会接受它，并且与政府共同行使监督的权利，来敦促它的发展（文涵，2013）。

公开透明原则是公众对政府、企业、科学家这种掌握核技术的主体进行监督的基础。公众只有掌握了更多真实有效的信息，才能更多地提出自己的想法和意见，从而帮助决策者做出更符合人类利益的决策。这一过程需要社会各界的配合才能更好地完成，专业的科研机构应该对核能利用行为主体所公布的信息进行正确的分析和评价，媒体机构作为与公众最直接的连接桥梁应该更通俗易懂地向公众传播这些信息，并且要保证信息的真实与准确。落实公开透明原则后，公众才能获取最准确的核工程信息，这对加强公众对核工程发展的理解和支持至关重要。

从另一个视角来看，公开透明原则也对核能利用行为主体有着监督作用。当决策者只顾眼前利益，想要做出危害人类、危害环境的不道德行为时，如果坚决落实了信息的公开透明原则，那么此时决策者就需要考虑当信息公开后可能会给自己带来的后果，从而逼迫他选择一个更优的处理方案。所以在核工程发展的过程中坚持公开透明的原则，也是保证决策者做出正确行为判断，保障核工程安全发展的一个重要前提条件。

7.3.6　理性原则

核工程由于其项目的技术门槛高，所带来的风险也更大，此时人们就需要遵循理性原则。该原则主要包含以下几点内容：首先，一个核工程项目在立项之前，必须要进行大量的系统性科学调研，分析整个项目是否可行；其次，在决策阶段，应该重视并保护人类和自然生态；最后，在项目的执行过程中，要有规范的决策标准和执行要求，一个缺乏理性的核工程项目注定是难以长久的，即使在短时间内可能有经济价值，但是长久看来，也必然会造成不可挽回的后果。

理性决策人们应该做到以下几个方面。首先，在核工程项目的决策过程中，必须对大量资料进行深入分析，同时，还应做到实地调研、勘探。在决策方案上不仅要有权威专家进行反复论证，同时还要采用先进科技手段，尽可能地进行实验验证、仿真模拟来确保方案的安全性、可靠性、稳定性。不能因为某些高层决策者的一个想法、决定就盲目地开展工程项目，所有的方案都应该兼顾安全、利益与生态，要全面协调，理性决策。另一方面，决策方案、执行要求并不是制定出来就一成不变了，因为无论是任何决策问题，没开始执行前的决策都不能做到尽善尽美，核工程项目更是如此。决策方案绝不是一蹴而就的，而是随着项目的推进、实时的运营情况随时做出调整，以信息反馈的形式不断修正方案，从而尽可能杜绝由盲目抉择而造成的严重后果。

综上，针对核工程发展中存在的问题，本节探讨了相应的伦理原则，包括风险预防原则、责任原则、公正原则、公开透明原则、理性原则，为核工程发展过程中可能遇到的伦理问题提供了理论依据，以保障核工程安全稳定地发展。

7.4　核工程伦理的实现

为了更好地推动核工程发展，使核工程伦理深入人心，需要从提升公众的核工程道德伦理意识入手，提升公众的思想道德素质，加强核工程安全、生态等伦理意识和核工程伦理体系建设，引导公众伦理价值。同时要建立核工程伦理评估体系，建立健全的核工程安全、生态法律制度，监督核工程项目落实情况以及约束核工程工作人员的行为。

7.4.1 提升公众思想道德素质

1. 加强核工程安全、生态文化建设

核工程项目会造成的问题主要是安全和生态问题，而该问题大多是人为导致的。因此，需要对人进行管控，加强人们对安全、生态的重视。

安全对于核工程的发展至关重要，被视为"生命线"，只有在安全的情况下，核工程的经济、生态、社会价值才会得以实现。因此，安全是需要每个参与者以及公众铭记于心的原则。要提高核安全意识，加强核安全教育和道德素养。安全开展核工程项目极具现实意义，对社会发展有极大影响。只有在安全原则下，参与者才会有责任感、社会使命感。在"安全第一"思想的指导下，实事求是，不断改进，加强安全文化的教育和培训，营造核安全文化的氛围（王烨，2016）。

另外，生态环境是人们赖以生存的基础，会给人类提供可持续发展所需要的资源，但如果人类对生态环境造成无法弥补的破坏，将会产生严重的后果。因此，在发展核工程时，要确保生态环境的可持续发展，保护好人类赖以生存的大自然。要把生态问题贯穿于核工程项目中，树立核生态发展价值观。从技术层面来说，工作人员要提高核废料的处理水平，提高核燃料的循环生产能力（宋嘉颖，2013），这符合核工程道德伦理要求。

2. 提高核工程企业文化建设

核工程伦理的发展离不开企业文化建设，离不开核心价值观的构建。

首先，大力加强精神文化建设。精神文化建设落实到核工程项目中就是核工程发展理念，核工程项目进展中要遵循"安全第一、保护生态"的基本原则，形成企业安全文化理念，增强核工程工作人员的团队精神，提高安全意识，提升保护生态的意识。

其次，大力加强制度文化建设。核工程制度文化建设需要公正、完善、健全的管理体系，要具有操作性和反馈性。核工程项目中完善的管理制度以及核伦理评估制度能规范工作人员的行为，指导参与者的工作。

最后，大力加强物质文化建设。思想道德的提高需要物质文化进行保障。企业通过物质文化的发展，统一工作人员的思想和行为，促进工作人员的自我规范，以此激发工作人员的集体责任感，推动企业以及核工程项目的顺利开展。

3. 普及核知识

如今，由于核事业对公众的透明度不高，往往存在"谈核色变"的现象，所以需要对公众普及核知识，树立科学公正的核伦理意识，引导公众对核项目进行监督，营造良好的社会环境。

　　首先要明确传播核知识的内容范围，其次要确立"全民懂核"的社会目标，再次要利用多种方式进行核知识的宣传与讲解，最后要引导公众对核工程事业进行监督。一方面，可以在各种社区、群团活动中插入核知识，通过报纸、电视、微信公众号、微博等不同的信息传播平台进行知识普及。另一方面，利用"全国科普日""世界环境日"等节日作为宣传节点，策划组织开展核知识交流活动，将核知识渗透到社会的方方面面。

7.4.2　引导公众伦理价值

　　核工程伦理需要价值引导，价值伦理引导指从伦理角度对核开发利用过程中面临的重大价值问题进行感知、分析、判断，明确价值困境，并对核工程进展进行指导。对核工程发展的伦理价值引导是引导核发展目标、项目决策的内在要求。人们需要建立一个普遍认可的基本价值观，能够区分核工程中的是非善恶。

　　核工程伦理目标需要项目决策者和项目执行者一起实现。对于核工程项目的决策者来说，需要建立正确的道德价值体系，要有责任意识，开展核工程要考虑安全、生态等关键因素，以民生安全、社会稳定、生态环境可持续发展为首要原则来确立工程建设目标，并且给出安全、生态和可靠的项目方案，同时在项目实施过程中持续监控项目进展情况，及时发现问题并解决问题，要开展有利于人类发展的核工程项目，而不能只追求利益与财富。核工程执行者更需要严格按照项目原则操作，以高道德标准要求自己，把握伦理道德准则。

　　对于公众伦理价值的引导，首先，要用辩证的思维看待核工程。核工程有利有弊，在获得经济利益的同时，不可避免地会给生态和社会造成一定的危害，这就需要公众有辩证的伦理价值思维，以更长远的眼光看待核工程。历史上，核事故对人类危害巨大，对生态环境和社会发展影响巨大。因此，在核工程项目中，不仅要关注经济利益，更要注重生态环境、重视安全问题、尊重生命、节能减排，使核工程与生态环境和谐发展。

　　其次，个人的三观对个人及社会发展有重要影响。面对核工程，个人应该以社会价值为基础，以实现个人价值为导向，推动核工程的发展。要深刻认识"人本、诚信、责任、和谐"的伦理主线，站在人类历史发展的高度深入思考核工程伦理。

　　最后，要以集体价值为重。在核工程发展进程中，我国大力弘扬"两弹一星"精神、核工业精神，重视核工程工作人员的培养和教育，从意识层面丰富核工程工作人员作为个体的价值，以此来增强核工程工作人员的职业道德和无私奉献的觉悟，进而实现核工程的集体价值（任灿，2016）。

7.4.3　建立相关伦理制度

1. 建立健全相关法律法规

核工程伦理的实现需要国家的支持与主导，国家应该及时向公众传播客观公正的核知识，宣传核伦理意识。除此之外，国家也要建立健全相关法律制度。制定和完善核能法律法规是核工程伦理的强有力后盾，国家要以法律法规约束核工程发展中的安全、生态问题。

中国是利用核能和核技术的大国，核能发展多年来一直保持着良好的安全生态水平。随着中国核工程建设的快速发展，核技术在工业、医疗和公共安全等领域的应用日益广泛，规范和指导核能事业健康发展更需要完善的法律法规。

目前，我国在《中华人民共和国放射性污染防治法》和《中华人民共和国核安全法》的指导下，形成了以《中华人民共和国民用核设施安全监督管理条例》《民用核安全设备监督管理条例》《放射性同位素与射线装置安全和防护条例》等为支撑的核法律法规体系。

中国的核安全立法应从两个方面实现：一是传统意义上的核技术安全，二是公众、社会和文化意识上的核安全，需要对核工程项目的过程进行信息公开（王烨，2016）。其中，核工程信息公开的目的是让社会大众进行监督，在不影响安全和保密的前提下，尽可能将核工程相关信息公开透明化，并建立信息公开机制，这样不仅不会造成信息泄露，反而会引导公众监督并得到公众的支持，确保核工程的安全与发展。

2. 建立核工程伦理评估制度

制度是决定人类社会行为规则和约束关系的总和（Clery，2005）。一定程度上，需要制定核工程伦理评估制度，通过评估制度切实落实责任，使核工程安全、生态责任等落实到人。

核工程伦理评估制度从安全、生态、环保等角度体现了评估核工程项目的伦理原则，实行相应的奖励与惩罚，借助伦理评估制度引导和约束核工程参与者的行为与思想。合理的奖惩制度可以促使相关人员逐步提高思想道德素质，践行核工程伦理价值。

参 考 文 献

冯昊青. 2008. 基于核安全发展的核伦理研究. 中南大学博士学位论文.
金显毅. 2019. 核技术应用的伦理问题及对策研究. 渤海大学硕士学位论文.
罗公波, 冯昊青, 姚婷. 2021-11-23. 核伦理研究的历程、内容及其特征. 中国社会科学报, 7.
任灿. 2016. 我国核电发展的伦理反思. 南华大学硕士学位论文.

宋嘉颖. 2013. 核能安全发展的伦理研究. 南京理工大学硕士学位论文.

王烨. 2016. 中国核安全观的伦理探究. 南华大学硕士学位论文.

韦瑶瑶. 2018. 核电工程决策的伦理考量. 南华大学硕士学位论文.

文涵. 2013. 核伦理风险防范研究. 武汉理工大学硕士学位论文.

肖姝. 2012. 核电工程的伦理思考. 湘潭大学硕士学位论文.

Andrianov A, Kanke V, Kuptsov I, et al. 2015. Reexamining the ethics of nuclear technology. Science and Engineering Ethics, 21(4): 999-1018.

Clery D. 2005. Nuclear industry dares to dream of a new dawn. Science, 309(5738): 1172-1175.

第8章　太空开发工程伦理

工程伦理总体包括工程的技术伦理、工程的利益伦理、工程的责任伦理和工程的环境伦理四个方面，本章结合复杂航天装备开发和太空垃圾全球治理问题，基于"物理-事理-人理"方法论（简称 WSR 方法论），对有关伦理问题进行讨论，主体框架如图 8-1 所示。

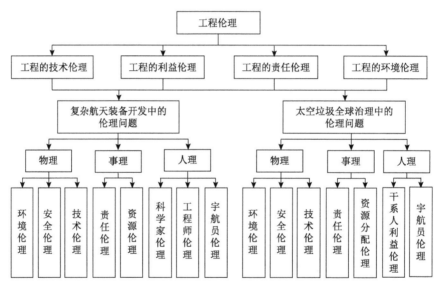

图 8-1　太空开发工程伦理主体框架

8.1　太空开发的历程、现状与趋势

8.1.1　太空开发的历程

1. 人造地球卫星、载人飞船以及航天飞机的发展

人造地球卫星成功发射。1957 年 10 月 4 日，苏联成功发射世界上第一颗人造地球卫星"斯普特尼克 1 号"，这不仅标志着人类太空时代的到来，也开启了美苏两国持续二十余年的太空竞赛。同年 12 月，美国使用"先锋"火箭发射卫星，

并以火箭爆炸宣告任务失败。次年 1 月 31 日，美国改用"朱诺"火箭搭载人造地球卫星"探索者 1 号"进入太空（齐鹏，2003），其发回的数据使研究人员发现地球周围存在高能粒子辐射区即"范·艾伦辐射带"。此后，"探索者 1 号"在轨道中漂浮了十余年，直至 1970 年才重新进入大气层中焚毁，而就在同年 4 月 24 日，中国首颗人造地球卫星"东方红 1 号"发射成功，拉开了我国探索宇宙奥秘、和平利用太空的序幕。

载人飞船成功发射。1961 年 4 月 12 日，苏联发射首艘载人飞船"东方 1 号"，此次任务的宇航员尤里·加加林在最大高度 301 千米的轨道上绕地球旋转一周，历时 108 分钟，这次飞行开启了人类航天新纪元（佚名，2004）。美国紧随其后，于同年 5 月 5 日发射"自由 7 号"宇宙飞船，宇航员艾伦·谢泼德完成了美国首次亚轨道飞行任务，尽管因其并未进入地球轨道而遭到当时苏联领导人赫鲁晓夫的嘲讽，但这却是人类航天史上首次宇航员留在航天器中返回地球的任务。1963 年 6 月 16 日，苏联发射"东方 6 号"宇宙飞船，此次任务的宇航员瓦莲京娜·捷列什科娃绕地球飞行 48 圈，实现了人类首位女航天员飞天的创举，她也是迄今为止人类历史上唯一一位独立对一艘宇宙飞船进行了全程手动操纵的女性宇航员（佚名，2004）。2003 年 10 月 15 日，承载着中华民族千百年来飞天梦想的"神舟五号"载人飞船成功发射，宇航员杨利伟在轨飞行 14 圈，历时 21 小时 28 分，此次任务的成功标志着中国成为世界上第三个独立掌握载人航天技术的国家（佚名，2004）。

宇航员出舱活动。1965 年 3 月 18 日，苏联发射"上升 2 号"宇宙飞船，宇航员阿列克谢·列昂诺夫在此次飞行中完成了人类首次离开飞船进入太空的任务（佚名，2004），他通过一条系绳与飞船相连，在太空中停留了约 24 分钟，其中自由漂浮 12 分钟，离开飞船的最远距离为 5 米。同年 6 月 3 日，美国发射"双子星 4 号"宇宙飞船，宇航员爱德华·怀特在此次飞行中创造了在太空自由漂浮 21 分钟的纪录，成为首个太空漫步的美国人。1984 年 2 月 7 日，美国发射"挑战者号"航天飞机，宇航员罗伯特·斯图尔特和布鲁斯·麦坎德利斯先后出舱活动，完成了人类历史上首次"不系绳"太空行走任务。2008 年 9 月 25 日，我国"神舟七号"载人飞船搭载三名宇航员进入太空，其中宇航员翟志刚完成我国首次太空出舱任务，标志着我国成为世界上第三个独立掌握太空出舱关键技术的国家。

多国载人航天任务。太空的探索与利用是高风险与高投入并存的事业，单靠一两个国家难以深入和持久，因此国际合作成为推动空间科学发展和应用的有效途径。载人航天作为重要的航天活动之一，也离不开国际交流与合作。"阿波罗-联盟测试计划"是历史上首个多国载人航天任务。1975 年 7 月 17 日，美国和苏联分别成功发射"阿波罗号"和"联盟 19 号"宇宙飞船，两飞船于 19 日在地球轨道上完成交会对接，在连接的 44 个小时内，美苏宇航员交换了国旗、礼物和签名，参观对方的航天器并合作开展科学实验。从技术和相互关系上来看，"阿波罗-联盟测试计划"都是成功的，它开启了载人航天任务多国合作的时代。中国载人航天始终坚持开放共赢的国际合作理念，不断拓宽载人航天合作的"朋友圈"。中国载人航天工程办公室已经与俄罗斯、德国、巴基斯坦等多个国家的航天机构，及联合国外空司、欧洲空间局（European Space Agency，ESA）等航天组织签署了合作框架协议，展开多种形式的载人航天国际交流与合作。

航天飞机飞行任务。考虑人造地球卫星在任务结束后只能坠毁，无法返回地球再次利用的缺点，美国于 1981 年 4 月 12 日发射了"哥伦比亚号"航天飞机，宇航员约翰·沃茨·杨和罗伯特·劳瑞尔·克里彭完成了航天飞机的首次正式太空飞行任务，开始了航天飞机的时代。然而，由于航天飞机重复使用的费用远高于预期，以及维修的难度远高于计划，加之 1986 年"挑战者号"和 2003 年"哥伦比亚号"两次大型航天事故（共造成 14 名宇航员牺牲），航天飞机的时代逐渐走向结束。

上述提及的部分人造地球卫星、载人飞船及航天飞机的发射时间如图 8-2 所示。

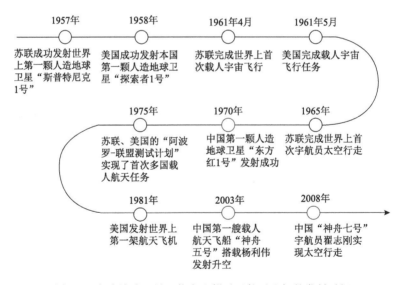

图 8-2 人造地球卫星、载人飞船以及航天飞机的发射时间

2. 月球的探索

月球探测器和月球车。1958—1976 年，苏联共发射了 24 个正式命名的月球号探测器，其中 18 个完成了探月任务，实现了飞越、硬着陆、环绕、软着陆和取样返回等探月过程。1959 年 1 月 2 日发射的"月球 1 号"探测器从月球表面 5000 多千米处飞过，对月球磁场、宇宙射线等数据进行了测量。同年发射的"月球 2

号"首次实现月球硬着陆，"月球 3 号"首次拍摄到了人类不曾见过的月球背面的照片。1970 年 11 月 17 日，"月球 17 号"携带"月球车 1 号"飞往月球，"月球车 1 号"是世界上首辆成功运行的遥控月球车，它考察了 80000 平方米的月面、拍摄照片超过 20000 张，并对 25 个点的月壤进行了化学分析。1958—1976 年，美国共发射了 54 个月球探测器，它们分属于 7 个系列，其中 5 个系列的成果较为突出。其中，"先驱者"系列是美国最早的月球探测试验，"先驱者 4 号"实现了远距离飞越月球；"徘徊者"系列主要进行月球硬着陆试验，"徘徊者 7 号"至"徘徊者 9 号"实现了硬着陆并在撞毁前将诸多月球照片发回地球；"月球轨道器"系列主要进行月面地形图拍摄，"月球轨道器 1 号"至"月球轨道器 5 号"获取了覆盖月面 99%区域的高质量照片，并为载人登月计划着陆点的选择提供了遥感数据；"勘察者"系列主要进行不载人软着陆实验，获取了大量月球资料，为"阿波罗登月计划"打下坚实基础；"阿波罗"系列是美国的载人登月计划，将在下一段中详述。2004 年，我国正式开展月球探测工程即"嫦娥工程"，工程分为"无人月球探测"、"载人登月"和"建立月球基地"三个阶段。在"无人月球探测"阶段，截至 2024 年 1 月 8 日，我国共发射 5 个嫦娥号探测器，其中"嫦娥一号"是首颗月球探测卫星，它完成了"绕"月的任务并传回 1.37 TB 的有效科学探测数据，标志着中国成为世界上为数不多具备深空探测能力的国家之一。2013 年 12 月 15 日，"嫦娥三号"携带"玉兔号"月球车完成"落"月任务，"玉兔号"是我国在月球上留下的首个足迹，它在月球上进行了土壤、地质的探测，工作时长达 972 天。2020 年 12 月 1 日，"嫦娥五号"在月表着陆并于次日完成月球表面采样、封装等工作，实现我国首次月球无人采样返回任务，为我国探月工程"绕、落、回"三步走发展规划画上了圆满句号。

载人登月任务。1961—1972 年，美国实施一系列载人登月任务，即"阿波罗计划"，其中包括 11 次载人飞行任务、6 次载人登月任务。1969 年 7 月 16 日，"阿波罗 11 号"搭载宇航员尼尔·阿姆斯特朗、迈克尔·科林斯和巴兹·奥尔德林飞向月球（佚名，2004），实现了人类首次成功登月，是人类探索宇宙的里程碑。此后，美国相继发射了"阿波罗 12 号"至"阿波罗 17 号"飞船，其中除"阿波罗 13 号"因氧气罐发生爆炸而未能执行登月计划外，共 12 名宇航员成功登月。2023 年 7 月 12 日，中国载人航天工程办公室发布载人登月初步方案，计划于 2030 年前实现载人登陆月球，完成"登、巡、采、研、回"等多重任务，形成独立自主的载人月球探测能力。

3. 空间站的发展

国外空间站的发展历程。国外空间站的发展已历经 4 代，至今共发射了 10

个空间站。第一代空间站包括苏联的"礼炮 1 号"至"礼炮 5 号"和美国的"天空实验室"空间站,它们均具有单舱、单对接口。苏联于 1971 年 4 月 19 日发射"礼炮 1 号"(齐鹏,2003),它是人类历史上首个空间站,尽管其设计具有较大缺陷,却为人类长期在太空中生活和工作奠定了坚实基础。美国于 1973 年 5 月 14日发射"天空实验室"(齐鹏,2003),它接待了"阿波罗号"飞船的前后 3 批共9 名宇航员在站内生活和工作,完成 270 余项科学实验,并进行了一些秘密的军事行动。第二代空间站包括苏联的"礼炮 6 号""礼炮 7 号"空间站,它们具有单舱、双对接口。苏联于 1977 年 9 月 29 日发射"礼炮 6 号",它在太空中运行的 4年 10 个月中,共与 31 艘宇宙飞船对接、接待了 33 名苏联及东欧的宇航员,完成了大量科学和地球观测,开展了诸多人体生物医学研究和技术实验。"礼炮 7 号"是"礼炮计划"中的最后一个空间站,其构造与"礼炮 6 号"基本一致。第三代空间站是苏联的"和平号"空间站,它具有多舱和积木式的结构。苏联于 1986年 2 月 20 日开始建造"和平号"空间站(齐鹏,2003)(苏联解体后其归俄罗斯所有),它在轨运行了 15 年,接待过 44 个考察组共 135 位航天员。第四代空间站是国际空间站,它具有多舱及桁架和积木式的混合结构。国际空间站是迄今为止人类设计制造的最大、最复杂的在轨航天器,是由美国国家航空航天局、俄罗斯联邦航天局、欧洲空间局等六个国际主要航天机构联合推进的航天计划。参与该计划的共有 16 个国家,尽管我国曾表达参与国际空间站项目的意向,但因美国反对而被排除在外。

我国空间站的发展历程。1992 年 9 月,中央决策实施载人航天工程,并确定了我国载人航天"三步走"的发展战略。战略中的"第三步"就是建造空间站,解决有较大规模的、长期有人照料的空间应用问题。2011 年 9 月 29 日,我国发射首个简易空间实验室"天宫一号",主要用于突破、掌握空间交会对接技术,为建设空间站积累经验。继"天宫一号"后,我国研制了第二个空间实验室"天宫二号",并于 2016 年 9 月 15 日发射升空,它主要用于进一步验证交会对接技术、燃料补给等空间试验,是我国第一个真正意义上的空间实验室,为我国空间站的建立打下坚实基础。"天宫空间站"是我国建成的国家级太空实验室,由核心舱、实验舱、货运飞船、神舟飞船和空间天文望远镜构成(周建平,2013;樊巍,2022),从 2021 年 4 月开始,我国陆续将天和核心舱、问天实验舱和梦天实验舱三个关键舱段成功送入太空,并完成了与"天舟二号"至"天舟八号"货运飞船的对接工作,接待了"神舟十二号"至"神舟十九号"的二十余位航天员。"天宫空间站"不仅实现了技术上的多项突破,也成为空间研究的重要平台,它标志着我国载人航天正式进入"空间站时代"。

国内外空间站发展的部分时间节点如图 8-3 所示。

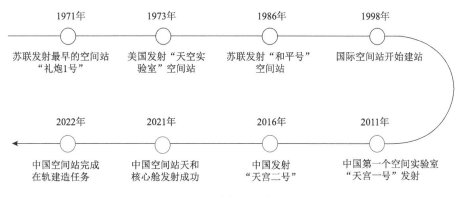

图 8-3　空间站的发展

4. 行星探测

水星探测。水星是太阳系中最靠近太阳的行星,其引力相对于太阳引力较小,因此探测器易受太阳引力的影响而不断加速,难以在水星附近做环绕运动,导致水星的探测难度较大。1973 年 11 月 3 日,美国发射“水手 10 号”探测器用于探测金星,并在水星附近掠过,首次为地球传回了水星的信息和资料。2004 年 8 月 3 日,美国发射“信使号”探测器,它经过 6 年半的不断调整修正,终于在 2011 年进入水星轨道,成为首个水星环绕探测器。

金星探测。金星是人类探索太阳系其他行星的起点,然而由于技术上的不成熟,探索的过程可谓一波三折。在经历了“先驱者 5 号”和“水手 1 号”的失败后,美国于 1962 年 8 月 27 日发射“水手 2 号”探测器,它在距离金星 34838 千米处飞过,成为首个成功飞掠其他行星的探测器。1966 年 3 月 1 日,苏联的“金星 3 号”硬着陆金星,成为首个成功着陆其他行星的探测器,然而因其在降落过程中撞毁,其通信系统未能传回任何信息。直到 1970 年 12 月 15 日,苏联“金星 7 号”在金星表面软着陆,首次实现将金星内部数据传回地球。

火星探测。火星是除地球外人类了解最多的行星,对火星的探索开始于 1960 年苏联发射的“火星 1A”号探测器,目前美、苏、日、印、中、阿联酋等国相继发射火星探测器。1964 年 11 月 28 日,美国成功发射“水手 4 号”探测器,它传回了首张火星表面的照片,成为历史上首个成功飞越火星的探测器。1971 年 11 月 14 日,美国“水手 9 号”进入环绕火星轨道,成为第一个环火星探测器。2020 年 7 月 23 日,我国发射“天问一号”探测器(张荣桥,2021),完成了首次集火星环绕、着陆和巡视于一体的探测任务,在火星上留下了中国印记。

木星探测。木星作为一颗气态行星,不能采取着陆的方式对其进行探测,只能采用环绕或进入大气层的方式探测。1972 年 3 月 2 日,美国发射“先驱者 10 号”探测器,并于 1973 年 12 月 3 日传回了首批近距离木星图像,成为首个穿越小行星带近距离观测木星的探测器。1989 年 10 月 18 日，美国发射的"伽利略号"成为人类历史上首个围绕木星运行的探测器。2011 年 8 月 5 日，美国发射"朱诺号"探测器，它是迄今为止曾距离木星最近的行星探测器。

土星探测。土星是太阳系第二大行星，1973 年 4 月 6 日，美国发射"先驱者 11 号"，它于 1979 年 9 月 1 日最接近土星，成为首个拜访土星的探测器。为了进一步探索土星，1997 年 10 月 15 日，美国国家航空航天局与欧洲空间局、意大利空间机构联合发射"卡西尼号"，它是第一个成功进入木星轨道的探测器。

天王星和海王星探测。尽管人类对太阳系中的每颗行星都进行了至少一次近距离探测，但是对于距离太阳最远的天王星和海王星，只有美国发射的"旅行者2 号"在飞往太阳系外时，分别于 1986 年和 1989 年掠过天王星与海王星并进行了走马观花的近距离探测。

行星探测过程中的部分时间节点如图 8-4 所示。

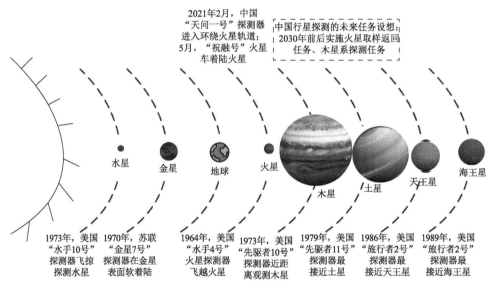

图 8-4　行星探测

8.1.2　太空开发的现状

1. 各国对太空安全重视程度的提升

随着太空能力在军事、国家安全领域中的作用与地位不断提升，太空安全在国家发展中的战略地位也愈加重要，世界主要航天国家均将太空安全视为太空发展的重要着眼点。2011 年，美国发布《国家安全空间战略》，提出太空安全对军事行动、经济发展起着至关重要的作用。2014 年，英国发布《国家空间安全政策》，强调拥有安全、可靠和可持续利用太空能力的重要性。同年，日本出台的修订版《关于空间开发利用的基本方针》，也强调了对太空的安全利用（方勇和孙龙，2015）。我国高度重视太空安全，2019 年发布的《新时代的中国国防》白皮书中指出，"太空安全是国家建设和社会发展的战略保障"，加快发展相应的技术和力量，统筹管理天基信息资源，跟踪掌握太空态势，保卫太空资产安全，提高安全进出、开放利用太空能力（何奇松，2020）。

2. 国际合作日渐深化

太空探索的高投入、高风险等特征，促进了该领域国际合作的不断深化，合作形式和内容不断拓宽。20 世纪 80 年代以来，我国与欧盟（欧共体）、欧洲空间局、欧洲各国不断接触并逐步展开深入的合作，使太空合作日益机制化，建立了太空合作分委会或联委会机制，以及太空科技合作对话机制，建立了初步的双边与多边透明与信任机制。合作机制从协议机制发展为成熟的合作委员会机制，合作关系从一般的合作伙伴关系向战略合作伙伴关系迈进。与此同时，太空合作的具体领域逐步扩大，从信息技术人员交流到共同组建公司，从协助发射卫星到卫星计划、卫星工程，从地球探测、卫星导航到载人航天及探月合作等更高科技、更宽广的领域，所有这些领域都取得了巨大成就（程群和郝丽芳，2014）。我国也在不断与发展中国家建立太空外交，2008 年 12 月亚太空间合作组织成立，成员国为包括我国在内的 11 个亚太国家，组织旨在促进成员国在太空科学、技术与应用上的双边、多边合作（程群，2009）。

3. 商业低轨卫星蓬勃发展

在商业投资的推动下，低轨卫星通信星座网络快速发展（周兵和刘红军，2018），其中具有代表性的是"铱星"（Iridium）、"全球星"（Globalstar）、"一网"（OneWeb）和"星链"（Starlink）。20 世纪 90 年代，以"铱星"和"全球星"为首的多个低轨卫星移动通信项目建立起来，首次实现了卫星移动通信服务的全球覆盖，然而 2000 年前后的"破产潮"也带来了十余年的低轨通信系统建设低潮（陈东等，2020）。近年来，一网公司、SpaceX 等航天创新企业再次点燃低轨星座系统建设的热情，相继提出建设以巨型低轨道通信卫星星座为基础的空间宽带通信网络（陈东等，2020）。其中，一网公司的 OneWeb 星座计划预计在 1200 千米轨道高度部署 648 颗卫星，SpaceX 的星链计划预计在 340 千米、550 千米、1150 千米等近地轨道上部署共 42000 颗卫星。

4. 重复使用航天运输系统的发展

重复使用航天运输系统是指可多次往返于地球和太空，实现重复利用的航天运输系统（肖昊，2019），它既提升了航天运输的效率，又降低了空间技术发展的成本，还体现了人类对资源和环境的尊重，是未来航天运输系统发展的趋势。20世纪五六十年代以来，以美国为首的航天大国展开了对重复使用运载器的技术探索，历经几十年的发展使航天飞机实现了工程化应用，此后美国又展开了 X-30、X-33 和 X-37 等一系列研究，形成多种典型方案。近年来，X-37B 空天战斗机、"猎鹰 9 号"火箭的研制和重复使用，鼓舞了航天大国研发重复使用航天运输系统的热情，欧洲、俄罗斯、印度、日本等国家和地区均积极开展重复使用航天运输系统的基础技术研究和验证工作。实际上，20 世纪 80 年代以来，我国也始终在展开重复使用航天运输技术的研究，历经几十年的发展，逐步形成了适合我国国情的重复使用航天运输系统发展路线。

8.1.3　太空开发的趋势

1. 太空开发军事化

太空技术出现于冷战时期的美苏军备竞赛，伴随着首颗卫星"斯普特尼克 1 号"发射升空，太空随之被赋予了军事化意味，太空武器化接踵而至。冷战时期结束后，为了确保太空霸权，同时维护"一超独霸"的地位，美国不惜重拾冷战时期的太空武器化政策，迫使其他国家也参与反卫星武器的研发、试验。太空武器化程度逐渐提升，给国际战略稳定与平衡造成严重威胁与挑战，引起反导系统和太空军备竞赛，增加核战风险，阻碍世界核裁军进程，也给太空商业开发、"太空 2030 议程"等带来诸多挑战（何奇松，2020）。

2. 太空开发多极化

太空开发是一个国家综合国力强盛的重要标志，太空开发取得的成就对一个国家的国际地位，乃至世界格局均具有极其重要的影响。冷战时期，太空是美苏两国的"竞技场"，两国竞相发射人造地球卫星、载人飞船、月球探测器和空间站，争夺太空竞赛中的"头彩"。这场太空竞赛，以宇航员尼尔·阿姆斯特朗踏上月球而达到顶峰，以"阿波罗-联盟测试计划"的开展而宣告结束。竞赛不仅增加了人类探索太空的深度和广度，也为人类和平利用太空、加强空间合作奠定了基础。现如今，纷繁复杂的国际变局映射到太空之中，太空舞台上的主角已不再仅仅是两个超级大国，而是呈现出多极化的发展态势（张荣桥，2021）。迄今为止，已有上百个国家在太空中拥有自己的卫星，其中美、俄、中、法、印、日等国和欧洲空间局有能力发射卫星。

3. 太空开发产业化

太空经济活动包括探索、开发和利用太空的全部产业活动及其衍生产品和增值服务，包含太空科学试验、育种和旅游等多领域，其创造的价值涵盖经济、社会、人文价值等多方面。在冷战时期，太空开发的主要目的在于服务军事行动，由于成本和技术门槛较高，限制了商业航天的发展。现如今，伴随可重复使用的火箭、飞船等技术的迅猛发展，及各国政府对太空产业的扶持，商业航天的投资成本降低，太空产业化的步伐不断加快，涌现出一系列新兴的创新型航天企业，促使太空产业展现出军民融合的特征。

8.2　复杂航天装备开发中的伦理问题

对于一个国家的经济、科技和国防来说，复杂航天装备的开发具有重大的战略意义，因此对太空领域的复杂航天装备伦理学进行研究及应用，有利于保障航天事业的健康、安全和可持续发展，有利于取得本国民众、社会和国际信任，并使之承担应有的责任（甘永等，2021）。复杂航天装备的开发需要伦理学来解决难题，同时也需要通过伦理学引导和约束将复杂航天装备安全地朝向有利于人类的方向发展。WSR 方法论具有典型的中国文化特色，适用于对复杂问题进行物理、事理、人理三个维度的分析。将 WSR 方法论与伦理学相结合，得出复杂航天装备开发过程中"物理""事理""人理"三方面的伦理问题。

"物理"方面的伦理问题涉及：①复杂航天装备开发过程中会存在污染大气层内的生态环境；②复杂航天装备开发过程中出现的安全事故影响人民群众的生命安全；③各国争先研发复杂航天装备抢占太空资源。

"事理"方面的伦理问题涉及：①复杂航天装备是否被利用到有利于全体人类发展的领域；②各国是否在太空领域进行合作以及协同开发复杂航天装备。

"人理"方面的伦理问题涉及：①科学家的政治素养和道德素质是否促使他们致力于研究有益于人类发展的领域；②工程师是否能在整个太空工程里肩负起安全生产的责任；③宇航员在太空中是遵循生命第一位原则，还是将完成任务摆在首位。

复杂航天装备开发过程中涉及公平分配太空资源、复杂航天装备的合理应用，航天安全事故与反对军备竞赛和霸权主义等问题，如不能合理地分配太空资源，将航天技术应用到有利于人类发展的领域、避免航天安全事故的发生和反对霸权主义，那么复杂航天装备的开发必然会影响各个国家之间的和谐共处，会对人类社会造成巨大的灾难。从人类目前和未来的角度来看，复杂航天装备自身的发展、航天技术的发展和伦理道德体系的制约所引发的问题必须得到妥善解决。从目前的复杂航天装备和航天技术在人们生活中的应用来看，取消发展复杂航天装备和航天技术是不大现实的。

8.2.1　复杂航天装备开发中"物理"方面的伦理问题

引导案例　美国"挑战者号"的失败

1986 年 1 月 28 日，美国肯尼迪航天中心一大早便呈现出一派繁忙的景象。按照计划，"挑战者号"航天飞机将于美国东部时间上午 9 时 39 分在这里发射升空。它将要执行第 10 次太空任务，也是美国航天飞机的第 25 次飞行。与以往任务有所不同的是，此次"挑战者号"将把一名中学女教师克里斯塔·麦考利芙送入太空，这是航天飞机首次搭载普通公民，具有非同一般的意义。

时值寒冬，肯尼迪航天中心的发射台上结满了厚厚的冰。据当时的天气预报称，28 日的清晨将会非常寒冷，气温接近 $-0.5℃$，这也是航天飞机允许发射的最低温度。然而，严寒并未阻挡民众来到发射现场见证"挑战者号"升空的热情。当日上午 8 时左右，在距离发射现场 6.4 千米的看台上，聚集了一千多名观众，其中有 19 名中学生代表。他们既是来观看航天飞机发射的盛况，又是来为他们的老师麦考利芙送行的。"挑战者号"预定发射前 1 小时，麦考利芙和另外 6 名宇航员整装登上了航天飞机。但是，此次发射任务并未依照计划按时进行。由于气温过低，飞行控制中心决定延迟 2 小时发射，希望中午时气温有所升高后，发射台上的冰雪能够融化。11 时 29 分，飞行控制中心检查确认"挑战者号"航天飞机推进系统运行正常。飞行控制员发出命令，进入倒计时 10 分钟。11 时 39 分（格林尼治标准时间 16 时 39 分），随着飞行控制员的一声令下，"挑战者号"腾空而起，离开发射塔，顺利升空并进行翻转，调整航道准备进入绕地轨道。"挑战者号"发射升空 59 秒时，高度达到 1 万米，此时是升空的最关键阶段，称为 MAXQ 阶段。地面控制中心和航天飞机上的计算机屏幕上显示的各种数据均未见任何异常。到了第 66 秒，"挑战者号"已成功通过 MAXQ 阶段，开始进入上层大气层。现在"挑战者号"必须加速至时速 2.8 万千米以上，才能脱离地球重力。地面控制中心发出命令，指挥"挑战者号"全速前进，机长报告"收到命令，主发动机已加大"。至第 73 秒时，"挑战者号"的升空高度达到 1.66 万米。然而，就在人们认为发射成功的一刻，突然，"挑战者号"闪出一团亮光，外挂燃料箱凌空爆炸，整架航天飞机瞬间化为了一团火球……

爆炸发生后，地面控制中心监控屏幕上的全部数据陡然消失，"挑战者号"与地面的通信猝然中断。价值 12 亿美元的"挑战者号"航天飞机顷刻间化为乌有，7 名机组人员全部罹难（常平，2014）。

复杂航天装备的开发为人类带来巨大利益的同时，也带来了严峻的伦理问题。复杂航天装备开发工程中"物理"方面的伦理主要聚焦于环境伦理、安全伦理，以及技术伦理三个方面。

1. 环境伦理

人类的生存离不开地球和谐的生态系统，同时地球生态系统是环环相扣的，倘若某一环节遭到破坏，便会发生连锁反应，危及整个地球生态，从而影响人类的生存。但环境污染问题的严重性随着近代工程技术的迅速发展不断增加，复杂航天装备的开发过程中也存在着环境污染问题。每一次航天器的发射升空，在一声巨响以后，地面上犹如云海翻腾，这样的景象固然壮观，但这壮观的景象背后却是发动机排出的高酸度废烟。航天发射带来的危害不仅仅局限于高酸度废烟，每次的发射，都会在臭氧层内散布近 6 万千克的氯化氢和近 11 万千克的氧化铝。氯化氢遇到自然界的氢氧基时，会释放出自由氯原子，这种氯原子是破坏臭氧的触媒。坏还坏在正因为它是触媒，氯原子本身在化学反应中并不被消耗掉，导致这种对臭氧的破坏循环不止（佚名，1992）。同时复杂航天装备开发过程中产生的废料也在不断地影响着地球的生态环境。

2. 安全伦理

复杂航天装备开发过程中最重要的就是要遵循安全原则，安全是指劳动者在生产过程中，生命安全和健康得到保障，避免因工作遭受死亡威胁、健康权益受损以及职业病的困扰。因此，即使航天事故对人类的影响虽然不会持续存在几十年，但对发射国和工作人员的影响却是重大的。从已有的航天事故进行分析，航天事故发生的原因有很多种，如元器件失效、材料质量不达标、程序缺陷等。对于每项失败的原因都要找到承担责任的人，因此重视复杂航天装备过程中安全伦理的应用尤为重要。安全伦理的关系有两种，一种是人与人的关系，一种是人与自然的关系，在复杂航天装备领域，主要讨论的是人与人的关系，即以人为本，尊重每一个人的生命，以实现人的健康安全和社会和谐发展为宗旨。复杂航天装备的安全伦理主要体现在："安全第一、以人为本"的观念；维护公众的生命、健康和幸福的观念；保障公众的生命安全。维护社会的稳定是复杂航天装备开发的出发点，也是最终的归宿。

3. 技术伦理

复杂航天装备开发工程活动也属于一种技术活动，复杂航天装备开发过程中的技术伦理即在开发过程中所涉及的伦理问题。技术伦理是指通过技术的行为进行伦理导向，使技术主体（包括技术设计者、技术生产者、技术销售者、技术消费者）在技术活动过程中，不仅考虑技术的可能性，而且还要考虑其活动的目的手段及后果的正当性。通过对技术行为的伦理调节，协调技术发展与人以及社会之间紧张的伦理关系。因此，复杂航天装备开发工程应当遵从技术自主论，在发展复杂航天装备技术的同时必须要遵从自然规律。纵观人类探索太空的历史，技术问题对社会造成的负面影响比比皆是，有技术落后的因素，有技术过于超前，不适用于当今社会的因素，种种因素产生的根本原因是技术没有顺应自然发展的规律。

技术伦理存在于整个复杂航天装备开发过程中，当航天器发射到太空时，如何进行有效的回收也是复杂航天装备开发工程技术伦理要考虑的问题。太空资源随着各个国家发射的航天器越来越多而逐渐变得枯竭，对太空中失效的航天器进行回收是未来一段时间内各个国家在复杂航天装备开发工程中的首要任务。因此，复杂航天装备开发工程技术伦理就是要在顺从自然规律的前提下发展技术，实现可持续发展。

8.2.2 复杂航天装备开发中"事理"方面的伦理问题

引导案例 各国政府的太空政策

美国前总统肯尼迪曾预言："谁控制了太空，谁就控制了战争的主动权。"1982年3月，里根政府出台《高边疆新的国家战略》，提出"高边疆"战略，明确了开拓和利用太空的重要性。2006年，布什政府出台《国家太空政策》，主张大力研发和部署太空武器，为外层空间军事化推波助澜。2010年，奥巴马政府出台《国家太空政策》，延续了控制太空、主导太空的战略目标，将太空安全视为美国最重要的国家安全利益之一。2012年10月，美国防部出台新的《国防部太空政策》，要求军方确保太空可控、安全、可防御。2018年3月，特朗普组建太空军的想法被写入《国防战略》报告，同年4月，美国参联会发布新版《太空作战》条令，首次确立"太空联合作战区域"概念，强调现在的太空作战不仅包括将军事太空能力融入联合作战之中，而且包括对抗对手的进攻性太空行动，将太空作战任务划分为太空态势感知、太空力量增强、太空支持、太空控制、太空力量运用五大领域。2019年2月19日，特朗普签署第四个太空政策指令，要求国防部着手建立太空军，成为美国的"第六军"。

1993年4月，俄罗斯颁布《航天政策优先权》，把航天活动列为"国家最高等级的优先发展项目"。1993年8月，俄罗斯发布《航天活动法》，重点发展军事航天系统。2001年，俄罗斯正式组建独立的航天兵部队，成为俄罗斯武装力量的一个独立兵种。2013年，俄罗斯批准了《2030年及未来俄联邦航天活动领域的国家政策》，提出 2020 年、2030 年及远期的运载火箭与航天发射场、社会经济及太空科学、载人航天等领域的发展规划与重点。2017 年 7 月，俄罗斯完成《2025年前国家武器装备计划》草案编制。在空间作战力量建设方面，俄罗斯将加快空间监视系统发展，推动地基系统与天基系统融合；改进和新研军用卫星，补充数量、补齐类型，向新一代天基系统过渡。

2003 年 1 月，欧盟与欧洲空间局发布了战略性文件《欧洲航天政策》绿皮书。2007 年 5 月，欧盟和欧洲空间局通过了《欧洲航天政策决议》。《欧洲航天政策》强调航天是保证欧洲独立、安全、繁荣及其全球地位的战略资产，是欧洲可持续发展战略的重要组成，欧洲应继续开发和充分利用世界级的航天基础设施及应用，以保持欧洲重要的航天地位、解决全球性问题和提高生活质量。《欧洲航天政策》的主要目标是欧盟各界应加强合作，大幅提高空间技术研究力度，改善相关机构运作框架，以提升欧洲独立航天能力。

日本军事利用太空虽然一直受到限制，但它从未放弃发展军事航天能力的图谋。2009 年，日本颁布《宇宙基本计划》，进一步完善"情报收集卫星"。2012年 6 月，日本通过了《独立行政法人宇宙航空研究开发机构法》修正案，决定将日本的太空开发成果应用于军事领域。2013 年 12 月，日本通过战后的首份《国家安全保障战略》，把太空政策融合进国家安全战略之中，强调太空的军事利用。2014 年 7 月，日本解禁集体自卫权的限制。2015 年 1 月，日本第三次发布《太空政策基本计划》，确定把发展太空军事系统作为主要目标。

印度将太空力量视作谋求世界大国地位、彰显综合国力的重要手段。2007 年，印度空军成立了太空司令部，并制定了建立空天一体作战体系的远景规划，以管理印度的空间资产，并着手对太空战武器进行概念性研究；印度还建立了一套完整的研发体系和管理机构。2012 年 8 月，印度宣布启动火星计划。2019 年 3 月27 日，印度成功进行陆基上升式反卫星试验，成功击落了一颗近地轨道卫星。

复杂航天装备的开发是一个由许多环节组成的环环相扣的漫长过程。复杂航天装备开发包含了设计、生产、组装、发射和运行五个环节。在太空中能平稳地运行也属于复杂航天装备开发过程中的重要内容。因此，复杂航天装备开发工程"事理"方面的伦理主要关注责任伦理和资源伦理两个方面。

1. 责任伦理

航天技术发展迅速，复杂航天装备也越来越先进，将复杂航天装备应用到有利于人类的领域，利用复杂航天装备解决当今人类可持续发展问题，坚决反对利用复杂航天装备进行军备竞赛和霸权主义（吴幻，2013），是各个国家义不容辞的责任。冷战时期，美苏两国为了争夺航天实力的最高地位而展开太空竞赛。在第二次世界大战结束以后，美苏两国从德国俘获大量火箭及技术人员，太空竞赛就以导弹为主的核军备竞赛拉开了帷幕。在冷战初期，两国更多的是以航天技术上的优势来实现政治上的斗争，复杂航天装备成为两个国家政治斗争的武器。20 世纪 60 年代中期以后，由于航天技术的日渐成熟，两国将航天装备应用到了军事领域，使本该造福于人类的航天装备成为有可能使人类生命安全受到威胁的武器，失去了其原本的意义。几十年的竞争中，双方都不具备压倒性的优势，从而耗费了大量人力、物力、财力，是全世界人民的损失。直至苏联解体，冷战结束，航天装备的应用才回到正轨，美苏两国在 20 世纪展开的军备竞赛是极其不负责任的行为，随着航天技术的发展和太空资源的逐渐枯竭，很有可能会引发新一轮的太空竞赛，甚至是军备竞赛，各个国家在开发复杂航天装备过程中的首要责任就是防止这种情况的发生。

2018 年 11 月 14 日，习近平主席在致信祝贺亚太空间合作组织成立 10 周年时指出，外层空间是人类共同的财富，探索、开发、和平利用外层空间是人类共同的追求（新华社，2018）。中国倡导世界各国一起推动构建人类命运共同体，坚持在平等互利、和平利用、包容发展的基础上，深入开展外空领域国际交流合作。中国一贯主张合理开发、利用空间资源，保护空间环境，推动航天事业造福全人类。

复杂航天装备面向的是太空，与其他工程伦理主要涉及的是安全问题不同，复杂航天装备涉及的是全体人类共同面临的问题，关系到人类的未来走向。太空是复杂且神秘的，一个国家在进行太空探索的过程中，面对全人类共同的资源，稍有不慎就可能损害整个人类乃至下一代的利益。同时，在进行太空活动的过程中，蛮横不讲理也势必影响其他国家的利益。因此，国家协调机制在复杂航天装备开发过程中十分必要（吴幻，2013）。从 20 世纪中叶开始，各国陆续开始了太空探索活动。通信、气象、遥感和科研等多用途的卫星数量越来越多。在美苏太空竞赛、冷战等背景下，国际太空活动的立法开始进行，《各国探索和利用外层空间活动的法律原则宣言》《关于各国探索和利用包括月球和其他天体在内外层空间活动的原则条约》《月球条约》《关于登记射入外层空间物体的公约》等 5 项国际条约先后发布（涂亦楠，2021）。这些条约在当时构建了各国太空活动的基本准则。但是纵观国际太空资源开发的治理机制，内容普遍含糊，成员方具有局限性，执行力不足。仅仅对加入条约的国家进行了制约，对于未加入条约的国家不能产生约束力。

整个航天装备开发生命周期中也要展开合作。当"神舟五号"发射升空后，美国开始对中国进行制裁，增添了禁止美国同中国进行太空合作的两条限制：美国宇航局和白宫科技办公室不得使用联邦资金同中国或中国所属公司就太空项目进行任何方式的合作或协调；禁止宇航局接待任何来自中国官方的访问人员。与美国相反的是，中国与拉丁美洲国家在太空领域的合作已经展开。中国与巴西在过去长达 30 多年的时间里，多次合作研制地球资源卫星，为两国经济社会发展提供卫星支持（非虫，2021）。

复杂航天装备开发工程是为了各国的利益,但究其根本还是为了人类的发展。因此,各个国家应该承担起这份责任,杜绝美苏两国太空竞赛的情况再次发生。在复杂航天装备开发工程中,各个国家要团结一致,齐心协力,将合作意识贯彻到底,共同为了人类美好的未来而奋斗。

2. 资源伦理

复杂航天装备开发完成后会发射到太空,而太空资源是有限的。太空资源是全人类的共同财富,应当由各国人民公平分享。各国有权利探索和利用太空空间,但无权霸占太空资源。

冷战时期,世界上除了美苏两国有发射航天装备的能力,其他各国均没有发射航天装备的能力,因此太空资源的问题没有显现出来。但随着航天技术的发展,对于太空资源的占有应采用何种原则的问题日益凸显。近些年来,越来越多的国家投入航天事业,越来越多的国家拥有航天技术并且可以成功发射航天装备到太空中。中国、欧洲、日本、印度的迅猛发展打破了由美俄两国独霸太空资源的局面。正是因为越来越多的国家的投入,航天技术才得以迅猛发展,并且越来越多的国家意识到太空是人类今后发展的趋势,越来越多的产业将会伴随航天技术的升级而产生。对于太空资源的争夺愈演愈烈,因此需要引入太空伦理原则和规范来控制、约束如太空殖民之类的不道德行为。

8.2.3 复杂航天装备开发中"人理"方面的伦理问题

引导案例 火星气候轨道器的失败

火星气候轨道器由洛克希德·马丁公司承制,重 629 公斤,星体结构高 2.3 米,宽 1.65 米,太阳能帆板长 5.5 米。该探测器是由波音公司的德尔它 2-7425 型运载火箭送上飞往火星的轨道的,连同运载火箭在内共耗资 1.25 亿美元。美国东部时间 1999 年 9 月 23 日凌晨 5 点过后不久,地面控制人员就失去了同该探测器的联系。但当时地控人员并不着急,因为已开始进行为时 16 分 23 秒的入轨机动的探测器此时转到了火星背向地球的一面,失去联络是再正常不过的事,大约 20 分钟之后便会再次露面。那时探测器将已步入"正轨",正式宣告到达它此行的目的地。开始失去联络时,星上主发动机的入轨机动点火已进行了 5 分钟。如入轨成功,探测器将首先进入 160 千米×39000 千米、周期 29 小时的捕获轨道,随后将用 44 天左右的时间借助火星上层大气阻力的作用把轨道高度降低到 90 千米×405 千米,最后再利用星上推力器进入高 405 千米、近乎圆形的最终测绘轨道。然而,20 分钟过后，地面控制人员开始着急了，因为情况并没有按他们良好的愿望发展：他们没能收到探测器传来的任何信号。他们使用美国国家航空航天局深空网的 70 米天线进行搜索，结果还是一无所获。到 24 日下午 6 点，美国国家航空航天局在苦苦搜寻却毫无结果的情况下，只好停止了试图与探测器恢复联系的努力，已飞行了 9 个多月，就要开始为科学家效命的火星气候轨道器就这样功败垂成，消失在神秘的火星周围。

对进行入轨机动点火前采集到的跟踪数据的分析，项目官员认为火星气候轨道器失踪的原因是导航出了重大错误，致使探测器飞到了比预定高度低很多的高度。问题出在一个推力器校定表。这个出错的推力器校定表用在确定探测器位置的地面导航软件中。它的作用是把遥测到的推力器点火工作次数转换成提供给探测器的冲量，以消除由推力器点火工作造成的弹道计算中的剩余误差。喷推实验室在编制表时，对推力器每次工作的冲量使用的是牛·秒这一公制单位，但由洛克希德·马丁公司提供的数据使用的却是英制的磅·秒，这样计算出的冲量值只是实际值的 22%。该三轴稳定的探测器使用反动轮控制姿态，其推力器每隔大约 13—15 小时点火一次，以降低轮的转速。这些点火工作每次只会引起几毫米／秒的速度变化，但每周要进行 11 次以上。起初剩余误差很小时，弹道计算可以很快收敛，但后来收敛性就比较差了（袁越，1999）。

在复杂航天装备的整个生命周期当中，人的因素至关重要。科学家负责科学技术的创新，工程师负责复杂航天装备的开发，宇航员负责复杂航天装备具体的应用。因此，在复杂航天装备开发工程中"人理"方面的伦理主要关注科学家伦理、工程师伦理和宇航员伦理。

1. 科学家伦理

在复杂航天装备开发过程中"人理"角度的伦理体现在科学家的道德方面。在冷战期间，复杂航天装备被赋予了违背其开发初衷的功能。科学家有责任对复杂航天装备应用领域负责。科学家伦理是指科学家的政治素质和道德素质。政治素质是指政治主体在政治社会化的过程中所获得的对他的政治心理和政治行为发生长期稳定内在作用的基本品质，是社会的政治思想、政治理念、政治态度和政治立场在人的心理上形成的并通过言行表现出来的内在品质。而道德素质指的是在个人认知的基础上，根据一定的道德原则和规范，在道德实践活动中改造自己、教育自己、提高自己的道德境界所形成的道德品质，道德素质主要包括社会道德、职业道德和家庭美德（金云亮，2009）。

为社会做贡献，致力于造福人类，是科学家进行科研创新的初衷，也是科学家不断创新的动力源泉。科学家如果政治素养不高，就无法形成正确的价值观、人生观和世界观，也就无法在正确的三观指导下进行科研活动，科学研究就会以达到一己私欲为目的，从而可能会进行一些危害社会的科研活动。科学家走上歧途，与科学精神相背离。如果科学家道德素质低下，就会意志薄弱、善恶不分、颠倒是非，在做出选择时就会出现偏差，各个科学家不能齐心协力为人类发展做出贡献。科学家之间钩心斗角、互相拆台，把精力全放到拉关系上，学风不良等行为都与科学家的道德素质有关。

2. 工程师伦理

复杂航天装备开发的责任包括事前的决策责任和事后的追究性责任。复杂航天装备伦理属于工程伦理，工程伦理的研究最初是从工程师的职业规范和工程师的责任开始的。随着工程哲学和工程伦理学的逐步兴起和发展，工程责任伦理的主体延展到了投资人、决策者、企业法人、管理者等群体。在复杂航天装备开发过程中的责任主体为负责整个航天发射活动的工程师（李正风等，2016）。工程师的责任伦理在防范航天工程风险，保障航天活动安全进行方面具有至关重要的作用。因为工程师相比于群众，能更好地了解到复杂航天装备研发过程中的基本原理及潜在风险，所以工程师的特殊能力决定了他们可以第一时间发现问题，从而具有不可推卸的伦理责任。

不仅工程的责任伦理主体发生着改变，责任伦理的内容也在随着时代和具体的工程而改变。早期的责任伦理准则是对工程师职责进行规范，强调的是对雇主忠诚，必须要对上级服从。随着工程的多样化，加之环境、资源、污染等问题的凸显，工程师在建造、经济、政治甚至文化等领域发挥着越来越重要的作用，工程伦理开始强调工程师要对整个社会和人类负责，要对安全负责（李正风等，2016）。因此，在复杂航天装备开发中，工程师的责任伦理包括了职业责任、社会责任和环境责任。工程师的职业责任就是对风险承担责任。风险通常是难以评估的，工程师要有意识地接受相应的工程伦理教育和培训。社会责任是指工程师作为复杂航天装备的开发人员，不仅要对雇主和客户负责，而且对社会也应尽到诚实的义务，关注公众的安全健康。工程师的环境责任是要减少复杂航天装备开发对环境的负面影响。

3. 宇航员伦理

载人飞船将宇航员送入太空，宇航员在太空中的生理、心理健康也是值得深思的问题。常见的宇航员伦理问题包括宇航员在飞行途中或在太空意外死亡，他的尸体该如何处理；在宇航员生命垂危前是否要让他立下遗嘱；对于生命垂危的宇航员是否应该继续给他吸氧；在太空中，宇航员的生命安全和完成飞行任务之间发生矛盾时，宇航员是以生命安全为主还是以完成任务为主，等等（吴国兴，2012）。如果在飞行途中宇航员意外死亡，遗体是不可能立即运回地球的，但也不能将尸体长期停放在飞船上或是太空基地上，一方面是尸体无法保存，另一方面也会影响其他宇航员的正常工作。宇航员在生前是否要立下遗嘱也是一个很重要的问题。如果在上太空之前就立下遗嘱，那么是否意味着他必死无疑？这是否对他精神上造成折磨？如果在生命垂危之前立遗嘱，那么在生命将尽之时，他所做的决定是否自己的真正所想？对于生命垂危的宇航员是否持续给他吸氧？氧气在太空中是非常稀缺的资源，是否给生命垂危的宇航员吸氧是个棘手的问题，如不吸氧，则眼睁睁地看着他的生命结束，违背了以人为本的原则；如果持续给生命垂危的宇航员供氧，那是否一种浪费资源的行为？在完成任务和宇航员安全之间的问题更为棘手，如果任务的完成意味着宇航员的生命安全受到伤害，在此时，宇航局应该如何选择？在太空开发"人理"因素中，宇航员占很大一部分。因此，需要有明确的机制来应对可能出现的太空伦理问题。

8.3　太空垃圾全球治理中的伦理问题

美国国家航空航天局将太空垃圾定义为"在地球轨道上任何不再提供有用功能的物体"，主要包括火箭末级、解体碎片、失效航天器，以及任务相关碎片（王若璞，2010）。自从人类在 20 世纪 50 年代发射人造物体进入太空，太空中各种太空垃圾越来越多，以至于影响人类后续对太空的利用。根据欧洲空间局的统计，截至 2024 年 7 月 19 日，地球轨道上有超过 100 万个尺寸为 1—10 厘米的太空垃圾，以及 2.6 万个大于 10 厘米的太空垃圾（European Space Agency，2024a）。太空垃圾的危害主要表现在三个方面。①太空垃圾有撞击航天器的风险。当太空垃圾与航天器发生碰撞时，轻则磨损航天器表面材料，使其功能失效，重则使航天器解体、偏离运行轨道，甚至还会威胁到宇航员的生命安全（江海和王东方，2021）。②太空垃圾有陨落到地面的风险。据统计，每年会有 400 个太空垃圾落入大气层中，这些太空垃圾在大气层中未完全烧毁的部分会陨落到地面，严重威胁地面的安全。③太空垃圾占用大量轨道资源。现有 1800 多颗已失效的卫星聚集在地球低轨道（刘霞，2023）。1978 年，美国国家航空航天局的专家唐纳德·J. 凯斯勒提出了"凯斯勒效应"，即当某一轨道高度上的太空垃圾达到临界值时，这一轨道由于过于拥挤，加剧了碎片之间相互碰撞的可能性，碎片之间相互碰撞又会产生新的碎片，新的碎片进一步发生碰撞加剧轨道的拥堵。

太空垃圾是诸多国家进行太空探索活动的产物，其治理也同样需要各国形成合力，共同应对。对于世界各国而言，太空垃圾的全球治理有利于在更大程度上保护太空资产，推进太空探索行动，进而带动国家的国防工业发展，提升军事科技的研发实力，同时也有助于促进经济增长，提升人民生活的幸福感。太空垃圾的全球治理实际上也是一个伦理问题，需要伦理学的制约将太空垃圾的治理朝向太空可持续利用的方向发展。WSR 方法论具有典型的中国文化特色，适用于对复杂问题进行物理、事理、人理三个维度的分析。将太空垃圾全球治理的伦理问题与"物理-事理-人理"方法论相结合，得出"物理""事理""人理"三个方面的伦理问题。

"物理"方面的伦理问题涉及：①人类太空探索产生的太空垃圾，进一步影响人类未来对太空的探索，因而各国需要采取措施处理太空垃圾，为当代人和后代人谋幸福；②太空垃圾有撞击载人飞船和空间站的风险，因而对太空中执行任务的航天员的生命安全造成一定威胁，同时，太空垃圾也有坠落到地面的风险，因而对全人类都有一定的安全隐患；③各国对太空垃圾清除技术展开研究，目前多项技术已经具备了投入使用的条件，为太空垃圾的清除提供强有力的技术支持。

"事理"方面的伦理问题涉及：①各国应当承担起保护太空资产和太空环境的责任，减少太空垃圾对太空资产和环境的不利影响；②大规模低轨星座卫星部署占用大量的轨道和频率资源，也使其余航天器发射时寻找安全的发射时间窗口变得越来越困难。

"人理"方面的伦理问题涉及：①引导各国对太空的和平利用，避免太空武器化程度进一步加深，防止太空沦为大国竞争的"战场"；②提升对太空环境的保护意识等，避免航天人员在执行任务期间向太空抛出垃圾，促进太空的可持续利用。

8.3.1　太空垃圾全球治理中"物理"方面的伦理问题

引导案例　美俄卫星碰撞事故

2009 年 2 月 10 日，美国通信卫星"铱星 33 号"和俄罗斯退役通信卫星"宇宙 2251 号"发生碰撞，这也是历史上首次两个完整航天器发生的意外碰撞事故。事故发生地点为东经 97.88°、北纬 72.50°、高度 788.57 千米的空域，处在气象卫星和通信卫星最为密集的太阳同步轨道区域。事故中的"铱星 33 号"质量约 560 千克、"宇宙 2251 号"质量约 900 千克，碰撞产生了大量的太空垃圾。国内外太空垃圾领域的专家普遍认为，此次事件产生的大于 10 厘米的碎片数量可能超过数千个，1 厘米以上的碎片数量则会高达数万个，这些碎片至少在太空中留存几十年，甚至上百年。此次事故中产生的太空垃圾对处于低地球轨道运行的航天器造成长期的安全威胁，也对人类航天活动产生了深远的影响(龚自正和李明, 2009)。

太空垃圾全球治理"物理"方面的伦理主要关注环境伦理、安全伦理，以及技术伦理三个方面。

1. 环境伦理

美俄卫星的碰撞事故在一定程度上反映出太空环境的恶劣，早已退役的俄罗斯通信卫星"宇宙 2251 号"并没有变轨到"墓地轨道"，也没有离轨再入大气层，因而与美国的卫星发生严重的碰撞事故，事故也使太空垃圾的数量急剧增加，恶化了太空环境。实际上，人类向宇宙空间发射的各种航天器固然有十分重大的科研和应用价值，但是也产生了大量的太空垃圾（龚自正和李明，2009）。在运载火箭发射升空以后，首先会经历助推器、一级火箭的分离，分离中产生的物体会落回到地球表面。随着火箭速度的增加，整流罩、逃逸塔及火箭末级等在分离后会落入地球轨道上，成为太空垃圾，进一步造成空间环境的恶化。由火箭搭载升空的卫星，在其轨道寿命期间，也会有产生太空垃圾的可能。如在太空恶劣的自然环境下，卫星表面的油漆颗粒脱落；或是在太空垃圾的撞击下，卫星发生解体；也可能由卫星推进系统、电池等故障，导致卫星爆炸。除此之外，卫星失效后也就成了太空垃圾，根据欧洲空间局的统计，1957 年至 2022 年 7 月，人类成功发射火箭约 6220 次，这些火箭搭载 13320 个卫星进入太空，其中约 8580 个卫星仍在太空中，只有 6000 个还在正常运行中，其余均已经失效（European Space Agency，2024b）。如"凯斯勒效应"所描述的，当近地轨道遍布太空垃圾，直至超过一个值时，便会发生链式碰撞效应，使得近地轨道资源严重破坏，人类在数百年内将无法进行太空探索。

航天大国对太空垃圾的产生具有不可推卸的责任。人们应当尽量降低太空垃圾的产生，因为人类的行为，既能为后代带来幸福，也可能带来灾难。我们必须采取积极措施来减少太空垃圾的产生，为后代留下一个健康的太空环境，这需要各国之间、各国与太空环境之间的关系协调。一是各国应当携手开展太空垃圾治理领域的技术、信息等的交流合作，形成合力，共同应对太空环境的恶化；二是大国应当承担更多的责任，尤其是提供更多的人才、技术、资金等必不可少的资源。为减少太空垃圾的产生，我国发布了多项国家标准，如《运载火箭操作性碎片减缓设计要求》《空间碎片减缓要求》等。在大力发展航天技术的今天，加强对太空环境行为的自律性，是推动发展与环境相协调的一个重要举措。

2. 安全伦理

美俄卫星的碰撞事故中产生的太空垃圾也有可能对国际空间站造成影响，危害到宇航员的生命安全。由于太空中大气阻力弱，所以已产生的太空垃圾依照其惯性在地球轨道上高速运动（约为 7.9 千米/秒），对在轨宇航员的安全造成一定威胁。1983 年，美国的"挑战者号"航天飞机在执行任务时，与一块直径大约为 0.2 毫米的涂料剥离物相撞，造成舷窗受损，因而中途停止了任务。2021 年 7 月、10

月，美国"星链-1095"卫星、"星链-2305"卫星先后与中国空间站发生近距离接近事件，威胁到在轨宇航员的安全。对于这两次事件，中国空间站均采取紧急避碰措施，规避了碰撞风险。2021 年 11 月，有太空垃圾两次经过国际空间站，并伴有撞击风险，间隔 1.5 小时。国际空间站的宇航员接到指令后，进入正在与空间站对接的俄罗斯"联盟 MS-19"飞船和美国 SpaceX 的"龙"飞船躲避。除此之外，再入大气层的太空垃圾，可能因其不完全燃烧，对地面造成一定的威胁。1997 年 1 月，美国俄克拉何马州特利地区一位女子被一个轻重量烧焦织物材料击中头部，庆幸的是并未受伤。经鉴别，该物体是一块太空垃圾，是德尔塔 2 型火箭的残骸。

安全伦理以尊重每一个生命个体为最高伦理原则，以实现人和社会的健康安全、和谐有序的发展为宗旨，因而各国应当更加重视由太空垃圾引发的各类安全事故，不断增强太空态势感知能力，在保障在轨宇航员安全的同时，避免太空垃圾威胁地面安全。

3. 技术伦理

美俄卫星碰撞事故中的"宇宙 2251 号"在 1995 年就已经失效，但仍在轨道上运行，有与其他航天器碰撞的风险，需要采取相应措施将其移除。2020 年 9 月，在 2020 年中国航天大会上，中国科学院院士、中国航天科技集团有限公司研究发展部部长王巍发布了 2020 年宇航领域科学问题和技术难题，其中一项就是"空间碎片清除中的核心技术"（郭超凯，2020）。空间碎片清除是当前及未来航天任务必须面对的重要问题，发展该项技术，既是保护空间资产、维护人类空间安全和资源需要，也将促进相关高新技术创新发展。

我国在空间碎片主动清除领域处于技术验证阶段，众多高校和科研院所正不断加强对空间碎片捕获清除相关技术的研究力度，形成了大量研究成果。2016 年 6 月，我国发射自主研制的"遨龙一号"太空垃圾主动清除飞行器。"遨龙一号"通过伸出的一只机械手臂对太空垃圾模拟器进行抓捕，开展了太空垃圾非合作目标探测、识别、跟踪与操作等在轨试验，为后续非合作目标在轨捕获创造了基本条件（梁偲，2021）。2022 年 1 月，我国的"实践 21 号"卫星将一颗失效的北斗导航卫星从地球同步轨道上拖离，送入"墓地轨道"，以降低其与正常卫星碰撞的风险。

美国将空间碎片清除纳入在轨服务体系，制定远期愿景与规划。广泛开展空间碎片主动清除概念技术研发，在空间碎片机械臂抓捕、天基激光驱离、电动系绳离轨等技术领域已经开展了长期研究（宋博等，2021）。1993 年，美国国家航空航天局提出利用地基脉冲激光器清除近地轨道垃圾的"猎户座"计划，拟采用 30 kW 的地基激光清除近地轨道中尺寸处于 1—10 厘米的中型碎片，以减缓太空垃圾与空间站、载人飞船和卫星的危险交会。2014 年，该计划将重点由地面激光器转移至天基激光器（江海和王东方，2021；梁偲，2021）。

日本先于美国、欧洲开展了全球首次空间碎片对接捕获与离轨演示试验（宋博等，2021）。2017 年，日本宇宙航空研究开发机构（Japan Aerospace Exploration Agency，JAXA）发布公告，旨在为清除轨道高度在 700—1000 千米的大型碎片征集技术以及商业可行性方案。2020 年，日本宇宙尺度公司与 JAXA 签订商业碎片移除演示项目第一阶段的合同。该阶段是在 2023 年 3 月前发射第一颗演示卫星，逼近日本 H-IIA 火箭上面级；第二阶段是在 2026 年 3 月前完成对火箭上面级的对接，并加快其离轨进入大气层的进程（梁偲，2021）。2021 年，日本航天企业 Astroscale 发射 ELSA-d 卫星，用于回收清理太空垃圾的试验。据了解，这是首个商业太空垃圾清理试验，也是人类首次使用人造卫星回收清理太空垃圾的试验。ELSA-d 由服务卫星和客户卫星构成，服务卫星配有磁对接装置，客户卫星配有磁铁对接板，其主要任务是收集太空垃圾，并与服务卫星对接。在试验中，航天器先将模拟太空垃圾剥离出来，再利用摄像机和雷达再次靠近太空垃圾，并将其捕获。最后捕获器和模拟太空垃圾进入大气层中烧毁（佚名，2021）。

欧洲着眼于快速应用，采用政府购买商业服务并向商业公司提供空间碎片清除相关关键技术的模式，推动空间碎片清除相关技术的发展，并通过在轨演示验证快速向应用转化（宋博等，2021）。2013 年，英国萨里太空中心联合欧洲多家研究机构，在欧盟第七框架计划资助下，启动"太空垃圾移除"计划，该计划旨在试验以廉价的成本将太空垃圾推离轨道。2018 年 6 月，试验卫星"RemoveDEBRIS"脱离空间站开始入轨运行。2018 年 9 月至 2019 年 3 月陆续进行四项试验，包括网捕试验、导航试验、投掷鱼叉试验、降轨试验（江海和王东方，2021；梁偲，2021）。2019 年，欧洲空间局委托瑞士 ClearSpace 公司进行太空垃圾清除的研究，该计划开始于 2020 年，拟于 2025 年发射航天器清理轨道碎片 Vespa。此外，欧洲空间局原计划于 2023 年发射 e.Deorbit 航天器，用于演示大型失效卫星的移除试验，其目标是清除"欧洲环境卫星"（梁偲，2021），该项目的执行时间调整为 2025 年。

俄罗斯高度重视空间飞行安全，并致力于减少空间物体进入大气层和落在地球上的风险。因而在空间碎片观测目录、空间物体数据库、空间碎片资料自助收集等领域取得了一定的成果（尹玉海和刘飞，2007）。2020 年 1 月，俄罗斯航天国家集团（Roskosmos）宣布将建立用于跟踪空间碎片的"银河"近地空间危险情况预警天基系统。该系统将由 6 颗卫星组成，首期发展 4 颗卫星，2 颗用于近地空间监测，2 颗用于航天器监视。后续"银河"系统还将加入 2 个碎片清除航天器，将高风险空间碎片清除或改变其轨道。"银河"系统计划采用人工智能技术，使每天测量次数增加 5 倍，达到 100 万次/天，显著降低在轨碰撞虚警概率。俄罗斯计划 2027 年发射"银河"首星（宋博等，2021）。

各国在太空垃圾清除方面展开的基础研究和在轨验证，体现了人类具有选择将技术应用于何种环境的自由，是合乎技术伦理的行为，为太空垃圾的全球治理提供了有力的技术保证。

8.3.2　太空垃圾全球治理中"事理"方面的伦理问题

引导案例　事故频发的"星链"卫星

以美国为首的诸多发达国家对本国商业航天企业提供政策、法律、技术、物质等多方面的支持，使得航天商业蓬勃发展，促进了大规模低轨商业卫星星座的部署（邱家稳等，2020），但是也带来了诸多问题。

"星链"卫星接近中国空间站。2021 年，星链 1095 号、星链 2305 号先后与中国空间站发生近距离接近事件，威胁到在轨宇航员的安全。对于这两次事件，中国空间站均采取紧急避碰措施，规避了碰撞风险。然而，"星链"卫星的这两次危险行为得到了美国方面的庇护。中国外交部发言人于 2022 年 2 月 10 日表示，美方在 1 月 28 日发给联合国外层空间事务办公室的照会中，否认了中国关于"星链"卫星两次危及中国空间站的说法，称"星链"卫星的活动"没有达到既定的紧急碰撞标准的门槛"，因此不需要紧急通知。美方照会还称，中方在给联合国发出照会之前，没有联系美方有关部门并表达有关"星链"卫星带来危险的担忧。外交部发言人对此表示，中方向联合国通报"星链"卫星危险接近中国空间站、威胁在轨航天员安全的有关情况，是履行《外层空间条约》第五条规定的国际义务。"相关避碰事件中，美国'星链'卫星均处于连续轨道机动状态，机动策略和意图不明。中国在轨航天员面临着现实、紧迫的安全威胁。中方不得不采取预防性碰撞规避控制。"避碰事件发生后，中方主管部门多次尝试邮件联系美方，但均未收到回复。如今，美方却以所谓"紧急碰撞标准下限"推卸责任、转移视线，这并非一个航天大国应有的负责任态度。更何况，美方也无权单方面设定一个"紧急碰撞标准下限"（晨阳和马俊，2022）。实际上，还有多颗国外卫星也为了躲避"星链"卫星主动避让。

太阳风暴凸显出"星链"卫星的脆弱及推进策略的不足。2022 年 2 月发射升空的 49 颗"星链"卫星遭遇太阳风暴的影响，致使其中 40 颗均失效后再入大气层。实际上，此次事故尽管与太阳风暴相关，但也暴露出其推进策略方面的不足。这批卫星的推进策略是先用火箭将卫星送至 210 千米的轨道高度，再用电推进器将卫星送往更高的轨道，当卫星处于 210 千米时遭遇了地磁暴。通常而言，一般卫星都会推进到更高轨道，不会停留在 210 千米这个轨道。由太阳风暴引发的地磁暴，致使"星链"卫星面临的阻力增加了 50%，尽管 SpaceX 用尽办法采取措施减少大气阻力、躲避地磁暴的影响，但是最终这批卫星仅有 9 颗工作正常，其余 40 颗已经或者即将再入大气层。对于此事件，美国国家航空航天局也公开警告称，增加在轨"星链"卫星数量将威胁国际空间站的安全，并担心其对美国国家航空航天局科学和载人航天任务的影响。

"星链"卫星严重干扰科研任务。由于"星链"卫星的轨道高度较低，位于大多数美国国家航空航天局科学卫星的下方，它们反射的太阳光可能干扰科学卫星配备的仪器。并且类似的影响已经严重干扰到地面的天文观测，大批"星链"卫星穿过夜空的轨迹，会破坏那些需要长时间曝光的天文观测。例如，"星链"卫星数目的增加，对监控可能撞击地球的小行星产生严重影响。

太空垃圾全球治理"事理"方面的伦理主要关注责任伦理和资源分配伦理两个方面。

1. 责任伦理

"星链"卫星接近中国空间站的案例展现了美国在太空不负责任的行为，其中既有对他国太空资产的不负责任，也有对太空环境的不负责任。实际上，自从太空探索活动开始以来，此类伦理问题层出不穷。1976 年生效的《关于登记射入外层空间物体的公约》（简称《登记公约》）规定了各国在发射空间物体时需要向联合国秘书长报告，以便登记入册，但是各国在履行《登记公约》时存在许多不足，其中之一就是空间物体不登记或登记不完备（左清华，2022），使得部分航天器在失效后的合法移除主体不明确，为此类太空垃圾的移除工作带来困难。这反映出部分航天国家责任观念淡薄，对各项国际法律、规则的执行程度不足。1978 年，发生故障的苏联"宇宙 954 号"核动力卫星在大气层中解体，解体后带有放射性同位素的碎片落入加拿大境内，这些碎片形成一个大约 800 千米长的坠落带，放射性污染面积超过 10 万平方千米（姜艳青等，2018；李明等，2018）。事件发生后，加拿大和美国组成地面搜寻小组，在该卫星碎片覆盖的区域进行了长达 9 个月的徒步扫荡，不仅耗费了极大的人力，也造成了很大的经济损失：加拿大损失 1400 万加元、美国损失 250 万美元。当加拿大向苏联索赔时，苏联先是拒绝赔偿，经过几年的外交努力后，苏联愿意承担赔偿责任，但是直到苏联解体也没有兑现。

尽管太空垃圾问题的治理需要全球的共同努力，但是在其形成过程中，各国的"贡献"是有相当大差异的，如图 8-5 所示，俄罗斯、美国产生的太空垃圾的重量约占总数的 85%，因而国际社会也应当明确这两个太空垃圾制造大国对于太空垃圾清除所应当承担的责任，如共享其在太空垃圾预警方面的有关数据库，这对于太空垃圾的清除、减少将起到积极的促进作用。

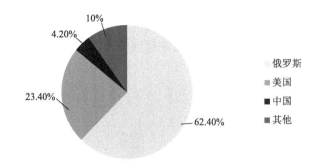

图 8-5　主要航天国产生太空垃圾的重量比例（李明等，2018）

2. 资源分配伦理

SpaceX 的星链计划预计在 340 千米、550 千米、1150 千米轨道高度共部署 42000 颗卫星,仅该公司一家就能让人类发射的航天器数量增加到原来的约 5 倍。如图 8-6 所示,部署开始于 2019 年,这一年发射的星链卫星数占全球发射航天器的约 1/4,2020 年和 2021 年发射的星链卫星的数目占全球发射航天器的半数以上。除星链计划外,还有其他大规模星座卫星的部署计划,如 Amazon 的柯伊伯星座计划预计在 590 千米、610 千米、630 千米轨道高度共部署 3236 颗卫星,一网公司的一网星座计划预计在 1200 千米轨道高度部署 6372 颗卫星。这些星座卫星的部署占用大量的太空资源。第一,当前太空中的轨道和频率资源的分配原则是“先到先得”,并未实现公平分配,同时,轨道和频率资源都是有限的,因而这些大规模星座的部署使得其他卫星通信商可用的频率资源和轨道资源被大大压缩。第二,大规模星座卫星的部署影响航天器发射的时间窗口。由于星链卫星的运行轨道位于国际空间站的下方,严密“包裹”住地球的这些卫星,将使向国际空间站运送补给和宇航员的飞船发射任务变得更复杂。美国国家航空航天局也表达了对星链卫星不断增多的担忧,每次航天发射都需要预先协调星链卫星“让出通道”,想要寻找安全的发射时间窗口越来越困难,特别是那些紧急的发射任务。

大规模星座的部署在占用太空资源的同时,也在恶化太空环境。第一,这些卫星的可靠性不够高,有一部分卫星发射入轨后可能直接失联,很难再入大气层,进而成为太空垃圾。2019 年,首批发射的 60 颗星链卫星有 3 颗已经与地面失去联系。第二,卫星在其预期使用寿命结束后,只有星链卫星采取的处理措施能够确保卫星在进入大气层时可以完全烧毁,从而避免对太空环境造成污染。第三,如图 8-7 所示,将大量的卫星送入已经十分拥挤的低地球轨道,提高了空间物体碰撞的可能性,增加了太空垃圾的数量,因而进一步加剧轨道的拥堵,引发新一轮的碰撞(王若璞,2010)。随着大规模星座卫星的部署,这种碰撞的风险也必然随之增加。尽管 SpaceX 曾表示“星链”卫星具有自主避障功能,但是在日益拥挤的近地轨道，如果一颗卫星为了避免碰撞而变轨，可能引起其他具有自主防撞能力的卫星的连锁反应，从而增加了太空碰撞的风险。

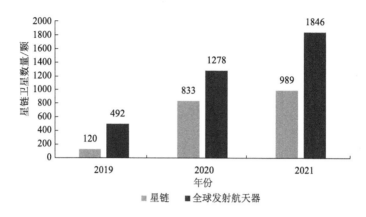

图 8-6　2019—2021 年发射的星链卫星数

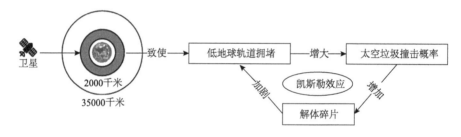

图 8-7　大规模低轨卫星部署

8.3.3　太空垃圾全球治理中"人理"方面的伦理问题

引导案例　俄罗斯反卫星试验

2021 年 11 月 15 日，俄罗斯进行了一次反卫星试验。该试验的目标是一颗苏联的废弃军事侦察卫星"宇宙 1408 号"，这颗卫星于 1982 年发射到 666 千米×636 千米的任务轨道上，倾角为 82.6°，重约 1750 千克。在进行反卫星试验之前，"宇宙 1408 号"已经衰减到 490 千米×465 千米的轨道高度。

这次反卫星试验对太空造成了灾难性的破坏。事件发生后不久，全球空间监视网络（SSN）观察到 1500 余块由"宇宙 1408 号"解体产生的大型可追踪碎片，许多低轨道碎片正朝着再入大气层的方向快速循环，然而也存在一些碎片的远地点高度可达 1400 千米，再入大气层的难度很大。

随着"宇宙 1408 号"碎片云的分散，国际空间站面临的撞击风险也逐渐趋于稳定，大约是试验进行前的两倍。由于解体前"宇宙 1408 号"的高度低于 500 千米，所以轨道高度在 400 千米及以下的航天器所受到的影响要高于 700 千米及以上高度运行的航天器。此外，"宇宙 1408 号"碎片中的绝大多数（>90%）将在 5 年内衰变并重返大气层（The NASA Orbital Debris Program Office，2022）。

太空垃圾全球治理中"人理"方面的伦理主要关注干系人利益伦理、宇航员伦理两个方面。干系人利益伦理表现在主要的航天大国在太空探索中"目的"的差异。宇航员伦理表现在因宇航员的不小心、环保意识不强等原因也会产生太空垃圾。

1. 干系人利益伦理

世界上主要航天大国追求自身战略利益最大化推动了太空领域的军事行动，如俄罗斯反卫星试验，这些行动深刻地影响了参与太空垃圾治理的各类行为主体。发达国家和发展中国家在治理合作中的矛盾与分歧不断增多，两者之间的利益分歧源于发达国家的"太空霸权主义"。当前太空垃圾的治理机制是"以联合国为中心，发达国家主导"，发展中国家并未广泛参与其中。发展中国家之所以不加入这些由发达国家主导的国际组织或公约，是因为担心受到约束，从而不利于本国太空事业的发展。然而发达国家即使加入了这些国际组织或者公约，也还是可以不受到"约束"，在美国签署《外层空间条约》后，为了掌握太空开发利用方面的主导权，多次违背该条约，谋求在太空进行商业开发和武器部署。如特朗普政府高举"单边主义"旗帜，秉持一贯的"美国利益优先"思维，组建美国太空军（United States Space Force）、重设美国太空司令部（United States Space Command），将美国谋取太空霸权的野心体现得淋漓尽致。

实际上，美国这种"太空霸权主义"早在冷战时期就已经显露出来。冷战时期，美苏两强将太空视为未来的战场，争相研制反卫星武器。截至 1984 年，美国和苏联共进行了 53 次反卫星试验（何奇松，2020）。除此之外，美国还进行了"西福特计划"（高峰，2009）、"早春计划"（何奇松，2020），试图将太空垃圾作为反卫武器。这些行为都是以自身利益为出发点，对太空环境造成了极大伤害。美国拜登政府为维护太空领域的领导地位，实现太空霸权，仍保留美国太空军、美国太空司令部，研制太空武器，加强太空军事能力建设。日本紧随其后，逐步推动军事航天，建设太空作战力量，对其周边国家乃至全世界的太空安全构成严重威胁和战略震慑，在一定程度上加剧了太空军备竞赛和太空军事化进程。然而，中俄两国时刻关注太空安全，先后于 1999 年、2000 年、2001 年、2002 年、2004 年向联合国裁军谈判会议提交了多份关于太空问题的工作文件，致力于防止太空武器化。2008 年，中俄两国正式向联合国裁军谈判会议提交了"防止在外空放置武器、对外空物体使用或威胁使用武力条约（草案）"。中国作为新兴的太空大国，在太空探索和利用方面一直坚持和平利用太空，发展太空技术的目的是满足自身经济、社会和安全的需要，并非为了争夺太空霸权（韩万渠和贾美超，2018）。实际上，航天技术应当应用于人类的和平和安全，特别是解决当今人类的可持续发展问题，因此需要坚决反对这个领域的霸权主义和军备竞赛（占光胜，2009），避免太空成为大国竞争的"战场"。

实际上，太空垃圾治理的国际机制已经沦为大国的博弈场。航天大国因为掌握先进的太空垃圾清除技术而拥有更多的话语权和主动权，并通过主导相关议程设置，将本国的战略目标和利益偏好转化为公共目标和集体偏好，导致对太空环境保护以及和平、可持续利用议题的淡化。

2. 宇航员伦理

宇航员在太空执行任务时，也可能因其环保意识不足或者"不小心"，在太空留下许多太空垃圾。1965 年，美国第一位太空行走者爱德华·怀特在他第一次进行太空行走时遗落了一副备用手套，该手套以 7.8 千米/秒的速度在太空飞行，成为有史以来最为危险的太空生活垃圾，直至几个月后，手套落入大气层中烧毁。从那时起至今，宇航员已经在太空中丢下了近十万件太空垃圾。俄罗斯"和平号"空间站虽然为人类的太空探索做出了巨大贡献，但是在 1986—2001 年，其宇航员陆陆续续向太空中丢出了 200 袋的生活垃圾（高峰，2009），这也反映出当时人们对太空环境的保护意识并不高。2006 年 12 月，"发现号"航天飞机遗落了一架相机。2008 年美国宇航员海德马里·斯特凡尼斯海宁·皮珀在太空行走时遗失了一个内含润滑枪的工具包，这个工具包在 2009 年 8 月才重新进入大气层。2019 年 11 月，国际空间站宇航员安德鲁·摩根和卢卡·帕尔米塔诺在维修空间站的阿尔法磁谱仪时，将仪器的护板"推"到了太空。相较于"和平号"空间站向太空丢出生活垃圾的行为，我国的空间站对宇航员产生的生活垃圾进行系统的处理。首先，为了节约用水、降低发射成本，中国空间站生命保护系统循环利用尿液，使其通过一系列复杂处理变为可循环用水。对此，美国宇航员杰西卡·梅尔曾经评价道："今天的咖啡就是明天的咖啡"。此外，对于固体排泄物、废弃的食品包装袋、废弃的工作物品、旧衣物，以及其他的生活垃圾，宇航员每隔一段时间会将它转移到专门的"垃圾回收站"内，"神舟十三号"的垃圾回收站是"天舟二号"和"天舟三号"货运飞船。实际上，在这次任务当中所产生的生活垃圾并不会被带回地球，而是随着货运飞船一同进入大气层焚毁。2022 年 3 月，"天舟二号"货运飞船受控再入大气层焚毁，其飞行任务至此画上圆满的句号。尽管"神舟十三号"的三名宇航员在空间站生活的半年时间内产生了许多生活垃圾，但是经过一系列处理后，并不会污染到太空环境。

8.4　太空开发伦理治理

　　复杂航天装备的开发可以加速人类的进步，探索更多的未解之谜，将太空技术应用到人类的日常生活中，对人类的发展有重大意义。但开发复杂航天装备应该遵循什么原则，与人类对航天技术利用的伦理抉择密切相关。人们在享受复杂航天装备带来的便利的同时，也要保护生态环境和资源的可持续发展，维护社会稳定，保障劳动者的生命安全。太空开发应秉承以人为本的原则，遵循社会发展的客观规律，坚持公平公正原则，做到既保护生态环境，又实现人类的可持续发展。

8.4.1　太空伦理问题产生的原因

　　太空伦理建设是我国跻身航天强国的重要一环，对于防范太空领域伦理风险、促进我国航天事业健康发展和完善我国伦理建设有重要的现实意义（丁明磊，2022）。完善和推进太空伦理治理是实现我国成为航天大国目标的重要手段。想要更好地对太空伦理进行治理就需要分析太空伦理产生的原因，从根本原因出发，对太空伦理进行治理。

　　太空伦理产生的原因主要有以下三点。

1. 技术不成熟

　　人类当下太空探索技术不够成熟，而技术的成熟为太空探索的成功提供了基本的保障。诚然，从人类开始尝试飞向太空到现如今可以将人送入太空中，成熟的技术功不可没。但现在太空探索不同于其他领域。太空探索相比于其他领域，充满更多危险的因素。太空探索需要多方面的共同努力，而技术不成熟犹如一块短板，势必会影响人类的太空探索。技术不成熟的负面影响不仅仅存在于复杂航天装备的开发过程中，也存在于太空垃圾治理领域。对于太空垃圾主动清除领域，世界各国仍处于研究和技术验证阶段，尚未成熟的技术导致已有的太空垃圾无法进行及时有效的处理。因此，技术的不成熟导致了诸多太空伦理问题。

2. 机制不完善

　　管理机制不够健全。各国政府为了解决人类太空探索过程中产生的伦理问题，成立了相关的国际组织，缓解甚至解决好太空探索过程中出现的矛盾。截至 2023 年底，我国已与 50 多个国家和国际组织签订了 150 多份空间合作文件（国家航天局，2023）。虽然各个国家和国际组织已开始通过合作来解决太空伦理问题，但由于各国意识形态差异,缺少统一的管理机制,太空伦理治理工作面临不小的挑战。

3. 合作、责任和保护意识的缺失

在太空探索的几十年,有些国家借太空探索的名义展开军备竞赛,在太空探索中缺少为人类造福的合作意识,实行技术封锁,借此实施霸权主义。当下在人类行使自身探索太空权利的同时,有的人忽略了自身该履行的义务,缺少责任意识,对待太空探索过程中产生的伦理问题采取"事不关己,高高挂起"的态度,不清楚该承担哪些责任,或者逃避应该承担的责任,使得太空探索伦理问题越来越严重。

各国不停地进行太空探索,因为忽视对太空的保护,造成了太空资源的紧缺和太空垃圾的泛滥。对太空的探索是全人类的事业,并且都是以国家或地区为单位进行太空探索活动。各个国家和地区争相进行太空探索、占领太空资源,不顾人类整体利益的探索活动也许能得到一时的利益,但势必会产生一系列负面影响。

8.4.2　太空开发工程伦理治理的原则

人对事物的认知都是依照从简到繁,逐渐深入的规律,随着科技的不断进步,人类也不断对太空进行探索,不断加深对宇宙的认识。在这一过程中,充满着诸多机遇和挑战,面对已经出现的伦理问题,要给予更多的关注(李婧,2021)。因此,在太空治理时,要对已有的问题进行针对性处理。太空治理要在以人为本原则的基础之上遵循可持续发展的原则,在公平公正的基础之上保护环境。

1. 人道主义

人道主义提倡的以人为本原则是各项工程都要遵循的原则,太空开发工程也不例外。以人为本的原则是指一切经济活动都要遵循以人的发展为中心的准则。在所有资源中,最重要的就是人力资源。因此,在太空开发治理当中,要做到尊重人的价值和能力,注意人力资源的开发和有效利用(樊巍,2022),同时要做到将人的生命安全放到第一位。所以,从伦理角度而言,太空开发应当做到:第一,充分考虑相关工作人员以及全体人类的生命安全,太空开发是为了造福人类,而不是挑起战争,威胁人类的生命安全。在复杂航天装备的开发过程中,要把安全生产放在首位,避免安全意识不到位导致相关工作人员生命安全受到威胁。同时,也要充分考虑在太空中执行任务的宇航员的生理、心理状态。第二,要清楚太空开发的重要性以及太空开发在人类发展中的地位。太空开发是全体人类的迫切需要,是人类想要进一步发展的必然选择。第三,要发挥人类的智慧、力量和敬业精神。人类是世界的主人,也是太空开发的主导者,一切太空活动都离不开人的

参与，要调动人类参与太空开发的积极性。第四，在复杂航天装备的开发过程中，要积极创造条件，改善工作环境，加强太空开发的文化建设，努力促进全体工作人员的全面发展。

2. 可持续发展原则

可持续发展的前提是发展，没有发展也就没有持续，没有持续也就毫无发展可言（吴幻，2013）。可持续发展是在社会、经济、人口、资源、环境相互协调和共同发展的基础上建立的一种发展模式（吴幻，2013）。在太空开发工程中，可持续发展主要指的是太空资源的合理分配利用，以及在太空层面的可持续发展。太空开发可持续发展原则应循公平性原则、持续性原则、共同性原则。公平性原则体现为太空资源为全人类共同拥有。太空资源没有明确的法律归属权，因此太空资源属于全人类。各个国家都有权利用太空资源，任何国家不得霸占太空资源，搞霸权主义。持续性原则体现在合理使用太空资源，不可无节制地发展复杂航天装备。太空资源是有限的，如毫无节制地发射航天器，会使太空资源逐渐枯竭，影响的不仅仅是当代人的利益，甚至影响子孙后代的利益。共同性原则指的是太空资源要被利用到有利于人类共同发展的领域。可持续发展关系到全球的发展，这是全人类的共同目标。因此，全人类要达成共识，利用太空资源来促进自身的发展。

3. 人与自然和谐发展

太空开发也要遵循生态原则，即在满足人类发展的同时，也要将对环境的破坏降至最小。太空开发对环境的污染分为太空污染和地球内的污染。太空污染体现在太空垃圾得不到有效的治理。失效航天器无法得到有效回收，飘荡在空中，有可能撞击在轨航天器，导致新的航天器失效。而地球内的污染体现在复杂航天装备开发过程中使用的有害材料以及发射过程中产生的废气和其他污染物。因此，面对太空开发，人们要汲取生态伦理思想中的精华，以生态伦理思想为指导，在尊重大自然的前提下合理地开发太空资源。

8.4.3　太空开发工程伦理治理的建议

在太空探索中，已经出现了很多伦理问题，面对这些伦理问题，人类需要给予更多的关注。针对已有的问题进行分析，以图 8-8 的思路从提升技术、完善机制、转变思维三方面出发，积极地寻求可行性对策，才能更有利于人类进行太空探索。

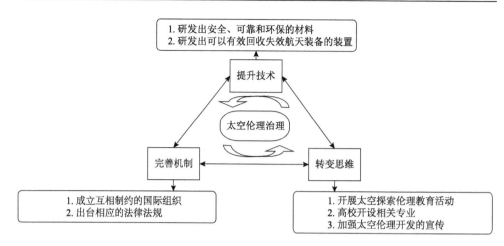

图 8-8　太空伦理治理的思路

1. 提升技术

习近平总书记在会见探月工程嫦娥四号任务参研参试人员代表时强调："实践告诉我们，伟大事业都基于创新。创新决定未来。建设世界科技强国，不是一片坦途，唯有创新才能抢占先机。"（央视网，2019）

科技不断进步，使人类制造出更安全、更环保、更能满足航天需求的航天材料，使人类对探索太空不再只是幻想。航天设备需要应对宇宙的复杂环境以保证航天设备和宇航员的安全，所以选择的材料要有耐高温、抗腐蚀等特点，以应对太空环境，从而保证航天设备的正常使用以及宇航员的安全。人类现有的航天技术可以将人类送入太空，但存在着航天事故和太空垃圾的问题，面对现有的太空伦理问题，应该通过不断开发更为先进的太空技术来使航天装备安全化和环保化。安全化，一方面要研发更耐高温、耐老化腐蚀的材料，使航天装备不会因物理因素而出现安全事故，从而更好地适应复杂的太空环境；另一方面要不断提升技术，并将这些技术应用到太空开发当中，尽可能地避免由技术不成熟造成的太空事故。安全化可以使人类更安全地进行太空探索，进一步保障研发人员和宇航员的生命安全，也可以节省资源，避免由事故导致资源浪费。环保化，一方面要通过科技的发展，研发出可以回收失效航天装备的装置；另一方面，航天装备要有自主返回程序，能够在任务完成之后自主返回地球，从而进一步释放太空资源。失效航天装备主动返回地球，以及可以有效回收无法自主返回地球的失效航天装备的特有装置，不仅可以从源头上减少人类太空探索行为对环境的污染，还能对已经产生的太空垃圾进行及时有效的处理。这样不仅可以有效地保护环境，而且有利于太空资源的可持续发展。

技术的提升并非一朝一夕可以完成，持之以恒的努力才可以克服技术难题，引

来技术的创新。太空探索是一个漫长的过程，人类为了持续进行太空探索，不断研
发新技术，使太空探索安全化和环保化成为太空开发工程伦理治理的有效措施。

2. 完善机制

针对太空探索中环境保护、太空资源合理分配、防止军备竞赛等一系列问题，
国际上已经成立了许多组织来协调各国之间的矛盾，但想要从根本上对太空伦理进
行治理，需要各国共同的努力，建立并且完善太空探索相关机制，建立监督部门。

防止以太空开发名义展开太空竞赛是太空伦理治理面临的主要问题。最初人
类对浩瀚的宇宙是没有什么头绪的，直到一位名叫齐奥尔科夫斯基的俄国教师出
现，他提出的飞出宇宙的速度公式引起了物理和数学界的轰动，随后臭名昭著的
纳粹德国成为第一个从政府层面研究火箭的国家，德国研究的 V2 火箭让美苏两
国意识到火箭开发的可能性和必要性。随后在第二次世界大战后期，美苏两国在
瓦解德国防御的同时开始收集 V2 导弹的相关研究成果。苏联取得大量导弹样品，
为逆向工程奠定了基础，而美国则是抓到了为美国航天事业作出巨大贡献的沃
纳·冯·布劳恩。随着铁幕的落下，美苏两国的太空竞赛正式打响。1957 年 8 月，
改装版 R-7 导弹试飞成功，射程足以打到美国本土。两个月后，苏联又将第一颗
人造卫星"斯普特尼克 1 号"成功送入近地轨道，帮助苏联打赢了太空竞赛的第
一战。

看到苏联占据先机后，美国通过了《美国国家航空暨太空法案》，美国国家航
空航天局正式登上历史舞台。1958 年 1 月 31 日美国发射人类第二颗人造卫星"探
险者 1 号"。1959 年 1 月发射了第一个月球探测器，1961 年 4 月，加加林搭载第
一个载人航天器"东方一号"，绕地飞行 108 分钟，成为第一个登上太空的人类，
1963 年 6 月，捷列什科娃成为第一位进入太空的女性，1965 年 3 月，列昂诺夫完
成了航天史上第一次太空漫步。

美国在这场太空竞赛中总是处于落后的地位。但美国没有停止探索的脚步，
为了助力太空竞赛，美国把联邦预算的 4.4%给了美国国家航空航天局。1967 年，
冯·布劳恩就帮美国人研制出了史上最雄伟的运载火箭——土星 5 号。1969 年 7
月，也正是这枚火箭将"阿波罗 11 号"送入月球轨道。然而，登月却成为美苏太
空竞赛最后的高潮。1975 年 7 月 17 日，美苏宇航员在太空的握手言和，标志着
太空竞赛正式谢幕（地球知识局等，2020）。

随着冷战时期的结束，美国没了竞争对手，成为唯一的太空超级大国，在阿
富汗、伊拉克战争等，卫星均大显身手，成为军力"倍增器"与"赋能器"，这让
美国认为太空是取得战役与战术胜利的"终极高地"。因此在制天权军事理论的指
导下，美国在太空展开了军备竞赛，太空军备竞赛导致太空冲突失控与升级的可
能性增大。

现有的国际太空机制只限于禁止在太空（包括天体）部署核武器和大规模杀伤性武器，但并没有明确限制在太空进行交战。因此，从理论上来说，只要不在太空部署、使用核武器和大规模杀伤性武器，就符合国际法。由此可得，使用非上述两类武器在太空中进行交战也符合国际法，这使得太空很容易成为新的战场。另外，随着卫星的逐渐增多，电子干扰也明显增多，对电子干扰来源的误判会引起严重后果，一旦发生冲突，没有完善的协调机制很容易擦枪走火，在太空进行战争（何奇松和朱松林，2021）。

对太空资源的合理利用以及太空开发的可持续发展也缺少相应的机制，各国毫无节制地发射航天设备，对已失效的航天装备不进行及时有效的处理，会使太空资源逐渐枯竭，污染太空环境，影响整个人类以及子孙后代的利益。因此，需要建立可以互相牵制的监管部门。一些国家在太空探索过程中为了谋求自己的最大利益，会损害其他国家的利益，从而陷入博弈困境，导致太空环境遭受破坏。想要维护太空和平，合理利用资源，需要借助博弈理论构建太空探索监管部门。现有的国际机制在一定程度上发挥着积极作用，但由于受到大国决策的影响，现有的太空管理的国际组织管理范围受限，并不能从根本上解决太空探索产生的伦理问题。应将博弈理论应用到太空开发伦理治理当中，权衡各国之间的利益，使各个监管部门相互制约，通过互动性决策，完善管理机制，使监管部门和协调机制对人类太空探索行为真正进行有效管理。

3. 转变思维

2019年2月20日，习近平总书记在北京人民大会堂会见探月工程嫦娥四号任务参研参试人员代表时强调："探索浩瀚宇宙是全人类的共同梦想。中国航天积极推动国际合作，同多个国家和国际组织开展了富有成效的合作，嫦娥四号任务圆满成功就包含了许多参与国的贡献。我们愿同世界各国一道，坚持共商共建共享，加强基础科学研究国际交流，推动大科学计划、工程和中心建设，扩大创新能力开放合作，推动人类科学事业发展。"（央视网，2019）

物竞天择，适者生存。达尔文的进化理论指出，竞争存在于人类漫长的历史当中，在太空开发中也不例外。长期以来，各个国家在太空探索当中都是把其他国家当作竞争对手，以超越竞争对手为目的进行太空探索，各个国家无法进行有效的合作。因此，人类要转变原来的思维，构建良性竞争意识，坚持开放发展理念，加强对外交流，建立多方协同合作机制，凝聚共识，形成合力。积极推进全球科技伦理治理，一方面在太空探索时要遵守国际组织规定，并且坚持可持续发展的探索原则；另一方面，要实现技术共赢，各个国家相互合作，共同致力于为全人类造福。

人类在处理太空伦理问题时，不仅需要构建良性竞争意识，更要发挥人的主观能动性，在尊重太空规律的前提下合理地对太空进行探索，而不是盲目地开发和利用太空资源。各个国家应当结合长期、短期利益综合考虑，从经济、政治等角度判明基本立场，积极参与并引领太空资源开发机制的形成与发展，同时也为中国企业的太空活动预留空间，捍卫企业、行业和资本的利益，确保投资与实践的安全与稳定（涂亦楠，2021）。2018 年 11 月 14 日，习近平主席在致信祝贺亚太空间合作组织成立 10 周年时指出，中国一贯主张合理开发、利用空间资源，保护空间环境，推动航天事业造福全人类（新华社，2018）。人类在太空探索中必须要发扬这样的精神，在正确意识的指导下，对太空进行可持续的全方位探索，从根本上缓解太空探索产生的一系列矛盾（李婧，2021）。

各个国家应该深入开展太空探索伦理教育和宣传。一方面，要重视太空探索伦理的教育。将太空探索伦理教育作为相关专业，培养相应的本科生和研究生，鼓励各个高校开设相应课程，使青少年树立正确的太空探索伦理意识，完善太空开发伦理机制，加快培养高素质、专业化的太空开发伦理人才队伍；另一方面，加强对太空开发伦理的宣传，开展面向社会的太空开发伦理宣传，加强公众对太空开发伦理的了解，培养公众的太空开发伦理意识，鼓励各个单位、协会、研究会积极开展太空开发伦理讲座，构建网络交流平台，传播科技伦理知识（新华社，2022）。

参 考 文 献

常平. 2014. 美国"挑战者"号爆炸始末. 初中生学习(低), (Z2): 16-17.

陈东, 裴胜伟, 黄华, 等. 2020. 全球巨型低轨星座通信网络发展、特征与思考. 国际太空, (4): 42-47.

晨阳, 马俊. 2022-02-11. "星链"卫星将威胁国际空间站. 环球时报, 12.

程群. 2009. 太空安全的"公地悲剧"及其对策. 社会科学, (12): 12-18, 181.

程群, 郝丽芳. 2014. 中欧太空合作分析. 德国研究, 29(2): 4-16, 124.

地球知识局, 斑马, 猫斯图. 2020. 太空竞赛是如何开打的. 中学生百科, (36): 26-28.

丁明磊. 2022. 高水平科技伦理治理: 现实意义与总体思路. 国家治理, (7): 38-42.

樊巍. 2022-06-06. 中国空间站转入在轨建造阶段. 环球时报, 8.

方勇, 孙龙. 2015. 2014 年世界航天发展的重要趋势与进展. 卫星应用, (1): 24-29.

非虫. 2021. 开放的太空呼唤合作. 新民周刊, (24): 46-49.

甘永, 唐玉华, 张晓斌, 等. 2021. 秉持构建人类命运共同体理念推动太空领域全球治理. 中国航天, (3): 45-48.

高峰. 2009. 另一种污染: 太空垃圾. 生命与灾害, (4): 8-10.

龚自正, 李明. 2009. 美俄卫星太空碰撞事件及对航天活动的影响. 航天器环境工程, 26(2): 97, 101-106.

郭超凯. 2020. 2020 年中国航天大会福州开幕 宇航领域十大科技难题引关注. https://www.china

news.com.cn/gn/2020/09-18/9294076.shtml[2020-09-18].

国家航天局. 2023. 我国已与 50 多个国家和国际组织开展航天国际合作. https://www.cnsa.gov.cn/ n6758823/n6758838/c10418980/content.html[2023-11-21].

韩万渠, 贾美超. 2018. 太空碎片治理:全球治理亟待重视的议题及中国方案. 国际关系研究, (6): 108-125, 154-155.

何奇松. 2020. 太空武器化及中国太空安全构建. 国际安全研究, (1): 39-67, 158.

何奇松, 朱松林. 2021. 后冷战时代的太空军备竞赛分析. 当代世界与社会主义, (2): 154-160.

江海, 王东方. 2021. 世界最大垃圾场就在我们头顶? 军事文摘, (24): 32-35.

姜艳青, 周阳, 郭宗帅, 等. 2018. 浅谈核动力航天探测器现状及发展研究. 科学技术创新, (36): 12-13.

金云亮. 2009. 科学家的科技伦理责任. 广西师范大学硕士学位论文.

李婧. 2021. 太空探索的伦理问题及哲学思考. 渤海大学硕士学位论文.

李明, 龚自正, 刘国青. 2018. 空间碎片监测移除前沿技术与系统发展. 科学通报, 63(25): 2570-2591.

李正风, 丛杭青, 王前, 等. 2016. 工程伦理. 北京: 清华大学出版社.

梁偲. 2021. 太空垃圾越来越多了, 科学家怎么清理? 世界科学, (7): 33-36.

刘霞. 2023-09-06. 初创科企争当太空"清道夫". 科技日报, 4.

齐鹏. 2003. 神舟五号: 中国航天科技的骄傲: 神五飞船技术探析. 机械工业信息与网络, (3): 6-7.

邱家稳, 王强, 马继楠. 2020. 深空探测技术(特约). 红外与激光工程, 49(5): 9-18.

宋博, 李侃, 唐浩文. 2021. 国外空间碎片清除最新发展. 国际太空, (5): 14-19.

涂亦楠. 2021. 太空资源开发的现状与中国的立场. 科技导报, 39(11): 30-37.

王若璞. 2010. 空间碎片环境模型研究. 解放军信息工程大学博士学位论文.

吴国兴. 2012. 载人航天中的伦理问题. 太空探索, (3): 32-35.

吴幻. 2013. 航天技术发展中的伦理问题及其规范的分析. 佳木斯教育学院学报, (12): 10.

肖昊. 2019. 空间技术发展中的伦理问题及其应对策略. 现代交际, (3): 236-238.

新华社. 2018-11-15. 习近平致信祝贺亚太空间合作组织成立 10 周年. 人民日报, 1.

新华社. 2022. 中共中央办公厅 国务院办公厅印发《关于加强科技伦理治理的意见》. http://www. mohrss.gov.cn/SYrlzyhshbzb/dongtaixinwen/shizhengyaowen/202203/t20220321_439955.html [2024-05-18].

央视网. 2019. 习近平谈航天: 星空浩瀚无比, 探索永无止境. http://news.cctv.com/2019/02/22/AR TIUALvhYdQrjivV6eAjFDP190222.shtml[2024-05-18].

佚名. 1992. 航天器发射对环境的污染. https://www.cma.gov.cn/kppd/kppdqxyr/kppdjtqx/201212/t 20121207_194770.html[2024-12-01].

佚名. 2004. 太空人"第一"知多少: 人类载人航天史星光闪耀. 青年科学, (3): 53.

佚名. 2021. 日本实施世界首次太空垃圾回收清理实证试验. 环境科学与管理, 46(5): 134.

尹玉海, 刘飞. 2007. 俄罗斯减缓空间碎片的技术与法律措施. 中国航天, (8): 25-27, 32.

袁越. 1999. 火星气候轨道器宣布报废. 中国航天, (12): 32-34.

占光胜. 2009. 航天技术的发展与太空伦理的主要规范. 科技管理研究, (12): 523-524.

张荣桥. 2021. "天问"一号开启我国行星探测新征程. 中国航天, (6): 9-10.

周兵, 刘红军. 2018. 国外新兴商业低轨卫星通信星座发展述评. 电讯技术, 58(9): 1108-1114.

周建平. 2013. 我国空间站工程总体构想. 载人航天, 19(2): 1-10.

左清华. 2022. 失效航天器移除面临的若干法律问题. 北京航空航天大学学报(社会科学版), 35(1): 149-154.

European Space Agency. 2024a. ESA space environment report 2024. https://www.esa.int/Space_Safety/Space_Debris/ESA_Space_Environment_Report_2024[2024-12-03].

European Space Agency. 2024b. About space debris. https://www.esa.int/Space_Safety/Space_Debris/About_space_debris[2024-05-18].

The NASA Orbital Debris Program Office. 2022. Orbital debris quarterly news. https://orbitaldebris.jsc.nasa.gov/quarterly-news/pdfs/odqnv26i1.pdf[2022-03-10].

第9章 全球化工程中的伦理

随着全球经济一体化进程的快速发展,以及工程技术创新能力的增强,工程活动的全球化特征愈发凸显。跨国工程已经在全球范围内广泛开展,对人类社会发展和世界经济增长具有非常重要的意义和作用,让技术、经济相对落后的国家也能享受到先进工程带来的福祉,促进世界各国平等参与和分享全球化成果。同时,全球化工程涉及不同国家文明之间的交流、融合,其中的文化差异和伦理冲突也是无法避免的,如何协调好全球化工程发展和全球化工程伦理困境成为当前亟待解决的问题。本章将就全球化工程的历史演变、特点和发展趋势,全球化工程中的文化差异与超文化认同、伦理的相对与绝对,以及全球化工程中的伦理问题和原则等话题进行探讨。

9.1 全球化工程

全球化是一种人类社会发展的现象过程,通常指全球的联系不断加强,各国之间在政治、经济、文化等多方面深度融合与相互依存,全球意识逐步兴起。全球化进程就是对全球化这一现象过程中各国联系不断强化升级的历史变迁过程的描述。伴随着全球化的发展,全球化工程也应运而生,并逐渐壮大成为全球化进程中一个独具特色的方向,体现的是工程项目及其管理的全球化发展过程。下面对全球化工程的历史演变阶段和全球化工程的特点与趋势进行系统阐述。

9.1.1 全球化工程历史演变

全球化工程项目实践有助于世界范围内经济的互联互通和可持续发展。以美国、英国、德国、日本、韩国等国家为代表,全球范围内多个技术、经济强国均在积极寻求对外扩展和企业"走出去",实现产业的国际转移、工程项目及技术的输出。我国也不例外,据统计,2023 年,我国对外承包工程业务完成营业额 11338.8 亿元人民币,比上年增长 8.8%,新签合同额 18639.2 亿元人民币,同比增长 9.5%(中华人民共和国商务部,2024)。这体现出近年来我国全球化工程业务的良好发展态势,尤其是高铁、基建等工程项目在国际上口碑不断攀升,对外经济技术交流与合作的规模不断扩大,层次不断提升,范围不断扩展,影响力不断提升。

全球化工程的历史演变与全球化和经济全球化的演变过程密切相关。整体来说，人们认为全球化工程经历了四个阶段，分别为早期全球化阶段、中期全球化阶段、稳定发展期及新时代全球化阶段，如图 9-1 所示。

图 9-1　全球化工程发展的四个阶段

第一阶段为早期全球化阶段。1492 年意大利航海家哥伦布的第一次远航拉开了早期全球化的序幕，西方文明与东方文明开始相互交融，新航路的开辟让人们开始对各国和各地区的全貌有更为完整的认识，各个大洲之间相对孤立的状态被打破。15 世纪末到 17 世纪的大航海时代，使人类第一次建立起跨越大陆和海洋的全球性联系，伴随着新航路的开辟，东西方之间的文化、贸易交流开始大量增加，这也为欧洲列强在全球范围内的商品、资本和工程项目输出提供了基础。

进入 18 世纪，科学技术快速发展，社会变革更加深刻。在第一次工业革命和第二次工业革命的推动下，国际分工快速形成并发展起来。西方列强在早期全球化阶段占据先机，欧美各国凭借技术优势开始出现工业生产能力过剩的现象，大量的商品销往世界各地，并且在世界各地广泛经营贸易、开发工程，逐渐形成了"中心-边缘"的二元结构（檀有志，2021）。此时，众多经济和技术落后的国家和地区只能被动地成为发达国家的倾销市场，在伦理冲突中也处于相对弱势的一方，更多的是接受先进国家的文明输出。

1913 年，国际咨询工程师联合会（Fédération Internationale Des Ingénieurs Conseils，FIDIC）成立，该联合会制定了许多建设项目管理规范与合同文本，为联合国有关组织、国际金融机构以及众多国家普遍承认和广泛采用。FIDIC 提出的有关工程咨询行业的管理和职业道德准则，也为各国借鉴和应用，并逐步演变成为全球工程咨询业共同遵从的国际惯例（张福庆，2012）。在长期的国际工程项目设计、管理和实施过程中，相关建设规范、施工标准、管理文件等不断得到修订和完善（杨道富，2003）。第二次世界大战结束后，许多国家都面临重建任务，现实需求带动国际建筑项目承包合同大量增加，建筑业得以快速发展。因此，各个国家都急需一套通用的建设规范、施工标准和管理文件，作为项目施工和竣工验收的依据，这套国际标准可以确保在正常情况下工程质量和项目目标的实现（杨道富，2003）。

第二阶段为中期全球化阶段。该阶段主要围绕第二次世界大战结束后，以美苏两大阵营冷战对抗为核心的雅尔塔体系所展开，此时全球化也早已由经济社会领域外溢到了国家安全与国际和平等领域（檀有志，2021）。

第二次世界大战结束后，美国凭借其超一流的实力，构建了以美元为中心的布雷顿森林体系，牢牢掌握着资本主义世界经济体系的话语权，在一定程度上推动了全球化进程不断纵深掘进。而联合国也在积极协调国际经济关系，在促进世界各国友好合作与交流方面扮演了重要角色（檀有志，2021）。同时，诸多国际多边机制有效遏制了新的世界性战争的爆发，局部热战、整体冷战是中期全球化阶段国际政治经济局势的主旋律。在此背景下，国际化工程项目在这个阶段的发展也受到诸多影响。由于第二次世界大战带来的破坏，许多战争受害国家都面临十分繁重的重建任务，此时的工程项目主要以先满足各自国内的建设任务为目标，国际化工程发展较慢。但同时，政府援助建设也成为该阶段一种新的外交手段，例如中国"一五"计划（1953—1957年）期间，苏联对新中国工业领域提供了大量援助项目，如鞍钢、武汉长江大桥、第一重型机械厂等，极大地促进了中苏两国之间的工程交流。伴随着这些项目而来的，还有大批苏联和东欧专家，随着这些国际化工程的开展，国家之间的文化交流日益频繁，道德规范和伦理也逐渐被彼此了解和认识，在一定程度上为全球化工程的稳定发展奠定了前期基础。

第三阶段为稳定发展期。20世纪后几十年，全球经济快速复苏，国际政治趋于稳定，各个国家都在积极建立外交关系，全球经济一体化在这一阶段快速发展巩固，也为全球化工程的发展提供了稳定、积极的外部环境。此时，各种跨国企业迅速成长壮大，在贸易全球化、工程全球化等活动中扮演了重要的角色，促进了世界经济的繁荣发展。1992年，全球治理委员会成立，1995年，该委员会发布《天涯成比邻》报告，提出全球治理的概念、价值以及全球治理同全球安全、经济全球化的关系。

然而全球化稳定发展阶段，发达国家依然是各种国际规则的制定者和全球化的主要受益者。中国、印度等新兴经济体在这一阶段逐渐发展壮大，逐步参与到工程全球化的进程中来，并担任重要角色。许多公司和技术人员开始走出国门，参与到全球化工程项目的开发、建设和管理中。1981年，我国出台政策鼓励企业走向国际市场，实施"走出去"战略。此后，我国与国际标准接轨的步伐不断加快。例如，水利部出台的《水利工程建设项目管理规定》提出，推行"三项制度"（项目法人责任制、建设监理制、招标投标制）改革，工程承建和监理制度全面开展。1997年《中华人民共和国建筑法》正式以法律的形式确定了建筑市场管理的

"三项制度"（竹宇波和郑晓，2021）。项目建设中"三项制度"的实施，在确保工程质量和工期、降本增效等方面取得了明显的效果（蔡琰等，2018）。

在此之后，我国众多大型工程项目，例如小浪底水利枢纽工程、郑州航空港、南水北调、高速铁路等，全部或部分采用国际通行的建筑标准、施工规范来设计施工，根据 FIDIC 合同条款、图纸文件以及相关法律法规进行项目管理，逐渐与国际标准和国际惯例接轨。上述措施极大推动了我国工程项目建设的国际化进程，避免了由缺乏国际工程常识和伦理规范等原因而造成的我国在国际工程项目招标投标、管理实践中犯错和由此带来的经济损失。

第四阶段为新时代全球化阶段。进入 21 世纪，强权政治、霸权主义日渐褪色，新兴经济体和发展中国家逐渐崛起，全球治理的重心由全球向区域转变、主体由国家向非国家转变，未来的全球化发展有了更多的选择空间。在这种背景下，以人类整体利益、全球长远利益为首要目标的新时代全球化，理应成为世界各国人民携手共建的美好愿景。

我国的对外工程在这一阶段也取得快速发展。2015 年，国家发展和改革委员会、外交部、商务部联合发布《推动共建丝绸之路经济带和 21 世纪海上丝绸之路的愿景与行动》，使亚欧非各国联系更加紧密，积极推进共建国家发展战略的相互对接、互利合作迈向新的历史高度。截至 2018 年底，中国与共建国家贸易总额超过 6 万亿美元，对共建国家总投资超过 800 亿美元，为当地创造了 24 万个工作岗位（孙敬鑫，2019）。一大批标志性项目已经完成或稳步推进，例如，雅万高铁、蒙内铁路、中老铁路、瓜达尔港等。亚洲投资银行的建立以及"一带一路"倡议的提出和落实，加快了中国工程项目建设与管理国际化的步伐。另外，孔子学院和孔子课堂在中国工程项目的国际化发展方面也发挥了重要作用，截至 2023 年 12 月，全球 160 个国家和地区设立了 499 所孔子学院和 793 个孔子课堂，190 多个国家和地区开展了中文教育项目（柴如瑾，2023），对工程管理中涉及的不同文化和伦理的交流产生了积极的促进作用，让更多国家了解中国文化，为中国的工程项目"走出去"奠定了良好的基础。

新冠疫情在全世界范围内的肆虐，为经济和工程实践的全球化发展带来了严重冲击，受此影响，许多国际化贸易和工程项目被迫暂停，但同时信息全球化在这一特殊情境之下得到了普遍强化，全球化工程的数字化转型也受到重视。以中国、印度等为代表的新兴国家在国际治理方面取得了显著成绩，赢得了世界人民的认可，成为全球化工程的有力推动者。这也让人们意识到，世界各国理当拥有平等的权利参与和分享全球化成果，以自身的智慧引导新时期全球化朝着建立更加公正、合理的国际经济新秩序的目标快步迈进，促进全球化工程在新的历史机遇下取得更好的发展。

9.1.2　全球化工程的特点与趋势

不同于一般性工程，全球化工程涉及多个国家的合作和多种文化的交融，复杂性更强，工程伦理问题也更加显著。工程的全球化属性包括工程的一般属性和跨地域属性（李正风等，2019）。工程的一般属性是指工程实践活动要符合科学规律、技术使用标准，以及工程运用的目的和价值性需求，这是任何一个工程都要有的通用属性。工程的跨地域属性是指全球化工程活动要超越一定的地域范围，因为全球化工程一般涉及一个国家的不同地域甚至不同国家之间的跨区域，其跨地域属性更为凸显。随着国际化进展的不断加快和现代技术的突飞猛进，跨国性工程实践已经成为常态。总的来说，全球化工程的特点主要体现在生态性、整体性、深远性和属地化四个方面。

（1）生态性。工程是以造物为核心的实践活动，依据一定的科学技术原理与自然规律，通过有序地整合资源，把事物从一种状态变换为另一种状态，创造出之前未在地球上出现的物品。工程活动深刻影响着人类的生存状态，也导致人们的生活环境面临着诸多挑战。工程技术活动对生态环境的影响日益突出，甚至可能决定着人类能否存续的根本性问题。而这些根本性问题，不单单关乎某一个国家和区域的人群，而是与整体人类的生存和发展密切相关。例如，2011 年日本福岛核电站辐射水泄漏事故，不仅导致日本海域的生态污染，也对整个太平洋周边国家和地区造成了污染。而在这些放射性污水所引起的全球恐慌和健康威胁尚未解除的情况下，2023 年日本政府再次无视国际舆论的强烈反对和国内民众的广泛质疑，强行启动了福岛第一核电站的核污染水排海计划，由此引发的生态环境破坏程度尚且未知（张玉来，2023）。因此，现代全球化工程的实施和管理，要充分考虑生态环境的保护和地球资源的可持续发展。

（2）整体性。全球化工程活动也会对当地的经济、社会和文化等领域产生多方面影响，在一定程度上改变其道德观念和伦理关系，引发诸多社会问题（李正风等，2019）。随着全球经济一体化进程的加快，工程实践项目"走出去"成为众多国家寻求经济增长的新路径，跨国性的交流合作日益增加，全球化工程的整体性更加突出。全球化工程的整体性主要体现在以下几个方面。①工程项目的范围不断扩大，已逐渐延伸至世界的各个角落。例如，安徽建工集团先后在五大洲 60 多个国家和地区开展业务、在 40 多个国家和地区承揽和建设工程，承建的中国驻巴基斯坦大使馆项目、中国援喀麦隆会议大厦项目等成为一大批境外优秀工程代表（安徽建工集团，2022）。②工程活动的影响更为深远，许多重大工程项目带来的变迁往往是代际的甚至跨越种族的，将对当地的社会、经济、文化产生长远的影响。③工程项目也愈加复杂，分工合作不断细化，国际合作增强。未来工程问题的解决将更多的在全球范围内协同进行，参与主体将包括全球范围内的工程师、管理人员、施工人员等。在全球化背景下，只有充分重视工程实践的整体性特征，在尊重地域文化和民族习俗的伦理规范的前提下，工程实践才能有序开展。

（3）深远性。工程活动是人类一项最基本的生产实践活动，工程实践在给人类带来发展和福祉的同时，也使人类面临诸多风险和挑战。正如美国国家工程院院士沃尔夫所指出的："当代工程实践正在发生深刻变化，引发了过去未曾考虑的针对工程共同体的宏观伦理问题，导致人类越来越难以预见自己所构建系统的所有行为，包括灾难性的后果。"（Wulf，2004）虽然我们不能把工程的深远性机械地理解为对任何工程而言都是其时效越长越好，但我们也要认识到，工程项目的时效越长，其工程文化的持久力和影响力也越大（殷瑞钰等，2013）。因此，全球化工程的深远性特点既是检测工程项目、工程活动质量水平的一个重要标准，也是文化和伦理的存在、传承和传播的根本需要。全球化的工程实践活动不能只考虑眼前的短期成效，一定要做长远和深远的考虑。

（4）属地化。全球化工程是一项典型的跨国经营活动，为了能更好地在东道主国家立足、发展，驻外企业要按照所在国当地的法律法规进行属地化改造，只有充分调动当地人力、物力资源，协调好各方关系，适应所在国的社会环境和伦理规范，才能保证全球化工程的健康和可持续发展。从全球化工程的众多实践来看，属地化的特征已经深入许多企业的文化中，例如，安徽建工集团积极探索尝试聘用属地化商务经营团队和技术管理团队，实现属地化劳务用工占比超过70%，材料采购属地化占比超过80%，不断创新属地化用工形式，把提升属地化和区域化管理水平作为抵御海外业务风险的重要手段。通过属地化管理，可以让全球化工程项目更好地融入当地市场，降低人力和运营成本，也能为所在国培养工程技术人才，促进当地经济发展，实现双赢。

近年来，国际局势风云变幻，世界关系中的不稳定因素增加，加之新冠疫情在全球的蔓延和部分国家、地区之间的冲突加剧，经济全球化受到严重冲击，也影响了全球化工程的发展。后疫情时代，全球化工程发展受到严峻挑战，但工程全球化的主要趋势仍不会发生改变。当今，以中国等为代表的新兴经济体迅速崛起，区域合作成为各国缓解外部环境冲击的重要选择。未来的全球化工程，将迎来重塑与再造，其数字化、区域性和速度放慢等特征将进一步显现，中国、印度等新兴经济体将成为"再全球化"的主要动力，引领包容的、开放的、普惠的全球化发展（王栋，2022）。因此，未来全球化工程将进入动态调整期，并呈现出三大发展趋势，即全球化工程的数字化趋势、全球化工程的区域性趋势，以及全球化工程速度放慢的趋势。

全球化的"数字化"趋势使得全球政治、社会、经济等领域发生巨大的变化，新冠疫情加速了全球化的数字化发展，数字全球化迎来加速发展机遇，工程项目也不例外，其将在数字经济的赋能下生发新的特色，工程项目将融合更多的数字技术。同时，人们也要认识到数字全球化的基本特征决定了其负面影响力更大、破坏力更强。例如，数字贸易对于传统贸易的冲击和替代，使得在全球化工程项目中对非技术劳动力的需求将会逐渐降低。考虑到当今世界数字鸿沟依然存在，在人工智能、数字基建等领域，中国、美国等国家处于全球领先地位，因此，处于落后地位的国家将不得不承担巨大的经济风险与政治风险。

全球化工程的重心将由全球合作转向区域合作。在越来越多的国家和组织不愿意或者没有能力在全球层面开展合作和引领发展之时，一些区域性的国际组织正在着眼本地区的共同问题，寻求解决办法，制订未来发展蓝图。通过加强区域经济合作来缓冲全球性波动给本国经济带来的震荡，已经成为世界各国的首选。例如，2018 年，美国、墨西哥、加拿大三方签署《美国-墨西哥-加拿大协定》（United States-Mexico-Canada Agreement，USMCA），取代已实施近 30 年之久的《北美自由贸易协定》（North American Free Trade Agreement，NAFTA）。该协定可以看作是美国将贸易、经济、政治进行组合的战略工具，意图收紧区域价值链、淡化发展性议题，重塑国际贸易规则。2020 年 11 月，中、澳、东盟国家等 15 个亚太国家共同签署《区域全面经济伙伴关系协定》，旨在促进亚太地区基础设施互联互通，实现亚太地区开放、透明、公平和可预期的发展环境，促进亚太地区全球化工程发展进入一个新的阶段。

后疫情时期，至少在未来一段时期内，全球经济发展和全球化工程合作都将进入慢速发展状态。受到新冠疫情和俄乌冲突等事件的影响，逆全球化发展的风险加大，不确定性增加。新冠疫情和不断发生的局部地区冲突导致全球供应链困局，多数全球化工程受到严重影响甚至陷入停滞状态，加之一系列限制技术出口的禁令相继颁布，全球经济发展速度降低。总体来说，世界经济正处于关键转折点，"慢球化"可能会减缓甚至逆转全球化带来的经济增长，给世界经济带来严重损害。但是，也要认识到全球化工程的慢速发展并不是全球化工程的停滞不前甚至回流退势，而是全球经济发展遇到新冲突、新问题，需要进行阶段性调整（王栋，2022）。世界各国应充分利用这一阶段的缓冲时间，审慎对待并深入思考全球化和工程全球化的未来发展趋势和特点，努力寻求使得全球化工程能够更健康发展的模式，推进"再全球化"发展。

未来，全球化工程依然是主流趋势，只不过工程的模式与功能的形式将发生变化。"再全球化"是指以中国为代表的新兴国家对全球化进程的改革，以及这种改革所产生的模式升级与扩容效应（王栋和曹德军，2018）。随着中国、印度等新兴国家的全面崛起，其对全球秩序和全球治理的参与程度将越来越高，新兴国家将逐渐成为大多数发达国家和发展中国家的最大贸易伙伴，传统全球化"中心-边缘"的二元结构逐渐被打破，更多处于边缘的经济体将被纳入全球经济体系。再全球化是更包容的、更普惠的、更均衡的全球化，是中国将全球化发展红利分享给世界的积极行为。

9.2　全球化工程中的文化差异与国际化进程

随着全球化工程的快速发展，工程实践者不仅要面对不同文化和社会制度的挑战，而且要协调和平衡好多元文化之间的利益诉求，从而最大限度地避免或减少多元文化冲突对全球化工程的影响。当前应对跨文化工程伦理冲突的理论主要有伦理相对主义和伦理绝对主义两种，两者都有其科学的一面，但也存在着片面的问题。在工程实践全球化推进过程中，应遵循求同存异的原则，寻求一种超文化认同的规范，尽量协调好各方的价值观念，减少文化差异带来的伦理冲突。

9.2.1　文化差异与超文化认同

文化是社会价值系统的总和，具体包括语言、文字、习俗、思想、国力等。不同的国家和地区、不同的群体，由于自然环境和社会环境的不同，自然而然形成了不同的文化，每一种文化都有其特定的方面和价值取向。不同文化背景的人在交流和工作中，由于文化差异产生的不同行为方式，常常导致文化矛盾和冲突，从而给国际化工程的实施和管理带来困难。

文化差异是全球化工程实施和管理中面临的重要困难和挑战。主要表现在以下几个方面。

（1）管理体制。西方文化的主要特征是以个人为中心，崇尚自我，为个人决策提供较大空间和自由。例如，西方工程咨询公司往往以项目经理为核心负责一个工程项目的管理，并给予项目经理人事、财务等决定权。在对承包商进行资格审查时，更加强调施工现场经理的人选及现场管理班子的经验。而中国文化更加注重群体和人际关系，在决策方面往往采取集中研究，集体负责的制度。在设计和施工等过程中，也更加强调规范化的要求，约束和原则较多。

（2）价值标准。不同的文化有着不同的价值观念和伦理标准，在一种文化中的常见做法在另一种社会环境中可能导致失败（方志达，2001）。例如，在对承包商的招标资格预审中，北欧的工程咨询公司更加重实绩、重实地考察，轻资料介绍，如果竞标商看重材料的准备和低报价而不重视现场考察，往往导致失去合作的机会。

（3）沟通交流。工程项目的管理活动归根到底是人与人之间的沟通和信息交流，一般会涉及合同各方之间、工程师与业主之间的沟通等。语言交流是最直接和最重要的沟通方式，由于语言的差异，中方企业在国外的项目沟通还需要考虑到语言的翻译，准确恰当的翻译是项目成立的基础。此外，西方国家在沟通交流方面，表达往往更加直接，而中国传统文化中的语言表达有很多隐晦的含义，在一些情况下可能导致对方曲解自己的意思。因此，在全球化工程项目管理的实践中，管理人员还必须深谙不同文化背景，要重视文化差异对管理工作带来的影响（彭绪娟，2011）。

为了尽可能减少文化差异对国际化工程实施和管理的影响，一种超文化认同的概念被提出。所谓超文化认同，就是通过制定一种特定的伦理规范，使其能够直接应用于各种国际伦理问题的解决中。与本土或东道国的道德标准相比，超文化认同较少地依赖于地域文化。超文化认同应该符合两个原则，即内在一致性和外在一致性（李正风等，2019）。前者要求一种规范必须与其文化中的其他规范相一致，后者则要求超文化认同需要符合普遍性的道德准则。超文化认同代表了一种伦理绝对主义的思想，它构成了人类伦理的根基，比如互助、互信、互惠等积极责任，以及禁止暴力、欺骗等消极责任。另外，当两者价值标准发生冲突时，还存在用于维持最基本的公平和程序公正的标准（顾剑和顾祥林，2015）。一般来说，超文化认同的来源主要包含四个部分。

（1）哲学、伦理学和宗教著作。比如孔子所提出的"己所不欲，勿施于人"的为人处世哲学思想，在世界范围内绝大多数的伦理和宗教传统中都以某种形式包含了这一法则。

（2）法律法规和文献。一般来说，国际性的法律法规和文献是面向全球各个国家的，国际公认的、调整国家之间关系的法律，对于超文化认同的形成具有很好的参考价值。例如，联合国颁布的《世界人权宣言》《联合国全球契约》等，强调的都是普遍性的公民权利，在实践中被绝大多数文化和种族采纳。

（3）国际工程组织的章程和规范。这些国际知名工程组织的国际化程度较高，信誉较好，发展较为成熟，其章程和规范一般都要求工程师将公众的安全、健康和福祉放在首要位置。

（4）基于公认的伦理理论进行道德推理。这些公认的伦理理论和道德规范被全球大部分人所遵从，是一些普遍的价值观念。例如，尊重他人的伦理，强调作为道德主体的每一个个体都是值得尊重的。

哈里斯等（2006）在其著作《工程伦理》中也提出7种超文化规范，即尊重文化和法律，避免侵犯人权，促进东道国福祉，避免行贿和送礼，保护健康和安全，保护环境，促进合理的背景制度。这些超文化规范准则为全球化工程项目的开展提供了很好的指导和借鉴。尽管文化差异带来的伦理冲突在全球化工程进展中是不可避免的，但可以采用积极有效的态度和措施来尽量规避和减少这种冲突。国际伦理的决策应该遵循"和而不同，求同存异"的原则，尽量制定一种符合双方国家价值观的伦理规范，降低冲突发生的可能性，而"超文化认同"就是解决这类国际伦理问题的重要理论依据。

9.2.2　伦理的相对与绝对

在工程实践全球化过程中，人们面临着伦理全球化和伦理多元化的两难境地。一方面工程全球化要求伦理全球化，但实际上不同国家和种族之间由于文化、制度、意识形态的差异，必然存在着伦理多元化的情况。目前，应对跨文化工程伦理冲突有三种立场：①伦理相对主义：入乡随俗，遵守东道国的法律规范和意识形态；②伦理绝对主义：道德原则没有合理的例外，不需要跨文化调整；③伦理关联主义：情景依赖，多元文化立场，和而不同，求同存异（李正风等，2019）。

伦理相对主义主张在一个特定的社会里的行为在道德上是正确的，当且仅当这些行为是由该社会的法律、习俗、宗教等惯例批准的（朱贻庭，2011）。按伦理相对主义的表现可以分为两类：一类是从道德主体出发，将道德看作是主体的意志、情感和需要的表现，任何是非善恶的标准都被看作是主观的，否定道德的客观依据；另一类是从社会和环境出发，强调道德是由每一主体不同的生活环境决定的，否定道德的普遍规律，过于强调道德标准的相对性（冯契，2001）。

伦理绝对主义与伦理相对主义相对，是一种用绝对主义观点解释道德本质和道德判断的伦理学理论，其认为道德原则和规范是永恒不变的，不存在合理的例外，是不因国家、地区和文化的不同而变化的，主张建立一种适用于任何时代和不同民族的道德真理体系。伦理绝对主义的谬误在于没有考虑全球化工程推进过程中，不同国家和地区道德原则之间的矛盾和冲突，在实际环境中允许存在某些合理的例外，没有看到实践中多种变化的事实。

伦理相对主义在揭示道德相对性的同时，忽视了道德具有绝对性的一面；伦理绝对主义则在彰显道德绝对性的同时，忽视了道德相对性的一面（徐海涛，2020）。伦理相对主义和伦理绝对主义在特定的历史时期都具有一定的真理性，正是由于它们对部分真理片面或极端的追求而使自己陷入误区，这便要求企业和工程师在全球化工程实施和管理过程中，既要充分借鉴它们真理性的部分，又要避免其片面性。伦理的相对性和绝对性既相互对立又内在统一，互相依存。伦理相对主义有助于人们充分认识道德的多样性、多元性、阶段性，有助于人们在全球化过程中与不同文化和习俗相互尊重，求同存异。伦理绝对主义也启发人们建立具有较高适应性的全球化的伦理规范。因此，只有把伦理相对主义和伦理绝对主义辩证地结合起来，取其精华去其糟粕，才能更好地适应现代社会和全球化的发展趋势。

伦理关联主义实质上就是将伦理绝对主义和伦理相对主义关联起来的一种思想，其主张道德原则和规范需要依赖不同的场景，要结合具体情形，考虑不同的因素来做出最合理的判断，需要将不同社会和文化习俗融合起来。在工程全球化不断推进的今天，跨文化的工程伦理决策更应遵循一种求同存异的交往原则。

9.3　全球化工程中的伦理问题

全球化工程在给人类发展带来利益，促进社会发展的同时，也衍生出了一些严峻的伦理问题，主要表现在超文化规范局限性、引进来与走出去的价值原则之别，以及世界各国投资资源开发的伦理规范差异三个方面。

9.3.1　超文化规范局限性

在全球化程度日益加深的今天，积极寻求不同文化之间深层次的沟通、交流，减少工程跨文化实践中面临的现实风险与伦理困境，成为当前人们关注的重点。美国学者哈里斯正是鉴于全球化背景下工程活动中存在的多元文化现状，试图通过"超文化规范"来化解工程全球化中的伦理困境。"超文化规范"作为人类工程活动中各种文化之间相互沟通对话的共通价值，具有一定的合理性。但是，将具有一般意味和绝对主义思想的"超文化规范"作为各国工程应对全球化挑战的价值理念，也有一定的局限性。"超文化规范"的局限性主要体现在以下两个方面。

（1）"超文化规范"的价值原则源于黄金法则，黄金法则本质上是一种抽象的价值观念，一旦将黄金法则与各个国家的政治、经济利益相联系，或者与不同地区、民族的文化传统相联系，便会显得有些虚幻。"超文化规范"表达了人类工程跨文化活动的一种道德共识和态度，它更接近于某种交互的道德文化的对话和协调，进而最大限度地避免国际化工程活动中潜在的风险和伤害。道德承诺只有与具体的人和事物结合起来，才能得到真正的落实。其次，黄金法则在工程的跨文化实践中，只能承诺最基本的道德抉择，而不能给予最优化、最理想的道德抉择，因为"超文化规范"只具有普遍意义的、最低限度的伦理建议。此外，"超文化规范"强调的是全球化工程实践的伦理和道德共识，以及在黄金法则基础上的价值共享，这极有可能造成全球化工程实践中与不同国家、民族和文化进行平等对话的障碍。

（2）从实践上来看，在全球化的背景下，各国企业和工程师如何解决与东道主国家之间的文化和价值观分歧、规避各类伦理冲突，赢得东道主国家和民众的支持和认可，目前还没有一个普适性的原则能对上述问题做出回答，这也是"超文化规范"在实践中的局限性。因此，必须要根据东道主国家的社会和政治环境，秉持现代工程伦理价值观，推动双方文化的有机融合，促进人类工程与自然、社会的和谐发展。只有建立在人类共同价值观念之上的价值观，才能够扬弃内源于

"超文化规范"的诸多理论局限。这也有助于在全球化工程推进过程中，既尊重东道主国家的文化习俗和信仰，也不放弃自身文化的自信，用伦理智慧来规避和应对全球化过程中遇到的风险与挑战，从而实现合作共赢。

9.3.2　引进来与走出去的价值原则之别

在全球化的今天，工程项目的"引进来"和"走出去"已经成为一种普遍的趋势。全球多个国家都在积极寻求走向世界，对国外投资持开放的态度，尤其是发达国家和地区凭借先进的科技水平不断向其他国家输出工程技术和装备。近年来，中国在"一带一路"倡议的推动下，也积极向共建国家输出工程、技术、专业人员，同时也加深了中国文化与其他国家文明的互动和交融。

工程"走出去"已经成为全球化进程中的一种实际行动，其间遭遇的伦理冲突可分为主观上的违规或违法，以及被动的伦理困境。主观上的违规或者违法行为是指本国工程在"走出去"的过程中违反了国际规则和行业规范，比如行贿、超低报价投标，中标后再追加工程款等行为。被动的伦理困境，主要是指由不同文化冲突造成的伦理问题，比如工资标准、行业标准、税收标准、环保标准等的差异，以及体制和法规差异所带来的漏洞等情况。"走出去"的工程要想在东道主国家立足发展，在国际市场上赢得口碑和声誉，仅仅追求利益最大化显然是不够的，还必须考虑如何跨越文化差异，减少伦理冲突。这就需要本国工程在走出去的过程中，要寻求本土文化和工程所在国文化之间的和谐统一，既要把双方国家文化的精髓结合起来用于工程项目的实施、运营和管理，又要坚持工程质量与技术标准的统一；既要入乡随俗，尊重所在国的法律规范和文化习俗，也要承担起企业的社会责任和工程师的职业职责。

中国传统文化中的"和而不同、义利相兼、务实有为、诚朴尽责"等价值观鼓励并倡导工程全球化实践主动融入当地社会，充分了解所在国的法律法规、文化习俗、宗教信仰，加强与当地政府和民众的沟通，通过技术实力和产品服务推动区域经济发展，提高当地民生福祉。此外，企业和工程师还要以工程项目的建设与交付、企业的可持续海外经营来践行使命，服务所在国的基础设施、资源开发、经济建设、人才培养、文化繁荣。真切体现中国工程在"走出去"方面的价值原则。

工程"走进来"与工程"走出去"相对，是东道国在面对外来工程进入本国领土和文明时候所应该持有的价值原则。不同于工程"走出去"解决的是如何将本国的文化输出到其他国家，"走进来"需要考虑的是如何避免外来文化对本地文化造成的负面影响，因此更多的是站在本国社会经济发展和民众健康福祉的基本立场上来考虑问题。一般来说，站在东道国的立场上，工程"走进来"的价值原则如下。

（1）遵守所在国法律法规以及国际规范和惯例。不能因为是外来工程而享受特有的待遇，应该与项目所在国的国内企业一样遵守相关的法律法规。当产生利益冲突的时候，应该争取达成共识，积极协调各国法律制度体系的差异性。

（2）尊重所在国的政治制度和文化习俗。这就要求外来企业和工程师要深入了解项目所在国民众的社会文化心理和习惯，寻求与当地利益相关的渠道以及沟通交流的最佳方式，提升当地民众对工程的满意度和认可度，增加与当地居民的文化融合。

（3）注重当地的生态环境保护。"走进来"的工程应该秉持"可持续发展"的原则和理念，不能一味追求经济利益，要兼顾工程项目的经济性、环保性和对当地社会民生的改善，推进工程与当地社会和自然环境的可持续协调发展。

（4）遵守国际现行的工程技术标准，避免因为知识差异产生伦理冲突。在尊重东道国已有的工程技术标准和规范的基础上，适当对一些标准加以创新，从而在环保和可持续发展方面实现对当地的引领。

（5）分享技术和工程产品。"走进来"的工程不能仅仅是开发完成项目就结束，而是要秉持开放、合作的态度，与东道国的企业合作，雇用当地的技术人员，达到工程建设和技术交流的双赢结果。

（6）承担企业社会责任。"走进来"的工程和工程师要本着真诚负责的职业规范，主动承担起对项目所在国社会和民众的责任，树立良好的企业形象，维护好与当地民众的关系。

9.3.3　世界各国投资资源开发的伦理规范差异

世界各国在投资资源开发的伦理规范方面有着共通的地方，但也存在着诸多差异。相同的地方在于每个国家在投资资源开发的过程中，都会遵守一些普遍的价值原则，这些原则作为人类基本的价值观，几乎在各种文化中都得到遵守，如人身安全、健康、基本福祉、基本公正等。但由于各个国家的发展程度、社会环境、文化习俗等存在很多不同，难以避免在投资资源开发的伦理规范方面也存在一定差异。

由于世界范围内国家众多，难以直接对所有国家的投资资源开发的伦理规范差异进行系统分析，此处以东方国家和西方国家来代表世界范围内两种主要的国家群体，处于同一群体内的国家在文化和伦理规范上有较多相似之处，所以，对这两类国家的投资资源开发的伦理规范差异作以说明。东方国家和西方国家在投资资源开发的伦理规范方面的差异主要表现在以下几个方面。

（1）东方文化强调责任先于自由，西方文化崇尚自由。尤其是中华文化注重责任担当，强调个人对国家的责任。而西方国家强调个人对国家和政府提出的道德、政治要求。这种价值观念上的差异很容易造成东西方国家在投资资源开发上的伦理冲突。

（2）东方国家坚持义务先于权利，善于付出并承担职责范围之外的义务，中国人向来主张主动承担对社会、对他人的义务，这种以义务为基本取向的德行更容易尊重不同的群体和文化，避免伦理冲突。而西方国家注重明确划分权利和义务。

（3）东方国家认为群体大于个人，善于通过群体进行商讨和决策，职责和收益都由群体共同承担，而西方国家崇尚个人主义和个人负责制。强调群体智慧的价值观能够倾听不同个体的声音，尤其在国际化工程项目开发和管理过程中，经常会涉及不同国家和文化的参与者，群体商讨更有助于做出不违反当地伦理规范的决策，能有效避免投资资源开发过程中的伦理冲突。而个人负责制尽管能提高决策效率，但在国际化工程中，由于个人知识背景的局限性，在涉及工程项目的伦理规范问题方面不一定能做出较优的决定。

（4）东方文化中和谐高于冲突，坚持和平共处与"以和为贵"的原则，而西方国家崇尚通过直面冲突解决问题。中华文化向来追求"和而不同"，善于尊重和包容不同的文化和价值观，这种观念能有效避免全球投资资源开发方面的伦理冲突。而西方文化中有一种冲突意识，崇尚自我，这种价值观念在中期全球化阶段和稳定发展期中均有体现。

（5）东方文化崇尚开放共享，例如中国在 5G、6G 通信网络基础研发中，公开了很多专利，而西方国家为了限制中国的发展，对芯片工程等领域的诸多技术进行了封锁。全球化工程的成果应该让每一个国家都能平等地参与和分享，随着数字经济的发展和技术的迭代更新，全球化工程的数字化转型也是必然趋势，一味的技术封锁只会限制全球经济的发展，而互惠互利、和谐共享才应该是各个国家的共同愿景。

（6）税收、环保等政策问题。不同国家具有不同的税收等政策标准，而且一个国家对待本国项目和国外项目的税收标准也不一样，因此，不能直接以本国的税收习惯来在东道主国家开展工程。在投资资源开发前期就要准确了解当地的税收、环保等政策要求，避免等到工程项目实施完成时才发现不符合当地相关政策的情况。

9.4　全球化工程中的伦理原则

工程作为人类改变世界最直接、最现实的生产力，在有效应对当今社会各种问题、维护人类安全与福祉中，发挥着至关重要的作用（Koizumi，2015）。全球化工程在快速推进的过程中，由于世界各国和地区在文化、地域、制度等方面的差异，不可避免地会产生诸多冲突和矛盾，甚至危及人类的安全和幸福。在全球化工程中，应该秉持以人类幸福为基本原则、实现地球可持续发展原则、合理利用原则，遵守工程伦理规范，只有这样，才能实现多赢，让工程促进人类的发展和进步。

9.4.1　以人类幸福为基本原则

工程最早起源于人类生存和发展的需要，工程是创造和建构新的人工物的社会实践活动。从原始石器时代，到古代工程中铁、青铜器的使用，到近代工程中以蒸汽机为代表的机械工程的发展，再到现代工程中各种建筑材料和工程技术的进步，无不显示出工程为促进人类的生存发展和健康福祉所做出的贡献。几乎各个时代的工程实践都以人类幸福为基本原则，这是一种普适的价值原则和观念。如果一项工程不能为人类带来福祉，反而以牺牲人类的幸福为代价，那么这种工程必然不会得到公众的认可和支持。全球化工程以人类幸福为基本原则，就是要求在工程实践活动中，要将人类的基本利益、人身安全、财产保护、平安幸福作为基本的出发点，不能从事伤害人类幸福的活动，要以促进人类的幸福和发展为目标。

多个国际工程组织已经将人类幸福的基本原则写进章程中。例如，亚太工程组织联合会（FEIAP）的目标就是"鼓励将技术进步应用于全世界的经济与社会发展中；使工程发展为全人类造福；促进世界和平"。英联邦工程师协会（Commonwealth Engineers Council）致力于"为全人类的利益服务，推动科学、人文与工程实践的发展"。由此可见，以人类幸福为基本原则在全球化工程实践中已经成为一种共识。在全球化工程中遵循促进人类幸福的基本原则，应该做到：①正确处理好经济效益与环境效益的关系，不能为了追求经济效益而损害人类赖以生存的环境；②工程的建设要做到以人为本，以人类的生命安全、幸福诉求为本，时刻将民众的需求考虑在先；③积极承担全球化企业责任，关心员工的发展，尤其是要促进东道国员工技术水平的提高，改善工作环境，增加培训机会，加强文化交流和建设，促进文明融合，促进员工的全面发展。

9.4.2　实现地球可持续发展原则

地球对人类的价值具有双重性，虽然提供了人类生产、生活的基本物质条件和资源，但对人类的安全和生存也有一定的威胁和危害作用。因此，在全球化工程项目的推进过程中，要坚持地球的可持续发展原则，坚持人与自然和谐共生，让地球不断造福于人，减少对人类的危害，让地球更美好，更能满足人类生存发展的需要，从而实现人类福祉。

全球化工程可持续发展的实现包括公平性、持续性和共同性三大基本原则。

首先，地球可持续发展不仅要实现当代人之间的公平，满足当代人的需求，也要实现当代人与未来各代人之间的公平，因为人类赖以生存的地球资源是有限的。从伦理上讲，未来各代人应该与当代人有同样的权利来提出他们对资源与环境的需求（马忠贵，2021）。其次，资源环境是人类生存和发展的基础条件，资源的持续利用和生态系统的可持续性是保持人类社会可持续发展的首要条件。这就要求在全球化工程的推进过程中，要合理开发、利用自然资源，使资源保持其自然发展规律。此外，可持续发展不是一个国家和地区的事情，而是全人类共同的事情，要实现地球可持续发展的原则，必须争取全球共同的配合行动。

自然是全人类赖以生存的物质基础，实现地球的可持续发展是全球化工程中必须要坚持的重要原则。这种可持续发展不仅意味着在具体的工程实践中，要注重环保，尽量减少对环境的破坏，同时也要转变对待自然的方式，满足自然自身的发展规律。全球化工程实践必须遵循自然发展的规律，时刻牢记可持续发展原则。地球生态规律具有长期性和复杂性，例如核电站、大型水利工程对生态系统的影响可能需要很多年才能够显现出来（张晓平和王建国，2020）。因此，地球可持续发展需要全球化工程的设计者、实施者等各类参与者了解和尊重自然生态的内在发展规律，不能只顾眼前而放弃未来。

9.4.3　合理利用原则

在全球化工程的开发和管理过程中，要本着合理利用的原则。自然资源具有有限性、稀缺性和不可再生性，如果不注重资源的合理开发和利用，将给人类的发展带来严重危机。全面规划、合理利用自然资源的原则，已经成为全球化工程中的伦理共识。所谓合理利用原则，是指人类在全球化工程的开发过程中，必须全面规划、合理布局，使再生性资源能保持其再生产能力，非再生性资源不至于被过度消耗并能得到替代资源的补充，环境自净能力得以维持。各国在工程的设计、实施过程中，应制定规范的资源利用原则，严格按照规定使用资源，对于损害资源合理利用的行为应该采取适当的惩罚措施。

为了在全球化工程中实现合理利用原则，我们需要做到以下几点。第一，整合人力和物力资源，合理投入。在设备的投入上，应该充分利用社会现有资源，做到适用配套、降本增效。在整合人力资源方面，要充分发挥人的潜能，努力盘活存量，人尽其用。第二，强化事前控制。在项目的决策和设计阶段，要合理规划好后续人力、物力、资金等方面的投入，优化资源配置，避免资源浪费。第三，加强中间环节管理。工程项目在实施过程中，不可避免地可能无法按照事前计划的程序执行，出现各种突发情况，对资源的合理利用产生负面影响，因此应该加强中间环节的管控，降低意外事件的发生，让工程按照预定计划执行，从而不再产生额外的资源浪费。第四，合理处置危机。对工程项目中的突发事件，要冷静应对，及时组织专家分析事态，掌握事故真相，制定正确合理的解决方案。

参 考 文 献

安徽建工集团. 2022. 安徽建工"喜迎党代会 奋进新征程"系列报道（十九）：在百年变局中走好安徽建工国际化发展道路——安徽建工上次党代会以来海外业务发展综述. http://www.aceg.com.cn/detail/38454[2022-06-13].

蔡琰, 杨鹏, 杨道富. 2018. 我国工程项目建设国际化发展趋势探讨. 开封大学学报, 32(3): 34-36.

柴如瑾. 2023-12-12. 中文为桥 让世界相通相亲：来自 2023 世界中文大会的声音. 光明日报, 7.

方志达. 2001. 国际工程项目管理中的文化差异影响初探. 苏州城市建设环境保护学院学报(社会科学版), (1): 36-39.

冯契. 2001. 哲学大辞典（修订本）. 上海: 上海辞书出版社.

顾剑, 顾祥林. 2015. 工程伦理学. 上海: 同济大学出版社, 2015.

哈里斯, 普里查德, 雷宾斯. 2006. 工程伦理. 丛杭青, 等译. 北京: 北京理工大学出版社.

李正风, 丛杭青, 王前, 等. 2019. 工程伦理. 2 版. 北京: 清华大学出版社.

马忠贵. 2021. 工程导论. 北京: 机械工业出版社.

彭绪娟. 2011. 我国海外工程项目跨文化管理研究. 成都: 西南财经大学出版社.

孙敬鑫. 2019. 孙敬鑫："一带一路"对中国推动全球治理创新的重要启示. https://www.yidaiyilu.gov.cn/p/80415.html[2024-05-20].

檀有志. 2021. 全球化的阶段性特征及未来方向. 人民论坛, (13): 17-21.

王栋. 2022. 后疫情时期全球化发展特征及趋势. 人民论坛·学术前沿, (9): 56-63.

王栋, 曹德军. 2018. 再全球化：理解中国与世界互动的新视角. 北京: 社会科学文献出版社.

徐海涛. 2020. 工程伦理. 北京: 电子工业出版社.

杨道富. 2003. FIDIC 合同条件的历史沿革与特性研究. 人民黄河, 25(7): 5-7.

殷瑞钰, 汪应洛, 李伯聪, 等. 2013. 工程哲学. 2 版. 北京: 高等教育出版社.

张福庆. 2012. 投资咨询新视角. 南昌: 江西人民出版社.

张晓平, 王建国. 2020. 工程伦理. 成都: 四川大学出版社.

张玉来. 2023. 日本排污入海导致的全球治理危机. 人民论坛, (20): 8-13.

中华人民共和国商务部. 2024. 2023 年我国对外承包工程业务简明统计. http://file.mofcom.gov.cn/article/tongjiziliao/dgzz/202401/20240103469617.shtml[2024-05-19].

朱贻庭. 2011. 伦理学大辞典（修订本）. 上海: 上海辞书出版社.

竹宇波, 郑晓. 2021. 国际工程项目管理. 北京: 北京航空航天大学出版社.

Koizumi H. 2015. Engineering for human security and well-being. Engineering, 1(3): 282-287.

Wulf W A. 2004. Engineering ethics and society. Technology in Society, 26(2-3): 385-390.